D1728018

¿Hay alguien ahí?

Marta Eugenia Rodríguez de la Torre

¿Hay alguien ahí?

Luces y sombras de la sobredotación

 meridiano

¿Hay alguien ahí?
Luces y sombras de la sobredotación

© Marta Eugenia Rodríguez de la Torre, 2016

Diseño de colección: © Luis Pita Moreno
Ilustración de la cubierta: © Schlomit Wolf
Fotografía de la autora; © Sapientec Siglo XXI, S. L.
Revisión del texto: Ana Ortega Bermúdez

Primera edición: Abril 2016

ISBN: 978-84-945256-0-5
Depósito Legal: M-6921-2016

© Meridiano Editorial, 2016
Avda. Nazaret 13, Portal A, 9º D Izda.
28009 Madrid

Impreso en Estugraf
Calle Pino nº 5. Pol. Ind. Los Huertecillos
28350 Ciempozuelos (Madrid)

A mis queridas hijas Sevda Marta y Yuliana María,
mi inspiración, con todo el cariño de mamá

Luz, luz, solo quiero más luz.

GOETHE

ÍNDICE DE CAPÍTULOS

INTRODUCCIÓN

Lo desconocido produce miedo,
el miedo nace de la ignorancia.

Saber de todo o saberlo todo,
esa es la varita mágica que todos buscamos.

Queremos lo mejor para nuestros hijos: que estén sanos, que sean felices, que tengan lo que nosotros no tuvimos, aunque también es lógico que nos preocupemos de que igualmente dispongan de lo que sí tuvimos, y es un anhelo razonable que sean como los demás o, por decirlo de otra manera más políticamente incorrecta, normales.

Todavía se escuchan en nuestra cabeza ecos del vecindario de nuestra infancia donde se oía que el hijo de no sé quién era rarito, que tal pariente menudo problema tenía pues le había salido la niña con unas manías que no les dejaban vivir tranquilos y que si el niño había nacido tonto era una desgracia aunque fuera un angelito y nos colmara de alegrías.

Pero también podía plantearse el problema de que el niño fuera tan listo que se pasara de rosca, se convirtiera en un inadaptado y terminara sus días loco perdido en un manicomio. Por eso era lógico que nos educaran para ser iguales a los demás, a hacer lo mismo y al mismo tiempo que los otros, para no salirnos del carril. Lo que sucede es que algunos no éramos ni somos como la mayoría y ni podemos ser felices haciendo lo mismo que los otros ni —lo que es igualmente importante— tampoco hacer felices a los demás de esa manera.

Un sobredotado es aquella persona cuyo cociente intelectual se encuentra por encima de la media de la población, su imaginación, creatividad y curiosidad también superan esa cota, posee pensamiento divergente, científico y múltiple de manera natural y cuenta con hipersensibilidad emocional. Sin embargo, la memoria colectiva nos lleva a la confusión y nos conduce al Pitagorín del Pulgarcito, ese niño repelente que se pasaba el día inventando cosas raras y que lo sabía todo por ciencia infusa, o a las pizarras llenas de fórmulas intrincadas de Einstein o Planck. En este punto hay que empezar a distinguir: un niño listo es posible que no dé problemas, entienda todo al momento y apruebe siempre. Pero eso no es un sobredotado. Un niño inteligente puede resolver cualquier problema que se plantee y adaptarse perfectamente al ritmo de una clase normal, lo cual no es necesariamente válido para las personas sobredotadas.

Por otra parte, es frecuente que las personas que le dan muchas vueltas a la cabeza acaben trastornadas y no hagan nada útil. Eso no significa tampoco que sean sobredotadas. También resultaría absurdo que si mi hijo es sobredotado haya que esconderlo, no vaya a ser que se entere y se vuelva vanidoso, o lo sepan los demás y vayan a por él. Perfecto, y de paso le ponemos un ladrillo en la cabeza para que no crezca, así no se empeñará en ser jugador de baloncesto con la de problemas que tienen, y los demás tan contentos de verle bajito. Menudo sinsentido. Es posible que uno piense: «En mi familia nadie ha salido así y en la de mi mujer no se dan esas cosas». ¿Seguro? En ese caso me temo que es probable que no conozcamos bien a nuestra parentela. Tal vez se nos oculte la existencia de algún sobredotado más cercano de lo que creemos, quizás por la vergüenza, los problemas y dificultades psicológicas que acarrea y que, sin embargo, son parecidos a los de cualquier persona que no es entendida ni atendida correctamente en su entorno familiar, escolar y social.

Un recorrido en primera persona por la sobredotación

En este libro perfilo las luces y sombras de la sobredotación. Nos introduciremos en el cuerpo y el alma de un sobredotado y en el cordón umbilical que une a ambos: la mente. La mente posee la capacidad de elaborar pensamientos, registrar emociones y decidir en cada momento si damos prioridad al corazón o a la razón, o si tratamos de conjugar sus intereses e inquietudes de manera conjunta. No es fácil para una persona sobredotada combinar la estela rápida y múltiple de sus pensamientos con el caudal de emociones que registra, pero eso no implica que no pueda hacerlo, ni tampoco que sea incapaz de gobernar su vida de manera equilibrada y de lograr una adecuada inserción social, tanto con personas sobredotadas como con aquellas que no lo son.

Cumpliremos años con una persona sobredotada, y observaremos lo que le sucede y lo que les pasa a las personas que la quieren, como su padres, y a otras que la odian porque no pueden, no quieren o no saben comprenderla, o simplemente la envidian. Veremos lo que piensan sobre ella y su forma de actuar y atenderemos en primera persona a sus propias vivencias. Contemplaremos su forma de ser y hacer desde dentro y en la distancia. En los momentos de cambio y transición y en aquellos que implican una visión más reposada de sus circunstancias. Escucharemos las voces de otros sobre lo que hace y buscaremos puntos de encuentro para conciliar, para lograr desde la comprensión y el respeto a su realidad una integración que posibilite su crecimiento y a la par el de la sociedad que la rodea. Pero para poder recorrer este camino tenemos que saber que sobredotado se nace y se muere, como se nace y muere pelirrojo, daltónico o síndrome de Down. Como he insinuado anteriormente, no solo hablamos de ser más listo o inteligente: es una manera distinta de sentir, pensar, ser y hacer, fruto de una condición diferente en el ser humano.

De una vez por todas, basta de negar la evidencia de la sobredotación. Por muchas flores que se corten, la primavera viene todos los años. Basta de aventurar que con el tiempo esta condición desaparece como si fuera un forúnculo o de tildar de personas con patologías a los sobredotados. Un sobredotado no es un enfermo mental, ni una persona con discapacidad. Lo consideran así aquellos sectores de la sociedad que buscan modos y maneras para esconder una realidad palpable y niegan a los sobredotados su derecho a existir y ser tratados como lo que son, a mostrar su diferencia positiva y a insertarse en igualdad de derechos y deberes en el entorno educativo y laboral. Basta ya de negarles el acceso a una educación diferenciada y diferente atendiendo a sus específicos rasgos mentales solo por no invertir los medios económicos necesarios en una educación de calidad a la que todos los niños tienen derecho, no solo constitucional sino también natural, por el hecho de ser personas.

Del mismo modo que si tengo una depresión o un *síndrome de Pigmalión negativo* (que produce que la autoestima del sujeto disminuya y se favorezcan las profecías autocumplidas) podría parecer que poseo una deficiencia mental que muy probablemente no tenga, algunas personas que no son atendidas ni entendidas pueden ocultar, disfrazar o no ser capaces de mostrar sus rasgos identificadores, pero eso no quiere decir que dejen de ser sobredotadas. Por tanto, tenemos que dejar de sentirnos amenazados por las personas que son diferentes como las sobredotadas, porque con ellas se pueden construir cosas hermosas, bellas, útiles y necesarias para el progreso de la humanidad. Es necesario conocer para vencer el miedo a la diferencia y borrar las fronteras de la indiferencia y del rechazo. Los sobredotados no van a quitarle el sitio a nadie, ni a hacer tambalear los puestos de los cargos políticos, ni a mover las vetustas cátedras de las universidades, ni a perturbar el sueño plácido al que algunas masas se abandonan, porque ellos tienen su propio lugar en la sociedad y no necesitan el de otros. Por otra parte, es absurdo y carente de lógica pensar que el hecho de poder acceder a mayores cotas de conocimiento con mayor facilidad es solo patrimonio de las personas de altas capacidades y que este hecho menoscaba el posible acceso a este saber de las personas no sobredotadas o será usado para crear reductos elitistas de conocimiento.

La estructura del libro: el doble planteamiento y los enlaces

Los capítulos de este libro comienzan con una frase más o menos aséptica sobre la vivencia de un sobredotado en cada uno de los periodos de su vida. A continuación, otras dos expresiones cortas, encabezadas respectivamente por las letras a y b, resumen, como si se tratara de las dos caras de la misma moneda, las hipotéticas percepciones de ese sobredotado en una realidad negativa como la actual (a) y en una positiva, como podría ser la deseada y posible (b) sobre la que, por supuesto, me gustaría haber escrito. Pero creo que solo conociendo cómo está posicionado para muchos sectores de la población el colectivo de las personas de altas capacidades intelectuales, obtendremos un mejor y más amplio conocimiento de cómo son los sobredotados, y esto ayudará a formar un criterio más cercano a la realidad. Como he dicho, ojalá hubiera podido desarrollar los epígrafes correspondientes a la letra b. Eso significaría que las personas sobredotadas tendrían un espacio y un tiempo que les pertenece. Pero lamentablemente todavía no es así.

Nuestro protagonista, Miguel, espejo de la mayoría de las personas sobredotadas que conozco a través de mi experiencia profesional y personal, no es por supuesto imagen de todos los sobredotados ni narra la semblanza que a mí me gustaría hacer sobre las vivencias de estos. Lleva en su mochila el *Oliver Twist* de Dickens, le envuelve el *Humo* de Turguéniev y está impregnado de la España de charanga y pandereta de Machado. Por otra parte, el libro encierra una crítica mordaz, disfrazada irremediablemente de incorrección política, a una sociedad como la española donde hombres y mujeres lamentablemente no son iguales en derechos y obligaciones, donde campa mal que nos pese una incontrolable violencia de género y donde la pobreza de espíritu en ocasiones es un valor mientras que la cultura para muchos sigue siendo un estigma. Miguel, como un grito desgarrador de Pascual Duarte, pretende ser un aldabonazo a muchas conciencias al tiempo que intenta abrirse camino hacia un futuro que puede resultar prometedor, pero que le obliga a luchar simultáneamente contra la intolerancia ignorante del medio educativo y social en el que se ve abocado a malvivir.

Basándome precisamente en esta divergencia entre la realidad actual y el deseo de la posible realidad futura, en cada uno de los capítulos que escribiré a continuación estableceré ENLACES entre el mundo de la sobredotación y aquellas personas que no pertenecen a él, con el propósito de crear puentes de comunicación fructíferos para todos. En esta parte de cada capítulo, hablaré sobre los rasgos clave de una persona sobredotada en cada una de las fases de su desarrollo físico y mental. En ella veremos fórmulas y formas que faciliten una comunicación fluida y una sólida vinculación con las personas que se encuentran a su alrededor. Estas conexiones pretenden establecer un marco de diálogo, de concertación y de crecimiento que propicien un mayor grado de bienestar a las personas sobredotadas cuando se relacionan con las que no lo son, así como ayudar a las familias y al entorno social de las personas de altas capacidades a conocer mejor lo que les sucede y así poder construir vínculos más estrechos, fluidos y felices.

Estos enlaces son:

- Maneras de entender lo que pasa por el corazón y la mente de los sobredotados. No todas las personas de estas características sienten, piensan y actúan de igual manera, pero su arquitectura mental específica propicia unos patrones de actuación que es preciso conocer.
- Claves para acceder a su universo de imágenes, sensaciones, intuiciones e ideas donde muchas veces las emociones no encuentran el lugar que les corresponde o difuminan sus líneas introduciendo espacios de confusión.
- Estrategias de comprensión para interpretar lo que es importante y construir espacios de encuentro donde tengan cabida diferentes opiniones y se integren aceptando la diferencia de las personas de altas capacidades.

Los enlaces también conforman encrucijadas que nos sirven para:

- Comprender un desarrollo e identidad atípicos desde la perspectiva de su propia etiología o naturaleza.
- Apoyar el crecimiento y desarrollo de estas personas y a la vez de las que viven con ellas: familia, amigos, etc.
- Lograr una integración cuya base no parta de negar la evidencia o de pretender que esta desaparezca, sino de permitir que con esta diferencia y de esta diferencia nos enriquezcamos todos.
- Establecer patrones de actuación recíprocos con los que se pueda aprender y equivocarse, en los que exista una concurrencia con los demás y una competición con no-

sotros mismos para lograr una sociedad más justa y por tanto más humana.

Para crear estos puntos de encuentro es preciso:

- Intentar aceptar incluso lo que no se puede entender y dar a cada uno lo que esperamos que nos den los demás. La palabra clave es *respeto*, la siguiente, *escuchar* (que no significa tan solo oír) y, por último, *mirar*, que es algo más que ver.
- Interpretar sin miedos y sin prejuicios. Muchas cosas son como son y no como nos gustaría que fueran, y no van a cambiar por mucho que nos opongamos férreamente a ellas.
- Actuar con naturalidad, que no es otra cosa que seguir nuestra propia naturaleza cuando da lo mejor de sí misma. Cada persona es infinitamente más grande que cualquier dificultad que pueda tener. Primero se es persona y luego se tiene o no se tiene una alta capacidad. Ser persona es tener conciencia de lo que sientes, de lo que haces y de lo que eres.

Una nota personal

Me viene a la mente un poemario que me produjo un fuerte impacto la primera vez que lo leí, tal vez porque me enfrentó al temor a mi propia ignorancia: se trata de *La realidad y el deseo*, de Luis Cernuda. Si nos quitan los sueños y nos borran de nuestros circuitos la esperanza, ¿qué nos queda? No hay tiempo que abarque la angustia del desaliento, la incapacidad de poner nombre a lo que queremos, el desafuero de no poder querer. Yo creo en el valor de la vida humana, de cualquier vida sin la etiqueta de una tierra o de una denominación de origen, sin el posavasos de las religiones, sin la necesidad de tener lo que no se puede llegar a ser, creo en la vida en sí como respuesta a la creencia y a la ciencia, al arte y a la palabra.

El ser humano es el único capaz de realizar las mayores atrocidades y también los mayores milagros. Y es capaz de pensar, de inventar, de sumar voluntades, de transformar la materia y la miseria, de comunicar con la palabra y con el silencio, de sentir y hacer sentir, de mejorar, de progresar, de crecer. De guardar la esperanza en un mundo mejor y de conseguir que cada persona tenga el lugar que le corresponde.

Desde estas líneas quiero plasmar lo que es, siente y puede dar a la sociedad una persona sobredotada para que se le permita desarrollarse adecuadamente. Porque sé por experiencia que ser diferente no es una amenaza, es una oportunidad, y que no hay que arrancar lo antiguo, sino conservar lo mejor de su esencia desarrollando una concepción del mundo más humana y digna de nuestros deseos y nuestras realidades.

Y en estos deseos y realidades cabemos todos: las personas de altas capacidades y las que no las tienen, juntos avanzando en un mundo donde cada vida humana tenga un único valor y ningún precio.

CAPÍTULO PRIMERO
SEIS MESES

Me gusta señalar cosas, reptar a gran velocidad,
encender luces y tener mi propio lenguaje…

a) Dicen que soy un trasto que no para un minuto
y se plantean cómo controlarme.

b) Dicen que soy un encanto de carácter fuerte
y piensan cómo educarme.

DESDE DENTRO

Me despierto muy temprano, como todos los días. La verdad es que no consigo dormir de seguido una noche entera y frecuentemente abro los ojos aunque no me duela la tripa por los gases o tenga hambre. Entonces quiero que me cojan lo antes posible para poder sentir que no estoy solo, porque siempre tengo la sensación de estarlo, aunque no sea verdad, y me gusta que mis padres estén siempre pendientes de mí. Me parece una pérdida de tiempo estar dormido (aunque sé que lo necesito para poder crecer, aprender y no estar cansado), porque tengo la sensación de que me voy a perder algo importante, como el momento en que los pies puedan sostenerme, o ese otro que tanto me gusta, cuando siento el tacto esponjoso de mi peluche favorito, o aquél en que oigo música a través de la puerta de mi habitación. Tengo buen oído y distingo las voces afables de las que no lo son. Noto enseguida el timbre de las enfadadas y de las que no se encuentran bien, o el de las que son alegres y suenan como los cascabeles. Por eso me sobresalto mucho con los ruidos fuertes como los gritos y las sirenas, que no me gustan nada, y odio las entonaciones engañosas o que raspan como una toalla que se ha lavado muchas veces. Tampoco me gusta que me interrumpan cuando estoy metido dentro de mí pensando mis cosas y me sacan de mi interior con la fuerza de una puerta que se cierra de repente. Entonces me pongo nervioso y me cuesta entender lo que quieren aunque conozca de sobra las palabras que me dicen.

Me disgusta estar tumbado y con los ojos abiertos como si no hubiera todo un mundo que explorar, prefiero estar a la altura de las personas mayores y ver todo lo que pasa a mi alrededor: las caras de las personas, reconocer a las que me resultan familiares, poner gestos amistosos a las que me parecen agradables, fruncir el ceño a las que no me caen simpáticas o me hablan con palabras que no están en el lenguaje de mis papás. Es inaguantable que algunas personas me traten como si yo no fuera lo suficientemente listo para comprender el lenguaje real y que usen palabras ridículas que no existen. Por el tono que emplean me doy cuenta enseguida de que no tienen ni idea de cómo soy yo, y que preferirían tratar con un niño que se ajustara a sus deseos y a quien pudieran usar como un muñeco a su antojo. Tengo afición a tirarles del pelo a las personas que me cogen en brazos, agarrarles los collares y las gafas para ver bien qué son esas cosas y para qué sirven y también arrojarlos lo más lejos posible para conocer qué hacen ellas después y ver cómo se comportan conmigo. Sé que no les gusta que lo haga porque son suyas y piensan que yo quiero quitárselas, pero también porque sienten dolor, que es un malestar hondo que les hace ponerse tristes. Alegre es lo que te hace sentir bien y triste lo contrario. Esto lo he aprendido yo solo. Sé aprender por opuestos. Si está bien tomarse el biberón entero, está mal no acabarlo, aunque a veces si estás enfermo no es así del todo y eso a mí me desconcierta. Hay veces que no encuentro relación entre las cosas que pasan o me doy cuenta de que me he equivocado y que lo que pienso no es verdad. Eso hace que me ponga furioso y me chupetee los nudillos y dé patadas al aire. También aprendo por causa-efecto y por agrupaciones de ideas. Es decir, si tiras el vaso y no es de plástico, se rompe, y lo mismo ocurre con la taza, pero no con el coche de goma. Si tragas mucho aire te da hipo y también si te asustas o si no puedes eructar después de haber tomado el biberón.

Cuando estoy en brazos puedo ver muchas más cosas, aunque todavía no sé dar nombre a todos los colores, texturas y formas. Están las cosas pequeñas (que son las de mi tamaño) y también las grandes, además de otras que no sé cómo clasificarlas porque son menores que yo. Prefiero las que son de color amarillo, naranja y azul, también las que puedo abarcar con mis manos para sentir cómo son: cálidas o frías, suaves o duras, lisas o rugosas, desmontables o no. Me causan desasosiego las cosas desconocidas como las casas de otras personas, porque no sé cómo son o quiénes viven en ellas o qué cosas tienen y para qué sirven. También las cosas nuevas que no puedo controlar por mí mismo, como la cuchara con la que han empezado a darme de comer la papilla o las luces de mi manta de juegos, que se encienden cuando las toco de una determinada manera.

Me fijo con mucho detenimiento en los objetos interesantes, que son aquellos que se pueden usar para cosas distintas, como una escoba o una caja de zapatos y me concentro tanto con el ceño fruncido, que a veces parece que estoy ausente, lo cual sucede porque me encuentro pensando en estas cosas y no me gusta que me interrumpan. Por eso llevo tan mal los horarios y que no me dejen explorar a mi gusto la alfombra cuando repto. Ya soy capaz de incorporarme solo y dar palmadas, pero me encuentro más a gusto cuando puedo desplazarme, aunque aún me cueste mucho hacerlo. Es muy desagradable que te saquen corriendo de la bañera cuando quieres jugar con las pompas de jabón al mismo tiempo que piensas si van a explotar antes las pequeñas o las grandes o que cuando te estás chupando tan feliz el dedo gordo del pie vengan con prisa para vestirte y salir a la calle, o que cuando tiras una cosa tarden un montón de tiempo en devolvértela y te fastidien el juego.

Me atrae la palabra *no* y desde hace un par de semanas, cuando la escucho me viene a la mente por qué. Quiero saber por qué no se debe hacer ruido tirando las cosas una y otra vez, lejos-cerca, adelante-atrás, arriba-abajo y por qué no se pueden encender y apagar luces despacio-deprisa o deprisa-deprisa para averiguar con sus destellos cómo desaparece el color de las cosas. Pienso que no es lo mismo una cosa dicha por una persona mayor que una dicha por mí, y no estoy de acuerdo con que ellos tengan siempre la última palabra, que sea esta la que tenga que valer cuando se va a realizar alguna cosa. Cuando crezca y los pies me salgan de la cuna y pueda andar como ellos, no les va a resultar tan fácil negarme lo que yo quiero. No entiendo que sea tan malo lo que me apetece en algunas ocasiones, que no pueda hacer siempre lo que se me ocurre o que tenga que esperar turnos o insistir para que me presten atención cuando quiero alguna cosa. Tampoco que no me den lo que quiero cuando lo necesito y que para mí siempre es antes de antes o, mejor dicho, en un momento inmediato a cuando se me pasa por la cabeza. Me parece insoportable que no me dejen hacer muchas cosas a mi manera. Que se enfaden si me hago pis adrede cuando me están bañando, cuando expulso leche por la nariz como un surtidor, o cuando pretendo comer la papilla a puñados y no dejo que otros me den de comer. Para mí es lo más natural y no entiendo por qué se ponen tan furiosos y me repiten que no vuelva a hacerlo. Me saca de quicio que vuelvan una y otra vez sobre lo mismo, como si yo no me enterara de las cosas o fuera sordo. Es suficiente con contarme las cosas una vez para que me acuerde, una cosa es que quiera hacer caso y otra distinta que sienta que he hecho algo que no está bien cuando no sé el motivo. No me vale un no, ni tampoco que me digan una cosa y piensen otra diferente, porque capto el sentido que le dan a las palabras con gran rapidez y sé que este se encuentra por delante del significado que puedan tener. Por eso, cuando dice la vecina más joven de debajo del piso donde vivimos que soy un niño muy rico y me mira con una rayita sin curva en la boca, sé que está mintiendo, que no piensa eso de mí y que si pudiera me iba a enterar de algo malo, aunque no sé de qué y eso me desconcierta.

Soy muy intuitivo y acepto a las personas que me quieren de verdad y rechazo a muerte a otras que se acercan a mí por compromiso y sé que sus caricias se encuentran vacías de afecto. Por mucho que se empeñen en que quiera a tal persona y me lo repitan hasta la saciedad, si yo sé que no me quiere, no hay nada que hacer. Tampoco me gustan los lugares donde hay muchas personas con muecas feas de ojos de cristal como los de algunos muñecos, que no te miran con cariño y desconocen cómo eres y no les importa lo que sientes. Por eso no me porto nada bien cuando me llevan a lo que mis papás llaman acontecimientos sociales, me tratan como una atracción de feria y pretenden que yo les haga monerías. Pero yo no soy un mono, no me gusta repetir cosas ni entretener a otras personas, y tengo mi propia manera de hacer las cosas. Así que no me gusta que me digan lo que tengo que hacer, por ejemplo, que ponga caras para hacerme fotos o simplemente que me porte bien y no llore. A veces me pongo como un energúmeno solo por fastidiar y eso suele coincidir con los momentos en que me piden que actúe de una manera determinada y yo no quiero hacerlo. Creo que en los sitios donde hay más silencio o las personas hablan deprisa sobre cosas raras es precisamente donde los niños debemos llorar más fuerte para que se note que estamos ahí, nos hagan caso y nos lleven a sitios donde poder hacer cosas divertidas y jugar. Por eso me encanta berrear en las iglesias, aunque a mis padres les parece mal que lo haga.

Para mí todas las primeras veces son las únicas y no tengo claro que las cosas se puedan cambiar sin que exista algo que me convenza de lo contrario y yo lo pueda ver. Si algo ha pasado de una determinada forma en una ocasión, se volverá a repetir cuando sucedan las demás. Por esta razón todavía me duele pensar en mi última vacuna y tiemblo cuando veo que se me acerca alguien vestido de blanco. Cada vez que oigo la palabra médico me pongo muy revuelto y a veces se me suelta la tripa porque pienso que estoy enfermo, aunque no sé de qué, y presiento que me van llevar otra vez al ambulatorio y me van a volver a pinchar y va a ser peor, porque como soy más grande me va a doler más y por más sitios y, y, y muchos más «y» porque cuando me embalo no sé acabar. Dijeron que no me iba a doler la primera vez que recuerdo y era mentira. Me hizo tanto daño que lloraba para dentro con gemidos ahogados y no solo por la pupa, sino también por la impotencia de sentirme engañado y no poder hacer nada para romper el impacto de la decepción. Las personas no deberían mentir nunca. Me cuesta volver a creer en las palabras de aquellos que ya me han defraudado una vez porque sé que pueden volver a hacerlo en cualquier momento y no me siento seguro con ellas. Cuando me encuentro inseguro me siento paralizado, me da una angustia roja y con pelos por dentro y me impide respirar de una manera normal. Antes de consultarlo con el pediatra, mis papás se asustaban mucho cuando me ponía de esta manera porque creían que me pasaba algo malo de verdad y ahora como les han dicho que no es algo físico, no se lo toman tan a pecho.

Para mí las personas y las cosas tienen colores y sonidos como los ruidos o la música, también contienen otras cosas que yo imagino para explicar lo que sé y lo que me sucede por dentro. No viene de la luz o de lo que se mueve sino de lo que siento. Pienso que puede resultar interesante saber cómo ven y perciben las cosas otras personas pero nunca he oído hablar de ello. Parece que la mayoría de la gente solo mira a través de los ojos y oye a través de los oídos, y eso es bastante raro. Es decir, para mí los sentimientos tienen colores (aunque no se vean), las cosas y las personas me sugieren tonos (aunque no se dibujen), y también se puede escuchar su sintonía aunque no se muevan porque te suenan de alguna manera por dentro, en un rinconcito que creo que se encuentra al lado del corazón. La angustia es roja porque ese es el color del sol cuando está a punto de explotar y para no hacerlo se va a dormir, también del fuego que te calienta por dentro pero que te puede quemar y de los labios de las chicas cuando están muy apretados con otros y dan besos. Rojo es fuerza para mí, pero también algo incontrolable, que te puede pillar cuando te encuentras desprevenido y no sabes si lo que te viene encima es bueno o malo o si te va a gustar. Por eso la angustia es esa impotencia de no saber qué va a pasar y es roja, y tiene pelos porque los pelos son largos y te puedes perder en ellos cuando no te los cortan, se ensucian con facilidad y son tan finos que se cuelan entre los dedos cuando los coges. Te puede enredar y confundirte.

A veces tengo demasiadas cosas en la cabeza, me vienen a una velocidad increíble y no tengo tiempo para pensarlas. Eso hace que no me sienta bien porque no sé por qué me sucede y cómo parar de pensar y que me ponga muy pesado, rabioso, peleón o triste. Creo que lo que siento a veces me llega a cámara lenta, como las imágenes que se cuelan entre las rendijas de la persiana cuando amanece y, sin embargo, las ideas aparecen como lo hace el redoble del tambor cuando lo tocas. Es entonces cuando peor lo paso porque siento que no me cabe todo lo que sucede a mi alrededor y me da por no parar quieto, como si me hubieran puesto pilas, y dicen que vuelvo locas a las personas que tengo cerca y que no saben qué hacer conmigo cuando me pongo así. En otras ocasiones lo que me pone nervioso es no saber mostrar cómo me siento del modo en que me gustaría. Porque no es lo mismo un enfado de color gris cuando tienes sucio el pañal, que otro negruzco cuando te han reñido y no sabes realmente por qué, u otro violeta cuando tu hermano te quita el sonajero y lo lanza lejos.

Mis papás son del color del sol cuando está en lo alto y me dejan en la piel sonido de cascabeles cuando me hablan. Especialmente mi mamá tiene ese color como el dorado de los cereales cuando están tostados y te quitan el hambre. Mi hermano Fernando es azul oscuro de noche sin estrellas, porque no estoy seguro de que me quiera mucho, suena a sirena de policía y siempre me está quitando el chupete, mientras que mi hermana Elena es de color verde clarito como el de la hierba y suena a chapoteo de agua, y sé que me quiere aunque me gustaría que me dejara estar más tranquilo y a mi aire. Toda la gente que conozco la veo de un color por dentro de la ropa y con un sonido de los que he escuchado desde que tengo conciencia de quién soy, esta sensación me viene a la cabeza todas las veces y no cambia. También a veces veo que llevan en su interior algunas cosas que definen su carácter: a papá le veo un reloj por dentro porque siempre dice que llega tarde a todas partes, a mamá una flor porque huele de maravilla… Me gustaría saber cómo me ven ellos y si también les pasa esto. También me siento a gusto imaginando qué puede suceder cuando se juntan todos esos colores y esas cosas: a la flor de mamá no le gusta el reloj de papá porque dice que no la deja crecer, la sopera de la abuela Rosa se encuentra perdida buscando su tapa en el armario del abuelo Eusebio que siempre tiene que guardarlo todo porque puede servir, el color amarillo de papá deslumbra tanto que ilumina el azul oscuro de Fernando…

Aún no sé hablar, pero se me ocurren cosas como cuentos y desearía tener un lenguaje que los demás pudieran comprender sin necesidad de explicárselo muchas veces y que fuera más lejos de señalar cosas y hacer ruidos. A veces me pongo a explorar dentro de mi boca con la lengua y los labios: me salen sonidos que no se parecen a las palabras que ellos usan y parezco el surtidor de una fuente de babas, pero no consigo hacerme entender. Intento repetir lo que dicen, hacerles preguntas, contarles lo que me pasa, pero no puedo y eso para mí es frustrante. Espero que se me pase pronto y pueda hablar lo antes posible porque tengo muchas cosas que contar, otras que me tienen que explicar y algunas cuyos significados me desconciertan. A los demás les parece muy gracioso mi esfuerzo inútil por expresarme con la lengua, pero a mí me pone rabioso porque no se dan cuenta de que pongo mucho empeño para decir todo lo que me viene a la mente y no consigo lo que pretendo. Así que me siento pequeño e indefenso. También me doy cuenta de que el resto de mi cuerpo va por detrás de lo que se me ocurre y no me agrada que esté imposibilitado de poder hacer todo lo que deseo. Es un fastidio estar encerrado en un sitio que no es de la medida que necesitas para poder ser tú mismo. Y te preguntas por qué se te ocurren cosas que no puedes hacer (al menos con la edad que tienes), o qué tiene que suceder para que puedas hacerlas y cómo conseguir que tu cuerpo y mente vayan de la mano. Me da la sensación de vacío, como el del aire cuando se hincha un globo y flota sin dejarse caer o el del vaivén de la cuna cuando era pequeño y me querían hacer dormir aunque yo aún no tenía ganas y prefería estar atento, como si tuviera antenas, a todo lo que sucedía a mi alrededor.

También me gusta investigar todo lo que veo para hacer cadenas de cosas que me repito hasta encontrar otras muchas: como vaso, plato, tenedor, cuchara y esa cosa para comer de mayores que se llama cucharón, y esa otra para recoger las miguitas que no sé aún como se llama. Mientras observo todo esto me doy cuenta de que cada vez mi lista de cosas asociadas es más y más grande. Además me pregunto qué pueden tener los objetos por dentro y no entiendo por qué muchos de ellos no se pueden abrir para averiguar lo que esconden en su interior. Si los armarios tienen cajones que se abren y cierran, me gustaría saber qué tendrán las esponjas dentro de sus agujeritos y de qué estará hecho el jabón si sabe tan mal cuando lo chupas. Es desagradable no saber para qué sirven algunas cosas y que no te dejen tocarlas porque son peligrosas o las puedes romper o no sabes cómo usarlas. Me disgusta que no me dejen investigar a mi antojo. Si por mí fuera, me regaría las manos para que se hicieran tan grandes como las ramas de los árboles y así poder coger lo que quisiera.

DESDE FUERA

Alicia *(madre)*

Miguel es especial, pero no lo digo embobada como todas las madres, ni tampoco me refiero a que siempre tu bebé es lo mejor del mundo y que esto siempre va a ser así por mucho que crezca. Me dijeron que nació con los ojos abiertos y brillantes como las luces de un semáforo, y cuando me lo pusieron sobre la piel después de que despertara de la anestesia ya sentí que no era como los otros. Dirán que son tonterías, pero una madre se da cuenta de cosas que no vienen en los libros ni se pueden explicar con palabras. Era más pequeño de lo normal porque nació prematuro, pero ya se agarraba a mi pecho con una fuerza increíble y se movía como si de esta manera pudiera transmitirme todo lo que llevaba dentro. Recuerdo aquellos momentos en que me miraba con aquellos ojos azules profundos y tristes de viejo de frente fruncida y esos lloros estruendosos que nada parecía calmar y que con el paso del tiempo ha conservado como bandera para oponerse a todo lo que no le gusta.

A veces me preocupa cómo se está desarrollando y tengo la sensación de que va muy deprisa, como si se me fuera a escapar de las manos y caerse contra el suelo. Tengo tanto miedo a que se haga daño porque lo veo muy frágil por dentro y por fuera. Me dicen que cada niño se desarrolla de una manera diferente y puede que sea así por su personalidad y su físico, pero pienso que hay algunas cosas que son normales y otras que no y al llegar a este punto me angustio bastante. No se parece en nada a sus hermanos, ni tampoco a sus primos. Siempre tienes la sensación de que va por delante de ti, que entiende todo lo que sucede a su alrededor, que te tiene tomada la medida para hacer lo que le viene en gana y que está demasiado concentrado hacia dentro. Cuando tenía cuatro meses lo llevamos al pediatra porque a veces no atendía cuando le llamábamos, o no se alegraba y reía como los demás bebés. Pensamos que era sordo (o algo peor) y nos llevamos un susto de muerte, pero nos dijeron que todo estaba bien y que incluso sus potenciales auditivos se encontraban por encima de la media. También consultamos por qué no dormía una noche entera, por qué se despertaba tan temprano y no paraba quieto, pero nos dijeron que, aunque no tuviera gases, algunos niños son más inquietos y pasan por fases de desarrollo más movidas. Bueno, pues esta fase de desarrollo parece que no va a terminar nunca y nos trae locos a todos. Me parece que es demasiado pequeño para estar el día entero en acción, como si le faltara tiempo para hacer todo lo que se le ocurre, y hace cosas que me parecen muy raras, como tirar una tras otra las migas que hay sobre una mesa observando como caen o jugar a cerrar y abrir los ojos cuando enciende y apaga las luces.

Solo parece calmarle la música muy bajita, detesta cualquier cambio que no se encuentre dentro de lo que conoce y está previsto. Tampoco lleva bien que les prestemos atención a sus hermanos, y eso que no es frecuente que sea el bebé el que tenga celos de sus hermanos mayores. A veces tengo la sensación de que quiere ser siempre el protagonista y que nunca es suficiente lo que se le da. Es muy intenso en todo lo que hace y le da una importancia exagerada a las cosas que no la tienen, como si fueran lo único que pudiera existir en su mundo. Es capaz de acordarse de cosas increíbles, como el camino para ir al parque, la marca de cereales de la papilla por el sabor que tiene, o las personas que ha conocido, aunque solo sea una vez. Y como alguna le haya entrado con mal pie, ya no se puede hacer nada para arreglarlo. No le gusta que le tratemos como un bebé y se mosquea si le escondemos el chupete debajo de un pañuelo para que lo encuentre, si no le damos la leche templadita en el punto exacto que a él le gusta o si tardamos un minuto en recogerle las cosas cuando las tira. Ahora ha empezado a arrastrarse, pero como es muy pequeño, a veces se hace un lío con sus piernecitas o no tiene la suficiente fuerza en los brazos y no puede moverse. Entonces se pone rojo de furia como un tomate y hay que tenerle en brazos un buen rato para que se le pase. Tarda una eternidad en comer y parece que siempre tuviera hambre. Es como si fuera un saco vacío donde cabe cualquier cosa. Pero también vomita con frecuencia cuando se pone nervioso y eso nos preocupa porque tiene que aprender a controlar su genio. Ahora empieza a agarrar el biberón y ya quiere comer solo y a su manera, es decir, la papilla sin cuchara y con las manos, y eso no puede ser. Protesta mucho cuando tiene el pañal sucio, pero a veces lo mancha adrede en cuanto se lo cambiamos. Aunque suena raro decir que lo hace aposta, a veces tengo la sensación de que se comporta así para ver qué hacemos nosotros después. Mi madre me dice que eso son imaginaciones mías y que es demasiado pequeño para darse cuenta de esas cosas, pero yo no sé qué pensar.

Parece raro, pero cuando más tranquilo lo veo es cuando lo siento en la trona enfrente de mí, le cuento lo que estoy haciendo en la cocina y le hablo sobre los alimentos, sobre los electrodomésticos, sobre cómo me encuentro o qué vamos a hacer después. Parece que me escucha como si fuera una persona mayor y me mira con una intensidad que me traspasa. También cuando le das un cartón o un papel y le dejas hacer se siente más relajado. Es como si lo estudiara, y puede estar mucho tiempo doblando, arrugando, chupeteando, arrastrando, frotando. Eso no pasaba con los otros bebés, por mucho que me digan lo contrario y que piensen que yo ya no me acuerdo de esas cosas.

Manolo *(padre)*

Mi mujer dice que Miguel es un niño distinto, pero eso es porque ahora está más pendiente de él al estar de baja y ve una intención exagerada en todo lo que el crío hace. Mi hijo es como todos los demás, lo que pasa es que ha salido muy listo, vamos, como todos los de esta familia, pero a este se le nota más porque, como es el último, todos le prestamos más atención. Cuando era más pequeño parecía que podía tener un trastorno en el desarrollo, porque no se daba por enterado cuando le llamábamos por su nombre y estuvimos muy preocupados un tiempo observando al dedillo todo lo que hacía. Así que se volvió un poco caprichoso. Pero el pediatra nos ha dicho que no le pasa nada y que es completamente normal. Yo le digo a mi mujer que está sano, que aunque siempre ande delicadillo y con mocos está fuerte como un roble, que si se entera de las cosas y hace básicamente lo que se espera de un bebé, es que está bien y no hay que darle tantas vueltas a las cosas.

Hay críos que tienen un carácter más fuerte y este ha nacido como los gallos con espolones. Lo que haremos será educarle para que aprenda a respetar a las personas mayores, a comportarse como debe ser, a querer a sus hermanos y jugar con ellos, y a portarse bien con sus padres, abuelos y demás familia, y ya está. Me parece muy gracioso cuando se enfurruña como si fuera un viejo y me gusta tomarle el pelo, aunque cuando mejor nos lo pasamos juntos es cuando por la noche le explico cómo me ha ido el día en la fábrica. Mi mujer dice que le cuente cuentos pero yo no sé hacer eso (y leer no va conmigo), así que le hablo sobre mi día y el chaval parece inteligente porque me mira como si me entendiera y a mí me hace sentir fenomenal. Cuando crezca un poco lo tengo que llevar al fútbol como a su hermano para que se desfogue y así, como dice mi jefe, fortaleceremos el vínculo padre-hijo, con un balón de por medio, que es como se ha hecho siempre. Estoy seguro que le va a gustar y que se le quitarán poco a poco esas manías que tiene. Ah, y ya tiene el carné de mi equipo y ha salido tan serio en la foto que parece una persona mayor.

Rosa *(abuela)*

Las abuelas siempre tenemos un sexto sentido. Cuando nació el mayor de mi hija Alicia me daba a mí que iba a ser poco guerrero y así fue, fuerte pero nada peleón, noblote y también un poco parado como si no tuviera prisa para hacerse mayor. La niña fue un respiro porque no protestaba por nada, vamos, que se ha criado sola sin hacer ruido como si no estuviera, y había tardes cuando yo la cuidaba que parecía que no había niña. Pero este Miguelón cayó como una bomba atómica y mira que se hace querer, pero tiene un carácter de mil demonios. Los benjamines suelen nacer complicadillos y le dije a mi hija que se preparara, porque en cuanto lo vi con esos ojazos encendidos a toda potencia como una central eléctrica supe que este niño iba a dar bastante guerra, ¡y vaya si acerté! Digan lo que digan yo no lo veo un muchacho normal y corriente, pero me callo para no liar las cosas porque mi yerno no quiere oír hablar del tema. Para él la cosa se acabó cuando el pediatra dijo que no le pasaba nada, que Miguel era completamente normal, y que, aunque andaba un poco adelantado respecto de su edad, con el tiempo acabaría siendo como los demás.

A veces me da miedo porque me recuerda a mi primo Rogelio el del pueblo, al que le dio por leer en vez de ocuparse del campo: no quiso meterse a cura que es lo que solía hacerse en esos casos y acabó loco de remate. Vamos, que hablaba solo y echaba unos parlamentos que nadie entendía. En aquellos tiempos no se sabía qué hacer en estos casos y todos lo pasamos muy mal. Andaba siempre distraído recogiendo plantas y cosas que se encontraba por el suelo y con las que luego fabricaba herramientas. Siempre solo y sin moza que se le arrimara y que lo curara de sus extrañas aficiones. Aún era joven cuando lo atropelló la camioneta de la tienda de ultramarinos y a veces pienso que fue una suerte que se muriera así porque dejó de sufrir y de hacer sufrir a los demás.

En cuanto crezca un poco más, a Miguel hay que sacarlo mucho al parque para que se oxigene, que eso es muy bueno para el cuerpo y para el alma. Y que juegue con otros niños para que aprenda a comportarse como lo que es, un bebé sanote y bueno, que no esté todo el tiempo dándole vueltas a las cosas, porque darle tantas vueltas a las cosas luego trae lo que trae. Y es que ya sé que es una locura, pero me parece que este niño piensa demasiado y eso no es bueno y menos de tan joven, porque si no vive la edad que tiene luego pasa lo que pasa. Los otros dos fueron a la guardería desde los cinco meses pero este piensa su madre que no hace falta que vaya tan pronto porque está muy espabilado y es demasiado sensible. Yo creo que cuanto más pronto es mejor para el niño, porque así es uno más entre los demás, tiene unos horarios y no se mete en berenjenales de aprender lo que no debe. Pero donde hay patrón no manda marinero, y como mi yerno no quiere problemas, si su mujer así se encuentra más tranquila y el niño no da guerra, mejor que mejor.

No quiero decirlo porque no está bien, pero es mi nieto preferido. Tiene como un sexto sentido para detectar cuando te encuentras mal y para mí que lo entiende todo. Cuando murió mi hermana y me lo dijeron por teléfono, lo estaba cuidando mientras sus hermanos estaban en el colegio. Claro, me puse a llorar y él con solo cinco mesecitos me miró de una manera que no puedo olvidar, se quitó el chupete y me lo quiso dar. Espero que encuentre su sitio y que sea un niño como los demás y para eso y para que no sufra rezo todas las noches, pero me da en el corazón que este niño es una caja de sorpresas y no va a resultar nada fácil educarle.

Eusebio *(abuelo)*

Las mujeres siempre andan sacándole punta al lápiz y de tanto sacarla, claro, se rompe y vuelta a empezar. Mi nieto Miguel es un terremoto, pero es un chico como los demás, no hay que empeñarse en ver donde no hay y es que no hay. Puede que sea un poco más listo, pero cuanto más pendiente se está se ven cosas que no son. Hay que darle tiempo al tiempo. Que sea uno más entre sus hermanos y que se le den las mismas cosas que a ellos, ni más ni menos. No hacerle tanto caso, que luego los críos se tuercen y no hay quien los enderece y dejarle más tiempo en la cuna que es donde tiene que estar un bebé de seis meses. Vamos, que se te cae la baba cuando le tienes en brazos y le dices: «¿Dónde están los ojos?», y te los señala, «¿y la boca?», y también la señala, «¿y las piernas?», y mira para abajo. Pero no puedes estar todo el tiempo a vueltas con el crío porque no es bueno para él y llega un momento que ya no sabe qué hacer para llamar la atención.

Yo le digo a mi hija que le hable menos, que se le va a volver la cabeza del revés y tiene otros hijos de los que ocuparse, un marido, y un trabajo al que tiene que volver lo antes posible, porque aunque me diga no sé qué de la baja que se ha pedido, las cosas no están para tirar cohetes. Claro que tengo ganas de llevarle al colegio y comprarle caramelos a escondidas de sus padres como hago con mis otros nietos, pero cada cosa a su tiempo. Un bebé está todavía a medio hacer y lo primero es educarle con mano firme, con mucho cariño, eso sí, pero con firmeza, porque si no, luego no obedecen y es peor para ellos.

Carmen *(tía)*

Mi sobrino Miguel es raro, pero raro de verdad, aunque a ver quién levanta la liebre. Es un crío, pero tiene unas manías que... en fin, y lo tienen de un consentido que no puede ser. Sobre todo su madre, que parece que con este se ha quedado entontecida y no tiene ojos más que para él. Ya le he dicho que Fernando y Elena se dan cuenta y que eso no puede ser, que luego vienen los celos entre hermanos. Parece mentira, con lo pequeño que es, las mañas que tiene. Cuando nació fui a verle al hospital, llevaba un colgante de cristal y sin querer le di con él. No fue casi nada y entonces lloró (como es lógico) pero lo que no es ni medio normal es que siempre que los visito no pueda llevar nada al cuello porque chilla y se pone como un energúmeno en cuanto lo ve. Además siempre parece un viejo, un viejo triste y metido dentro de sí mismo, vamos, que no tiene la alegría ni la frescura que tienen los bebés. A mi marido tampoco puede verle, porque como tiene bigote y le raspa, no deja que se le acerque y menos aún que le bese, y eso que le compró un oso de peluche enorme el día del bautizo, pero en fin.

El niño no para quieto y eso pone nervioso a cualquiera. Le he dicho a mi hermana que se informe, porque donde yo trabajo tengo una compañera que tiene un hijo hiperactivo y eso es algo horroroso porque no para ni un segundo, tiene fracaso escolar con siete años y encima rompe todo lo que está a su alrededor. También le he dicho que por qué no contrata una cuidadora que lo meta en vereda y así se ocupa más de sí misma, que la veo muy descuidada, y de paso le pone al niño las pilas para que cuando vaya al colegio ya esté educado de casa y no dé problemas. Además, si es extranjera podría ayudar a que sus hermanos aprendieran otro idioma con mayor facilidad, porque si no se hablan los idiomas a la perfección desde pequeño luego todo son problemas y con el cole por muy bueno que sea no es suficiente.

Paco *(tío)*

Mi sobrino no es de mala pasta, lo que pasa es que no tiene sentido del humor. Aunque los bebés todavía no tienen muchas cosas y a lo mejor tampoco vienen equipados con esta. Cuando le di el oso le dije al oído: «ten cuidado, que muerde», y desde entonces parece que el que muerde es él. Qué cosas, me imagino que cuando crezca se le pasarán esas tonterías y podrá jugar con nuestra pequeña Paola. Paola tiene nueve meses y es una niña muy dulce. Puede estar quietecita durante horas y duerme como un lirón. Ahora está aprendiendo a jugar, aunque no se le ocurren muchas cosas y hay que repetirle lo que quieres que haga una y otra vez para que lo aprenda. Si es que lo aprende, porque esto no siempre sucede así. La verdad es que son más fáciles de llevar Fernando y Elena, pero Miguel tiene que aprender a ser como los demás y aprenderá, porque la vida nos va poniendo a cada uno en nuestro sitio y eso es así. Los niños más rebeldes en el fondo son críos como los demás y es fácil encontrar la manera de manejarlos y conseguir que hagan lo que tú quieres, porque para eso son niños y las personas mayores tenemos más recursos, experiencia, mano izquierda y derecha. No hay que preocuparse tanto de que si sienten o dejan de sentir, lo importante es que crezcan bien, que los puedas sacar de casa sin que den problemas, como decían las abuelas de antes, y que se comporten como se tienen que comportar.

Álvaro *(primo)*

Esto no se puede decir porque no está bien, pero cuando no andan los mayores por el medio con sus orejas de punta que todo lo oyen, a mi primo Miguel le llamamos el *gremlin*, porque es como uno de esos bichos que se asustan con las cosas más insospechadas, como los *gremlins* con el agua, y además es casi tan feo como ellos. No todos los bebés son guapos, pero este está siempre enfadado y arrugado, y es como el enano saltarín de los cuentos. Siempre quiere coger nuestros juguetes y se enfada mucho si no se los dan. A veces también se nos queda mirando y observa en silencio lo que hacemos, entonces da un poco de miedo. Paola es su prima preferida, a lo mejor porque es la más pequeña y se parece más a él. Cuando se la ponen cerca le gusta acariciarla e incluso intentó una vez darle de comer aunque no lo consiguió, lo puso todo perdido y mi madre, que es tan exigente con la limpieza, se puso hecha una furia. Esperamos que cuando sea mayor se convierta en alguien parecido a Fernando aunque en feo, y así pueda distraer a la pequeñaja y cuidarla cuando no pueden hacerlo las personas mayores, porque está claro que Miguel sabe hacer más cosas que Paola y además se entera más rápido de lo que pasa a su alrededor.

ENLACES

¿Cómo saber que un bebé
de seis meses es sobredotado?

Resulta frecuente que estos niños nazcan prematuros, con los ojos bien abiertos y prestando atención a todo lo que pasa a su alrededor. También en este momento suelen llorar a pleno pulmón mostrando que no les gusta nada venir a un mundo de luces chillonas y sonidos estridentes. El *shock* del nacimiento les deja una huella marcada, que influye en su carácter peleón y guerrero, y también en la sensibilidad con la que este recuerdo recurrente les hace construir vivencias.

Hace años, en las clases de estimulación cognitiva que se imparten en una de mis empresas, tuvimos un bebé sobredotado de esta edad. Había nacido en un parto complicado y por cesárea un viernes. Curiosamente todos los viernes lloraba más, estaba más nervioso y no soportaba que nadie le tocara salvo su madre. Nuestra psicóloga recomendó que la familia comentara en su presencia que ya no existían los viernes, que colgaran en su habitación un gran calendario con los viernes tachados en rojo y que al despertarle los viernes le hablaran de lo bien que lo iban a pasar ese sábado porque desde entonces los sábados tendrían dos días. Un mes después, la familia nos comentó que había desaparecido gradualmente esa impronta de sufrimiento (o que al menos no la manifestaba), y que se encontraba más feliz aunque fuera viernes o cualquier otro día de la semana.

Esta experiencia, como otras muchas, nos permite descubrir que estos bebés reaccionan con gran rapidez ante cualquier estímulo, a veces de forma sobredimensionada y potenciada por la capacidad no solo de recordar, sino también de acumular información que les ha proporcionado sufrimiento. Por este motivo suelen ser más llorones, protestones e inconformistas con todo aquello con lo que no se encuentran de acuerdo. Y aunque hay que atender a estas diferencias, es necesario evitar que se conviertan en caprichosos y maniáticos, porque esta tendencia puede hacernos entrar en dinámicas no deseadas. Así que si los padres decidimos tirar el chupete porque está hecho un asco y remplazarlo por otro, no podemos dejar opinar al bebé al respecto ya que, en caso contrario, estableceremos una pauta sobre decisiones futuras que no le competen. En cuanto a la vivencia que han tenido, el pasado les ha dejado una huella profunda, el presente es aquí y ahora y el futuro está tan lejos que lo ven imposible. Este es uno de los motivos por los que tienen muy claro lo que quieren y cómo lo quieren. Sin embargo, no tienen claro lo que sienten ni cómo expresarlo y les parece siempre que el tiempo se agota y hay que vivir a tope. Además, presentan una gran memoria y una excelente capacidad para recordar especialmente las malas experiencias. De las buenas también guardan recuerdo, pero no les dan tanta importancia, ni les otorgan el papel que les corresponde.

Los bebés como Miguel tienen un oído muy fino, vamos, que se enteran de todo, así que debemos tomar este dato en consideración a la hora de hablar delante y cerca de ellos, especialmente cuando nos referimos a cosas que pueden excitar su imaginación. Por lo tanto, tampoco es muy conveniente que nos oiga decir que tal amigo es un monstruo o que su prima nada como un delfín. También hay que tener cuidado con exponerles a estímulos estresantes como ruidos estridentes o gritos, porque les producen una molestia exagerada e incluso cefaleas. En cuanto al sentido de la vista, si bien no lo tienen tan agudizado, no es menos cierto que miran con gran intensidad y te traspasan cuando ocupas su atención. Por ello, son capaces de establecer con gran rapidez patrones de reconocimiento: familiares, personas agradables o desagradables, etc. Les gustan los colores rotundos e intensos como el rojo, el blanco y el negro y también les llaman la atención los colores que son especialmente brillantes.

Una forma de interactuar con las personas que les resultan simpáticas es recorrer con sus manos las caras, babearlas, tirarles del pelo, arrancarles adornos... y todo a gran velocidad. Incluso a veces les gusta poner a prueba a sus allegados, o averiguar hasta dónde pueden llegar, por ejemplo, vomitándoles encima. Desde tan pequeñitos son capaces de jugar y esta necesidad en muchos de ellos nace de forma espontánea como forma de conocer el mundo que les rodea. Por este motivo siguen secuencias o patrones de juegos con gran facilidad, aunque prefieren divertirse solos y solo interactúan con las personas que les han mostrado y demostrado su afecto de manera reiterada y cuando no tienen en la cabeza otra idea que para ellos resulte más importante. También detestan jugar con juguetes o elementos que tienen una respuesta predeterminada o que no dejan margen a la imaginación. No solo aprenden escuchando, viendo, siguiendo los pasos de otros, o imitando en cierta medida lo que hacen, sino que también sacan sus propias conclusiones de las cosas y cuando no aciertan con lo que se proponen la frustración les causa un enfado explosivo. Aprenden mediante la experiencia y les gusta agarrar todo lo que se encuentra a su alrededor, con el propósito no solo de llevárselo a la boca sino también de tirarlo, explorarlo, ver qué tiene por dentro, estrujarlo y experimentar para pensar qué pueden hacer después con ello.

En cuanto a su carácter, puede parecer a quienes no les conozcan que son unos niños tristes o unos «ancianos», pero el hecho de que en muchas ocasiones se encuentren metidos en su mundo no implica que no sonrían con frescura cuando se asombran, cuando reciben muestras de cariño o cuando superan alguno de los límites que les pone su corta edad. Son niños que no toleran con facilidad los cambios ni aceptan los imprevistos, porque suelen ser asustadizos e inseguros y no les gusta sentir que no pueden controlar lo que va a suceder después, que van a perder tiempo en cosas que no les resultan interesantes o que sufrirán ante situaciones desagradables. A nivel emocional son hipersensibles y este hecho podría repercutir de manera acusada en su salud, por ejemplo, pueden comenzar a desarrollar enfermedades psicosomáticas. Su punto débil es el estómago y vomitan con facilidad por nervios, por rabietas o porque no se les deja hacer lo que quieren en un momento determinado. También son hipocondriacos: magnifican cualquier pequeño dolor que tengan y la simple posibilidad de que pueda producirse, aunque sea remota, les hace sentirlo como si fuera de verdad. Algunos de estos niños sobredotados muestran *hiperestesia* y pueden llegar a ver colores que no existen en la realidad o percibir sonidos y asociarlos a personas, cosas o situaciones. Este estado de percepción alterada no es patológico de por sí y constituye uno de los pilares de la creatividad que luego manifestarán y del talento artístico que en etapas posteriores aparecerá. Además son curiosos y no suelen quedarse quietos salvo cuando están observando y analizando algo que realmente les interesa. Este es el rasgo fundamental que les diferencia de las personas hiperactivas, pues mientras que estas no controlan la cantidad de actividad que realizan, las personas de altas capacidades sí lo hacen y la adecuan a sus necesidades.

Igualmente, son empáticos de manera selectiva y solo con las personas que ven con menores cualidades que ellos y que les aceptan o cuando menos no se enfrentan a ellos y les necesitan. Tienen una tendencia natural a preocuparse por las personas más débiles y a ocuparse de ellas, también con respecto a aquellas que se hallan en situaciones difíciles. En su relación con las demás personas se dan cuenta enseguida de lo que las pone tristes, alegres o las asusta y empiezan a saber cómo provocar estos sentimientos y cómo actuar cuando alguno de sus familiares o conocidos se siente de esta manera. Aunque resulte difícil de creer, pueden seguir diálogos complejos con una atención sostenida y deducir las consecuencias probables de unos hechos tomando como patrón otros de índole parecida. Desde los cinco meses de vida desarrollan una comprensión lingüística muy por encima de la media. Este hecho conlleva que se lancen a balbucear de forma incesante hasta repetir palabras o que elijan no intentarlo. Por este motivo, hay niños de altas capacidades que no abren la boca para hablar hasta los cuatro años o incluso edades superiores, y no porque no puedan o no sepan hacerlo, sino porque simplemente no quieren.

Uno de los rasgos de su personalidad con el que tendrán que lidiar toda la vida es que no controlan sus emociones. Si se ponen a llorar no paran enseguida, resulta difícil contenerlos o calmarlos, y si están tristes se pueden sentir desbordados e intentar dar golpes sin orden ni concierto. Otro rasgo que los identifica es que son muy testarudos y perseverantes. De esta manera, si encuentran la lógica en alguna cosa que se les proponga suele resultar fácil convencerles. En caso contrario es casi imposible. Les gusta mucho ser protagonistas y les disgusta especialmente que otros intenten acaparar la atención de los demás cuando ellos entran en acción. Así que hay que enseñarles cuándo ellos son el centro del universo y cuándo lo son otros. Estos niños se frustran con facilidad cuando su cuerpo no acompaña a su mente y cuando no son capaces de realizar algunas de las cosas que se les ocurren. Desde bebés les molesta equivocarse, estar confusos o no saber qué camino tomar. Tienen una tendencia desarrollada hacia la autenticidad y por este motivo no soportan la hipocresía, las mentiras piadosas, los juegos de intenciones, que se burlen de ellos o que no los tomen en serio. En su relación con otras personas les agrada que les traten como si fueran niños mayores, que se les deje tomar pequeñas decisiones y que se respeten sus tiempos, aunque a veces agotan la paciencia de cualquiera. Por lo general, son niños muy mimosos, zalameros y manipuladores. Es frecuente que tengan un peluche preferido y lo lleven a todas partes y también que rechacen otros por razones que desconocemos.

En cuanto a su rutina diaria, cuesta mucho acostarles a su hora y es casi imposible que permanezcan quietos y descansando durante todo el tiempo que lo hacen los demás bebés de su edad. Aunque no siempre lo noten, es frecuente que comiencen a tener pesadillas. También les gusta más estar en su casa que salir fuera de ella, porque necesitan sentirse seguros y a salvo, y porque es frecuente que sean tímidos o demasiado selectivos con las personas que conocen. Una de las cosas que más les incomoda es estar sucios y en cuanto se dan cuenta de que se han hecho sus necesidades encima protestan porque se sienten realmente a disgusto. También es frecuente que comiencen a sentir su cuerpo y a decidir cuándo se hacen pis. Asimismo, se muestran bastante escrupulosos, incluso algo sibaritas, y pueden desarrollar manías alimenticias o con las prendas de vestir. No les gusta compartir, ni que toquen sus cosas, ni que no se las den inmediatamente cuando creen que las necesitan. Respecto a su entorno, les gusta averiguar de qué están hechas las cosas, su composición, los procesos mediante los que cambian de estado o agruparlas y ponerlas en conjunto para hacer otras estructuras más grandes.

Desde los cuatro meses de vida empiezan a mostrar un agudo sentido de la orientación. Saben dónde se encuentran objetos o lugares con una sola vez que los hayan visto o los hayan llevado allí, y comienzan a desarrollar distintas estrategias para llegar a ellos. Estos bebés no cuentan con buena psicomotricidad y les cuesta coordinar y controlar el movimiento de brazos y piernas y dirigir sus fuerzas hacia objetivos. Este hecho (unido a una actividad incesante cuando persiguen un objetivo) puede provocar algún accidente.

¿Cómo me vinculo de manera saludable y feliz con un bebé sobredotado de seis meses?

En primer lugar, los padres deben aceptar que su bebé es distinto a los bebés no sobredotados, que tiene una diferencia positiva y buena que le confiere una identidad maravillosa. Pero es muy posible que no puedan enfrentarse a esta situación solos. En ese caso, lo mejor es pedir ayuda a un especialista porque existe una dificultad, pero sin olvidar que esa dificultad no es el niño. Sin embargo, es preciso solucionarlo lo antes posible porque el bebé necesita a sus padres. Nadie tiene un hijo, un nieto, un sobrino o un familiar a imagen y semejanza de sus deseos. No pretenda cambiarlo, ningunear su forma de ser o transformarlo en un niño normal, porque no lo va a conseguir.

Involucre a toda la familia en líneas de actuación conjuntas y, si algún miembro no quiere intervenir en esta forma de actuar, que al menos no interfiera, por el bien del niño. Resultará una experiencia enriquecedora para todos y dará mayor seguridad emocional al bebé. Hable de su condición de sobredotado con naturalidad y pida que los demás lo hagan también. De esta manera, los familiares se habituarán a convivir con este término, con su significado y con los pros y contras de esta condición. Esto contribuirá a la hora de educarle a que descubran que no pueden pasar por alto su identidad diferenciada. Procure tener siempre presente que su pensamiento se encuentra por encima del que tienen otros niños de su edad, pudiendo tener un desarrollo entre dos y cinco meses superior, pero que sus emociones son las de un bebé de seis meses y esta asincronía no solo le va a durar toda la vida, sino que se va a incrementar. Así que hay que educarle sin concesiones a su carácter dominante, e intentando que aprenda que su cabeza va muy por delante de su corazón pero que este también tiene un lugar primordial y en ocasiones único.

Procure que viva en un ambiente estable, con figuras familiares sólidas, donde pueda sentirse seguro y no se vea en constante situación de peligro o cambio. Con esta edad no es momento para exponerlo a situaciones estresantes ni tampoco a personas que no conocen cómo son este tipo de niños. Olores frescos en el hogar, masajes antes de dormir, contarle lo que va a suceder en cada momento para que sepa lo que puede esperar. Todo esto le ayudará a controlar mejor sus emociones. También que elogie lo bien que lo hace cuando deja de llorar sin que lo calmen, que aplauda cuando se tome los cereales que no están tan buenos o que no proteste cuando le ponen los calcetines y no puede chuparse el dedo. Igualmente, explíquele lo que usted siente y qué cree que se puede hacer cuando algo no sale como queremos o nos gusta. Así le tomará como referencia de sus inquietudes y comprenderá que sentir no es malo aunque a veces nos haga sufrir. Ayúdele a controlar su impaciencia y a esperar. Cada miembro de la familia tiene sus tiempos y sus turnos y él es uno más, de modo que debe aprender a convivir con los otros y a aceptar que a veces no consigue lo que quiere porque es preciso atender otras necesidades de mayor importancia. Desde esta edad enséñele cómo saludar, qué puede y que no puede hacer cuando conoce a otras personas, a ser agradecido, a prestar ayuda y también cuál es la manera correcta de mostrar desagrado.

Léale y cuéntele cuentos, historias, anécdotas, vivencias de la propia familia y también las de su pueblo o ciudad. Lo entenderá todo aunque no pueda hablar, se sentirá importante y desarrollará su curiosidad. Además le ayudará a comprender cómo otras personas reales o imaginarias sienten, piensan, actúan y resuelven conflictos. Deje también que se aburra y que aprenda a utilizar su cabeza para usar las ideas que se le ocurren. Aunque no lo crea, con un simple papel de embalar es capaz de estar entretenido mucho tiempo, también de imaginar cosas increíbles y de relajarse estando en su mundo. No pretenda que repita acciones que previamente ha realizado, pues a estos niños no les suele gustar, y si lo hacen seguro que introducen iniciativas propias que habrá que valorar. Exíjale que haga cosas, pero deje un margen de maniobra para que no se sienta agobiado ni presionado. Procure no mentirle, y menos con asuntos relacionados con la soledad, el dolor o la ausencia, porque no se lo perdonará con facilidad y puede que no haya segundas oportunidades. Estos niños son muy independientes en el plano cognitivo y muy poco en el plano emocional. No le diga que volverá pronto si va a estar toda la tarde fuera, ni que la tripa no duele, porque él sabe que no es cierto. Enséñele a hacer cosas que no son agradables buscando su lado más divertido, por ejemplo, a hacer limonadas con los limones que nos da la naturaleza, o a estar alegre aunque no haya motivos. Cantar es una faceta que ayuda a desarrollar el sentido positivo de la vida y una buena práctica para relajar tensiones. Es un buen momento para desarrollar el sentido del ritmo, que le ayudará a controlar mejor su psicomotricidad y a disfrutar con el silencio y con la música. Una experiencia fascinante es bailar con un bebé sobredotado en los brazos.

Repita con frecuencia delante de él que le quiere tal como es y que no se pretende convertirlo en otra persona, ni que sea como sus hermanos, primos o nietos. También que cualquier persona es más importante que lo que pueda hacer o mostrar. Es igualmente una buena ocasión para enseñarle a aprender a perdonar, a pedir perdón y a perdonarse a sí mismo y también para mostrarle cómo resolver las situaciones que conllevan conductas que exigen revisar lo que hemos hecho. Pídale ayuda aunque es obvio que no siempre pueda dársela, pues le hará sentirse importante y le ayudará a vivir con una capacidad por encima de la media. Enséñele cómo pensar constructivamente y también cómo parar de pensar. Que no se puede hacer todo lo que se le ocurre a uno en el momento que se le pasa por la cabeza y, sobre todo, que el corazón tiene razones que la cabeza no comprende.

CAPÍTULO SEGUNDO
TRECE MESES

Hace tiempo que he aprendido a andar, hablo con frases completas,
sé contar y no me gusta nada que me digan lo que tengo que hacer.

a) Por fin todo el tiempo en casa. Odio las guarderías.
Allí nadie me entiende, los niños me muerden
y las cuidadoras repiten cosas como loros.

b) Ya voy a una guardería donde desarrollan mis talentos
y al mismo tiempo me enseñan a estar
con otros niños que no son como yo.

DESDE DENTRO

Me he pegado una buena trompada con el triciclo, hasta se me ha roto uno de los dientes de delante y me han dado tres puntos en la barbilla. Perdí muchísima sangre y no tengo nada claro cómo me van a meter por dentro la que me falta. Lo que sí sé seguro es que no me vuelvo a montar en ese trasto, se pongan como se pongan. Ni en ese ni en otros que no sirvan para bajar escaleras.

La verdad es que ando nervioso desde que volví de esa casa de brujas donde me querían meter para que aprendiera y la verdad es que ahí no se podía aprender nada. Me dijeron que fuera bueno y yo lo intenté, hasta que casi exploto como los globos cuando los hinchas demasiado. La seño Loli (que así llamaban a la que pusieron en la habitación donde estábamos) me daba miedo de verdad porque me trataba como cuando yo era más bebé y pretendía que hiciera cosas de perro: que me sentara en círculo, que buscara un cubo rojo y se lo diera una y otra vez, y que me acostara a dormir la siesta en la colchoneta. Además, los niños que había allí eran raros de verdad. Ninguno sabía hablar, muchos gateaban y uno me mordió una mano. Claro, entonces yo le mordí con más fuerza e intenté arrancarle los cuatro pelos que tenía. Un poco de pena sí me dio, pero se lo merecía porque empezó primero y no era justo. Entonces me dijeron que eso estaba mal y me pusieron unos minutos apartado de los demás como si eso fuera un castigo. Para mí fue estupendo porque me dejaron tranquilo y pude sacar poco a poco los hilos de la alfombra y hacer una bola grande con ellos. Me pillaron justo cuando me sacaba caca del pañal para amasar la pelota y que se hiciera más grande y consistente y dijeron que eso era una cochinada. Yo creo que no sabían de nada, porque mi hermano Fernando tiene un libro con unas fotografías donde aparecen unos señores medio desnudos de hace mucho tiempo que hacen bolas, vasijas y tazas con una cosa marrón que moldean con las manos y la cosa marrón más marrón que existe es la caca. Después, la seño Loli se empeñó en que comiera deprisa y corriendo una cosa verde que olía mal y a la que llamaba puré. Me daban arcadas y empecé a vomitar en cascada encima de la comida de los otros niños para que no se la dieran porque estaba mala de verdad. Entonces la seño se puso nerviosa y llamó a otras seños. Algunos niños se habían manchado mucho y la verdad es que no sabían cómo evitarlo o cómo limpiar aquello. La mayoría lloraban como si eso fuera una solución y otros también se pusieron a vomitar. Me sacaron en volandas de la sala, me limpiaron con una toalla que raspaba hasta ponerte la cara roja de payaso y llamaron a mi mamá. Le dijeron que debía tener un trastorno evolutivo del desarrollo (que no sé qué es, pero lo averiguaré pronto), y mamá se puso muy triste y me llevó a casa. Yo le dije que a mí no me importaba tener eso porque está claro que las personas que no lo tienen son idiotas, pero que no encuentro dónde lo tengo metido y le pregunté millones de cosas que no supo responderme. Pobre mamá, todavía le cuesta entenderme, aunque pone todo su empeño y eso es porque nunca ha visto un niño como yo. Dice que soy su bebé especial y para mí es como cuando salen los coches de un túnel con una serpentina de color azul que huele a lluvia y a tierra mojada. Papá y mamá discutieron después a puerta cerrada, pero yo les oí y sé que es por mi culpa. Además, Fernando me empujó y me dijo que solo doy problemas, y eso no es verdad, son los demás los que dan problemas y cuando yo quiero buscar soluciones son ellos los que no me dejan hacerlo.

Me gustaría que me crecieran alas de mariposa para poder descansar en el aire sobre el brillo de la luz sin quemarme y sin que otros puedan atraparme ni hacerme daño. También que supieran que yo estoy bien en casa y que no necesito ir a ningún sitio para aprender cosas. Me he propuesto no hablar ni hacer ruido para que me dejen tranquilo. He cogido un sobre que había sobre la mesa y lo he roto en trocitos pequeños e irregulares como el confeti. Me ha gustado tirarlo por encima de mi cabeza como si se tratara de una lluvia de estrellas imaginando ser una mariposa blanca atravesando una luz que sonaba a campanas. Dentro de ese sobre también había un papel, y romperlo estuvo mal porque resulta que lo tenía que entregar Fernando en el colegio y me repitieron un montón de veces que no puedo hacer cosas sin permiso. Odio cuando se ponen pesados y me dicen las cosas una y otra vez, porque desconecto y no sirve de nada todo el esfuerzo que han realizado. Es entonces cuando me siento agobiado como lo está una moneda pequeñita en una cartera rodeada de monedas gordas y de billetes. El agobio es una sensación de color gris ceniza que te pesa por dentro como el humo, te hace cosquillas feas en la nariz y no te deja respirar, además suena como sopla el viento cuando hace tormenta y te tienes que tapar muy fuerte las orejas para dejar de oírlo y que no te dé susto.

Después de lo que pasó con la guardería y el sobre, me quedé unos días muy callado y el abuelo dijo que gallo que no canta algo tiene en la garganta y yo me puse a temblar, porque lo que me faltaba es que me llevaran al médico. Pero no fue así y me regaló el triciclo rojo. Me encantó porque era brillante y caliente como el fuego y me hubiera gustado más desmontarlo pero eso también está prohibido y tuve que subirme a él. Me costó mucho atreverme a moverme con él porque lo sentía como unas piernas raras que hubieran nacido al lado de las piernas buenas, pero pronto me gustó sentir el aire en la cara. El aire cuando está limpio sabe a mermelada de melocotón si es verano, si no, no. Luego pasó lo que pasó, y estoy hecho polvo de verdad porque los demás no paran de decir: «pobrecito», con tono de realmente querer decir: «pobre tonto de remate», y yo odio que me tengan lástima. No pienso hablar en millones de años, vamos, hasta que volvamos a vivir en cuevas y hacer vasos con la caca como se hacía hace miles de millones de años que es algo así como muchos cientos juntos.

Hace tiempo que sé contar y ya empiezo a hacerlo sin dedos porque no tengo dedos hasta cien, que es más o menos donde llego ahora. También sé que solo puedes contar las cosas que son iguales porque si no lo son, no se pueden mezclar y dar una cosa más grandota. Me gusta cerrar un ojo cuando vamos de paseo y ver los números de una matrícula de coche, luego de otro y hacer lo mismo, y luego con los dos ojos abiertos, y más tarde lo mismo con otro coche. Ya me sé de memoria las matrículas de algunos coches que aparcan cerca del portal y también el color de los automóviles a los que pertenecen y cómo son estos. También me gusta ver los cromos que tienen mis hermanos, aunque solo Elena me los deja y esos son de vestidos de chicas y son menos bonitos. Ella me canta y me pide que yo lo haga también. Su voz sabe a chocolate y por este motivo a lo mejor me lo pienso más y vuelvo a decir alguna palabra, aunque pienso decir las menos posibles.

Ya conozco algunas letras y sé leer mi nombre. Las letras son las telas de las palabras y con ellas se hacen trajes. Esas son las historias impresas que hay en los libros y las que te cuentan antes de dormir. Me encanta pasar páginas, pues, aunque no entienda del todo lo que dicen, si hay dibujos (que son los ojales y botones de las palabras), me puedo enterar de muchas cosas. Pienso que cuando sabes un número determinado de palabras y puedes averiguar lo que dicen los libros es cuando te haces mayor, y ya no tienes que ir a ningún sitio más para que te enseñen. Entonces mandas lo que puedes y los pequeños te tienen que obedecer sin rechistar, ganas mucho dinero para comprar cosas y puedes hacer todo lo que se te ocurra.

Pese a que me duelen mucho las pupas y casi me he hecho una herida de tanto dar con la lengua en el hueco del diente que tuvieron que sacarme, como en casa no se está en ningún sitio, sobre todo cuando solo estamos mamá y yo y podemos hablar tranquilamente de nuestras cosas. Papá parecía más enfadado conmigo después de todo lo que ha pasado, pero sé que en el fondo no lo está tanto porque cuando me riñe pone la boca pequeña y al final pierde un poco el hilo de las cosas, tal vez porque está muy cansado y le han doblado no sé qué turno.

Ahora además tenemos en casa un perro de orejas largas que me deja tirarle del rabo sin protestar nada y soy yo el que le está enseñando cosas. Seguro que pronto aprende a hablar como los de los dibujos que aparecen en la televisión, que vemos muy poco porque dicen que la televisión no es buena para los niños. El perro se llama Caramelo porque es del color de los tofes cuando están blanditos y ricos, y también porque es muy cariñoso (cuando te conoce, si no, te enseña los dientes). A mí me quiere mucho y me ha puesto la pata por encima cuando estaba dolorido tumbado en mi alfombra de los juegos después de que me dieran los puntos. También me he hecho amigo del portero y cuando tiene tiempo jugamos al escondite. Es simpático de verdad y sabe cómo sacarme mocos de muchos colores de dentro de la nariz. Creo que además trabaja de mago, que, según me ha contado, son esas personas que encienden las estrellas, apagan el sol por las noches e intentan que cuando dormimos tengamos sueños bonitos. Además, soy tan mayor que ya tengo una enemiga muy mala que es lo contrario de tener un amigo. Me hace sentir importante, porque pocos niños tienen enemigos desde tan corta edad y esta es grandota y desmadejada como los palos de las escobas, quizá también sea bruja y trabaje con las señas con las que me llevaban a aquel sitio donde no se aprendía nada. Es la vecina de abajo, que se llama Teresa, y dice que soy un demonio incapaz de parar quieto un solo minuto, que la estoy volviendo loca y que ya está bien de dar la lata a la hora que las personas decentes tienen que dormir. Todo eso son mentiras, pues yo no tengo ningún rabo largo que me salga de la espalda, ni tenedor de pinchos, ni cuernos, y no me meto con ella ni con nadie. A lo mejor es que se siente sola y no tiene con quién discutir. Cuando sea más mayor y me dejen salir a la calle a mi aire, bajaré a preguntarle por qué vive sola en una casa enorme y con una cuidadora como si fuera una niña pequeña que no puede hacer muchas cosas por sí misma.

Le he dicho a Caramelo que cuando baje me tiene que acompañar por si tiene que defenderme y él me ha dicho que sí a su manera, que es a lametazos. A ver si aprende pronto mi idioma, porque parece no tener ideas propias y no es capaz de decir nada interesante que te haga pensar. Aunque si Caramelo fuera tonto y no hablara nunca, yo lo iba querer igual o incluso más, porque es una desgracia terrible no poder protestar a gritos, decir lo que te da la gana, explicar lo que sabes, preguntar cosas e intentar averiguar lo que otras personas te dicen mediante los sonidos y los silencios.

DESDE FUERA

Rosa *(abuela)*

¡Ay, qué disgustos más gordos nos está dando el chavalín! Y mira que es majo, pero lleva un mes imposible y de volvernos locos a todos. Mi hija anda de los nervios y no se apaña con él. La que armó en la guardería es lo nunca visto, como si fuera un salvaje y no tuviera educación alguna. Claro, que no debían saber allí demasiado, porque lo que pasa es que es un rebelde que necesita mano dura, pero mira que decir que es retrasado… si eso no tiene nada que ver. Me tengo que enterar de si hay algún psicólogo bueno, o algo así, que le ponga la cabeza del derecho y le convierta en un niño normal como sus hermanos, con sus cosas, pero que amanse esa fiera enloquecida que lleva dentro y que cualquier día le va a costar cara… Porque lo del triciclo es otra. Ya me las arreglaré para pagarlo yo, pero seguro que en la peluquería saben de algún psicólogo que meta en vereda a los chicos problemáticos. Su tía Carmen dice que ella también va a buscar alguno asequible, pero yo la conozco, y lo barato al final sale caro. Esto hay que solucionarlo lo antes posible y del todo, porque si no —Dios no lo quiera—, no va a tener remedio.

Eusebio *(abuelo)*

En el ambulatorio me van a reservar cita todos los días porque tengo la tensión disparada y como no le busquen pronto arreglo, acabo en el cementerio. A quién se le ocurre tirarse por las escaleras con un triciclo. Para haberse matado, si es que no tiene conocimiento. Y la culpa es mía, ya lo sé, aunque me digan lo contrario, porque creí que así le quitaba el disgusto, que es muy pequeño para regalarle un triciclo y el disgusto gordo me lo he llevado yo. Está claro que no tiene conciencia del peligro, conocimiento ni entendederas, y que necesita una mano dura que no es cosa de abuelos. Menos mal que al final todo ha quedado en agua de borrajas, aunque el susto a mí no me lo quita nadie del cuerpo. Cuando uno se vuelve un viejo despistado que no sabe ver más allá de delante de sus narices, lo mejor es morirse, no dar la lata y no provocar problemas.

Alicia *(madre)*

¿Y ahora qué hacemos? Tengo a la familia alborotada, al enano revolucionado y con lo sensible que es a ver qué se le ocurre. Mi marido que dice que desiste y que cuando crezca, ya se ocupará, aunque él me apoya en todo lo que haga. Claro, pero cuando no salen las cosas se pone como se pone, hecho un basilisco, y mi hermana Carmen loca me tiene, como si ella supiera tanto (que ya podía hacer algo con Paola, que esa niña no espabila ni a la de tres). Y luego está Elena, que no para de decir que si su hermano está malito, que si su hermano viene de la basura porque no se parece a ninguno y hace cosas extrañas, y es Fernando quien le cuenta esas ideas apoyándola, como si tuviéramos poco con lo que se nos viene encima. Me siento desbordada, de reincorporarme al trabajo nada de nada, pues aquí tengo ocupación para dar y tomar, y a ver con quién dejaría a Miguel, que no es nada fácil de llevar. Hasta que le llegue la edad del colegio lo mejor es que esté en casita, a ver cómo madura (o lo que sea que les pasa a estos niños). ¡Ay, este hijo de mi corazón! Me parte el alma, espero que con el tiempo se le pase. Al menos con el perro anda más calmado, aunque me vuelve la cabeza loca, todos los días pregunta que te pregunta, como si yo lo supiera todo o, mejor dicho, como si hubiera que saberlo todo. Y luego tiene esa manía de contar lo que hay y lo que no hay: trece platos, cuatro patas, doce palillos… y de buscar letras iguales y distintas y de agrupar cosas ya sea por colores o por tamaños. Si nosotros no le enseñamos nada, ¿de dónde lo habrá sacado? Como siga así le va a explotar la cabeza. Además, cuesta un triunfo sacarlo a la calle desde que pasó lo del triciclo. Pero ¿cómo vas a pensar que se va a tirar por las escaleras del portal subido al sillín? Dios Santo, si no es por Marcelo, el portero, que paró algo el golpe, se nos mata seguro. Madre mía, no tiene conciencia del peligro o no le importa, o yo qué sé.

Llevo días sin dormir. Si al menos supiera cómo solucionar esto, pero es que yo no quiero que le hagan daño ni que sufra y es que no se me ocurre a quién acudir. Le veo tan pequeñito y desvalido pero con esa cabezota de señor mayor que no casa con ese cuerpo. Si es que ni ha gateado, un buen día de pie y al siguiente a correr. Y cada día un acontecimiento nuevo y una idea más peregrina todavía. Ahora está convencido de que se va a morir si no le metemos toda la sangre que le salió de la barbilla cuando sufrió el accidente y a ver cómo le explicas (y de qué manera) que eso no es así, que tuvimos que enseñarle hasta fotos de un libro para que lo entendiera… vamos, es de locos, pues nos dijo que a lo mejor lo del libro no era verdad del todo porque quien lo había escrito podía ser un mentiroso. Al menos con el perro, que es un bendito, me deja unos minutos para ocuparme de los otros dos, que andan que muerden. El mayor con unos celos y unos berrinches de bebé y la pequeña haciéndose la mayor y diciendo que nos va a tener que cuidar a todos. Así que ando loca de un lado a otro.

Manolo *(padre)*

¡Menudo figura está hecho el enano! Claro que me recuerda a mí, que era un pieza de cuidado y mi padre desde bien pequeño me daba capones para meterme en vereda y así he salido para adelante. Vamos, que se me ocurre montar el pollo de la guardería y ni bebé ni leches, me come crudo. Pero ahora son otros tiempos y hay otras modernidades, que le pegas un cachete a un chaval y te arruinas la vida. Y ya ves, una torta a tiempo desde siempre arregla todas las cosas, no es una paliza ni maltratarlo, vaya. Pero ahora, ver, oír y callar, que lo arreglen las mujeres, que se les da bien eso de las palabras y los diálogos. Y es que cuando el crío se pone a parlotear (que parece la radio) preguntando sobre lo divino y lo humano, es mejor poner tierra por medio. Le dices con autoridad lo que es y ya está, porque más ni puedes ni te dejan hacer. También habría que consentirle menos, porque qué bobada eso de la sensibilidad, si es un chico con todos los atributos bien puestos, que lo he visto yo. Sí, claro que siente lo normal, como cualquiera, frío-calor, alegre-triste. ¡Anda que no te da la vida caldo en treinta tazas aunque no lo quieras!, y a eso es acostumbrarse, como a todo. Pues nada, con tanta guardería y tanta cuidadora, tonto me lo van a hacer, aunque no vendría mal que le apagaran un poco la cabeza cuando se pone a dar la lata. Y así está, blandito como la manteca, ¡si es que tienen unas cosas las mujeres! Yo ya se lo he dicho a la abuela, la madre y la tía: «vosotras, que sabéis tanto, os ocupáis de él hasta que vaya al colegio y luego ya me toca a mí, que con cuatro balonazos y cinco carreras se quita tanta tontería».

Carmen *(tía)*

Esto lo veía venir, y mira que lo he pronosticado un millón de veces: este niño no está bien de la cabeza y habrá que buscar un loquero, a ver si tiene arreglo. Menuda ha armado, y eso de las que sepamos, que muchas ya ni nos cuentan (para qué). Yo ya le he dicho a mi marido Paco que esto pasa porque mi hermana Alicia es muy novelera y, como es la pequeña, siempre ha estado en una pompa de jabón, sin poner los pies en la tierra. De joven se tiró ocho años haciendo la carrera porque andaba delicada (¡ocho años, que ya es tiempo!), sin dar ni medio palo al agua ni trabajar ni siquiera en verano. Claro, eso se trasmite por los genes y el carácter pues lo mismo. Así les ha salido el pequeño, ni tan siquiera han valido los genes del bruto de Manolo, y es que menudo contraste. Pero esto es lo que hay, Fernando un soso, Elena sin carácter y Miguel además de un huracán y un terremoto, ahora hace competencia a la niña del exorcista.

Y a mi pobre padre quién le manda meterse en esos berenjenales. Un triciclo, toma ya, para que se desgracie el niño de una vez por todas. Si lo que hay que hacer es buscar un centro de esos donde dejarlo una temporada, aunque buena es su madre, que no va a querer y no va a querer. Ya lo ha dicho en plan teatrera: «mi hijo por encima de todo conmigo y en casa, que es donde tiene que estar». Como si los demás no le quisiéramos (pese a todo) y buscáramos lo mejor para él y para todos, porque digo yo que para eso somos una familia, y en ella hay más personas que Miguel.

Paco *(tío)*

El chaval es la puñeta, cogiditos los tiene a todos de las manos y de los pies. Vamos, que les ha tomado la medida. Esto lo arreglaba yo a mi manera, con horarios, normas y esto es lo que hay, y por mucho que llore y grite, a protestar al maestro armero. Hasta en treinta guarderías lo metía yo, una tras otra. Y si se pone bravo en una, pues la otra más lejos de casa y más fea. Así se le quitaban esas ganas que tiene de hacer el cafre, de ser el protagonista y de tener a su madre como alma en pena de Herodes a Pilatos. Yo, que para eso he estudiado un montón y soy contable, lo tengo claro, clarísimo, vamos, lo que se dice meridiano: lo que tiene el crío es una condición mala y retorcida, les ha salido de colmillo afilado y eso se cura con mucha disciplina y poniéndole las peras a cuarto una y otra vez. En cuanto averiguas su punto flaco y tiras de él, ya lo tienes recto como una vela.

Fernando *(hermano)*

Hasta las narices estoy de Miguel, nos ha robado a mamá por completo, es un idiota con una cabeza de ajo llena de ideas, ideas que no para de repetir. A mí también se me ocurren cosas estupendas y no están tan pendientes de mí. Además, ha hecho suyo el perro y ya no nos hace caso, a lo mejor lo ha encantado, y claro, ahora ya ni con él podemos jugar. Menudo rollo, menos mal que con esto de que no están pendientes de mí paso de hacer los deberes y nadie se da cuenta, y aunque se la dieran, como no son las ocurrencias de Miguel tampoco iba a importar. Es un asco tener hermanos, pero al menos Elena (que es medio tonta como todas las chicas) va siempre detrás de mí y me deja mi sitio, además no toca mis cosas, no como este manazas, que si puede las destroza. Ahora eso también, todo el día están que si dónde está Miguel, que si qué hace…

Elena *(hermana)*

Miguel es muy divertido y me hace reír con sus payasadas aunque no me gusta que mamá ya no pase tanto tiempo con Fernando y conmigo. Pero siempre está haciendo cosas y más cosas como si fuera uno de esos muñecos de cuerda que tienen música por dentro. Además, me trata como una persona mayor y cuando está de buenas me ayuda a peinar a mis muñecas, aunque cuando se porta mal es malo malísimo y le da por arrancarles las piernas o jugar a los bolos con ellas. Entonces no le quiero nada, pero nada, aunque cuando me ve llorar para enseguida de hacer eso.

Álvaro *(primo)*

¡Menudas arma Miguel! Si a alguno de mis hermanos o a mí se nos ocurre hacer algo parecido, se nos cae el pelo. En mi casa no hay tonterías, aunque si consigues que no se enteren y no se note, puedes hacer lo que te dé la gana. Yo ya fumo y bebo los fines de semana y, aunque no he acabado la secundaria, siendo mansito y modoso pues te dejan vivir tu vida. Ese pequeñajo los tiene a todos como hipnotizados con unos rollos que no son ni medio normales y yo creo que, aunque es un *alien* enano, se da cuenta de todo y monta el espectáculo para conseguir cosas y hacer lo que le da la gana. Y ahora como lo que le viene bien es estar todo el día en casa, pues eso, a portarse mal, en plan tener complejos extraños y rollos para romper el coco a los demás y hacer su santa voluntad.

Patricia *(prima)*

¡Jo, no mola nada tener un bicho así en la familia que a lo mejor eso se puede pegar y todo! Venga a estar pendientes los mayores de todo lo que hace y lo que dice, y de si está bien, o mira si es pequeño, vamos, como si no existiera el universo exterior alrededor. Están de un plasta que no es ni medio normal y es un peñazo eso de estar escarbando todo el día sobre lo que nosotros hacíamos o dejábamos de hacer a su edad. Nosotros somos la mar de normales y no nos pasan esas cosas raras de película. Ya está bien, que lo lleven a un médico o donde sea y acabe ya esta movida tan chunga.

Íñigo *(primo)*

A mí sí me gusta Miguel, querría embarcarme en aventuras como él y tener siempre una idea a la que agarrarme cuando me siento solo o aburrido, o cuando nadie se da cuenta de que me siento triste. Además, siempre se da cuenta de lo que te pasa por dentro y le importas, aunque lo demuestre a su manera. Yo creo que lo que le sucede es que es como un extraterrestre que ha venido de otro planeta y no tiene un traductor bueno para saber lo que hay que decir o lo que hay que hacer en la Tierra. Así que el pobre, claro, mete la pata, pero no lo hace con mala intención, y al final paga el pato y le duele más que a nadie. Aunque a mí me molesta que (salvo su madre y los abuelos) los demás hagan poco por entender qué le pasa por dentro o por qué se le ocurren esas cosas que a nadie tan pequeño se le vienen a la mente.

Paola (*prima*)

Miguel es muy bueno y quiere a todo el mundo, aunque algunos no le quieren a él y es una pena, porque siempre te ayuda cuando no puedes hacer cosas. A veces no le sale del todo lo que quiere hacer y estropea cosas, pero yo sé que él no lo hace queriendo. Mis hermanos no me hacen mucho caso porque soy la pequeña, pero él (que es más chiquitín) todavía se ocupa de mí y sabe que cuando estoy triste me gusta que me acaricien la carita y me den mi osito de pantalones rojos para que lo acune y se me vaya pasando.

Seño Loli (*guardería*)

Menudo día de trabajo… la directora está que se sube por las paredes, y con razón. Tanta integración y, al final, lo que no puede ser, no puede ser. Nos ocultan lo que les pasa a estos niños que no están bien y pretenden que nosotros, los profesores, lidiemos con sus problemas. Tienen que ir a otros centros donde se ocupen de sus carencias, porque nosotras ni estamos preparadas para atenderlos ni tenemos medios. Espero que a la familia de Miguel le vaya bien, y que encuentren ayuda cuando antes, porque ese bebé está fatal y no puede estar con los demás. No hay manera de que se relacione de forma normal, casi ni te escucha y es agresivo, una penita, vamos, con lo ricos que son los otros niños.

Teresa (*vecina*)

Esto es insufrible e inaguantable, hasta he tenido que dar parte al presidente de la comunidad, y por la pena que me da la familia, que si no, llamo a la policía, y por supuesto que lo hago, me tiene frita este monstruo. Que no son horas de incordiar, y venga y dale berridos a los dos de la mañana, y a las cuatro, y a veces a las seis, y luego todo el día carreras para arriba y abajo, entremezclado con ruidos y más ruidos extraños. Yo sé lo que es un niño y eso es una máquina de torturar, ¡ni la vejez le dejan pasar a una con tranquilidad! Y esa pobre madre a ver si busca un remedio donde sea, porque parece un fantasma de lo delgada y blanca que está, y el padre, claro, sin aparecer la mayoría del tiempo porque con semejante panorama... si yo lo entiendo. Si tuviera veinte años menos, vendía el piso y si te he visto no me acuerdo, que luego estos críos se hacen mayores y entonces eso es el acabose. Aunque para entonces yo ya estaré criando malvas y por lo menos podré descansar en paz, que es lo que no puedo hacer ahora.

Lidia *(cuidadora de Teresa)*

La señora tiene poca paciencia porque siempre ha vivido sola y hace su santa voluntad, pero no es para tanto. Al niño le deben estar saliendo las muelas y, claro, aquí como no saben poner bien emplastos de hierbas, pues la criatura está fastidiada. Eso unido a la mala suerte que tuvo y el golpe que se dio, que aún algo le tiene que doler, o se acordará todavía, porque anda un poco revuelto. Pero peor sería que lo tuviera que aguantar la señora dentro del piso o buscar soluciones a lo que le pasa al niño. Si hubiera tenido diez críos como mi hermana Luna, seguro que ni se enteraba de si arman bulla o no, que bastante hay con poner el puchero, llenarlo y limpiarle los mocos a toda la tropa. Y eso sin un chavo y yendo a por agua a la fuente los días que la había.

Marcelo *(portero)*

Miguel es un crío tan especial que cuesta describirlo. Es como una estrella que se ha caído del cielo y anda desnuda dándose con los picos contra las paredes porque no sabe cómo moverse ni a dónde ir. Pero el niño siempre te ilumina con una sonrisa, igual que las estrellas. Dicen que es un viejo apagado, pero cuando conectas con él sabes que eso no es del todo verdad. Lo que no se puede pretender es ignorarle, obligarle a que se comporte como tú quieres sin tan siquiera conocerle y no darte cuenta de que para él no debe ser nada fácil ser tan mayor en un cuerpo tan pequeño. Lo del triciclo le puede pasar a cualquiera, a cualquiera que no le expliquen bien las cosas, porque si no puedes volar y te dan alas, lo mejor que pueden hacer es decirte qué hacer con ellas. Se me partía el alma cuando vi como sangraba y aullaba, solo supe decirle: «no te preocupes, se pasará, se pasará y podrás llegar muy lejos y muy alto, hasta las estrellas, que es de donde tú vienes». Y lo que cuentan de la guardería, pues a lo mejor el niño no está preparado para eso, o no lo necesita. Que, vamos, ninguno viene con un manual ni hay que seguir una regla al pie de la letra para saber lo que se puede y lo que es mejor no hacer.

Cuando tenga hijos, a mí no me importaría que me saliera uno como Miguel, porque lo difícil siempre es bello y te permite sacar lo mejor de ti. Eso es la magia, por eso a mí me gusta ser mago y extraer del asombro de las personas la capacidad de ilusionarse y transformar las cosas. Sacar un conejo de una chistera lo puede hacer cualquiera, pero saber el momento en el que has de hacerlo (ese instante que tiembla como un copo de nieve cuando cae del cielo) es lo realmente complicado. Casi tanto como conseguir que un niño viejo te sonría.

ENLACES

¿Cómo reconocer a un bebé
sobredotado de trece meses?

Lo primero que llama la atención de estos niños es que no suelen gatear ni realizar intentos de ello. El bebé de estas características de una amiga mía un buen día se puso de pie con ayuda de una escoba que tenía cerca y, poco a poco, se puso a caminar y ya no hubo marcha atrás, ni forma de que se pusiera a cuatro patas, pues estaba encantado con la independencia que había adquirido y con lo mucho que llamaba la atención de todos los que le veían. Por esta razón (y también debido a que el sistema locomotor no lo tienen muy fortalecido) son más propensos a caerse y tener accidentes, ya que un mayor grado de impulsividad les conduce a mayores errores de cálculo, a no prever las consecuencias de los propios actos y a una conciencia del peligro un tanto difusa.

A veces, con el descubrimiento de esta nueva habilidad, los bebés sobredotados pueden parecer hiperactivos porque no paran un momento quietos, salvo cuando se les ofrecen alternativas que acaparan su interés de manera poderosa o cuando se encuentran en contacto con elementos o personas que les asombran y les hacen pensar en otras cosas. Como el pensamiento predomina sobre la actividad física, en el momento en que se les proponen retos intelectuales o juegos donde tengan que competir con otros, es bastante común que estos niños se apacigüen. De la misma manera les tranquiliza la música de esta movilidad incesante, o estar en brazos de alguien conocido mientras les enseña o explica cosas. Además, con la apertura de este nuevo horizonte de la posibilidad de caminar, es frecuente que sucesos adversos condicionen de manera duradera su forma de percibir la realidad. Por ejemplo, que ya no quieran caminar sobre alfombras porque se han caído muchas veces sobre ellas o le peguen a las mesas porque se dan a menudo con sus picos. Igualmente, este es el momento donde la imaginación y la realidad a veces se confunden, donde los deseos se quieren actualizar en cada momento y donde el protagonismo y la conciencia de la propia realidad diferenciada se acentúan. Por eso captan que no son tan bebés como los demás y, si se encuentran en compañía de otros niños, tienden a «parentalizar» sus relaciones, es decir, a pretender ejercer el papel de padres o cuidadores.

En esta etapa, establecen ya un marco moral y ético sobre el que construir la conducta, con perfiles rígidos cuyas excepciones no siempre quieren aceptar. Por esta razón, hay cosas que son buenas y otras malas, cosas que son justas y otras injustas y ellos tienen que asegurarse de que las actuaciones de las demás personas resulten convenientes, tomando en numerosas ocasiones la justicia por su mano. De esta manera, comienzan a mostrarse contestatarios hacia una autoridad que no siempre se rige por un acusado sentido del honor o que presenta para ellos rasgos de comportamiento que consideran arbitrarios. Existen ocasiones donde admiten incluso que la violencia está justificada como respuesta a quien agrede a los demás de manera injustificada y, en especial, a las personas que no pueden defenderse. Para ellos, las personas mayores no siempre tienen la razón ni hacen lo que tienen que hacer, unas veces por desconocimiento y otras por negligencia. También se observan en su personalidad ciertos rasgos de suspicacia, porque se dan cuenta de que algunas personas mienten y este engaño perturba la confianza que se supone que hay que depositar sobre ellas. Como son más desconfiados, no siempre se dejan enseñar o no siempre aceptan de primera mano lo que se les dice hasta que comprueban en cierto modo el grado de certidumbre de lo que se les cuenta. Algunos de estos bebés incluso empiezan a desarrollar un diálogo que comienza con «el niño dice», o «el niño quiere», como si esa entidad diferenciada enjuiciara lo que sucede en el mundo, o como si quisieran tomar roles sociales que por su edad no les corresponden.

Esta edad señala el comienzo de expresar una lógica acusada donde todo tiene un porqué que puede ser verosímil. O lo contrario, donde le buscan tres y doscientos pies al gato y donde las cosas se encadenan de forma infinita. Estos niños aprenden ahora que existen factores que no son como esperaban (o que no pueden controlar) y también empiezan a descubrir que hay datos que se les escapan, o que no cuentan con recursos para abordar ciertas cuestiones. Esto les origina incertidumbre y tristeza, ya que para ellos resulta importante saber el porqué de todas las cosas y les gusta jugar y comprobar cuántos porqués saben las personas que tienen alrededor y ponerlas a prueba. Esto lo hacen para después comprobar si pueden utilizarlas como referente de sus inquietudes o si sus allegados pueden ser un soporte emocional cuando se sienten indefensos dentro de un cuerpo que no ampara todos los retos que plantea su mente. Algunos bebés sobredotados estiman que su criterio se encuentra por encima de los demás y que ciertos adultos se encuentran intelectualmente por debajo de ellos. En consecuencia, no logran comprender por qué tienen que ser enseñados, o por qué tienen que ser educados siguiendo unas normas, o por qué no tienen que ser tratados en todo momento atendiendo a las diferencias que plantean.

Estos bebés pueden comenzar a desarrollar sobre esta franja de edad un concepto del miedo que a veces los paraliza. Otras veces lo atenúan con elementos que pueden adquirir un carácter mágico, como juguetes y peluches, y dar paso entre los dos y tres años a la aparición de amigos imaginarios, mucho más interesantes que los reales porque hacen lo que se espera de ellos. Del mismo modo, es posible que aparezca el concepto de los monstruos que le aterroricen en sueños. Comienza también una relación muy estrecha y dependiente con figuras maternales (cuya sobreprotección se debe evitar a toda costa) y una tendencia a alejarse emocional y físicamente de las personas que no amparan sus diferencias. Con los primeros accidentes toman una conciencia exagerada de las consecuencias de estos, como la pérdida de sangre, el dolor físico o la incapacidad de realizar ciertas actividades durante un tiempo determinado. Es bueno entonces colocar las cosas en el lugar que les corresponde, no mostrar preocupación ni compadecer al niño con el propósito de fortalecer su carácter, y no acentuar su perfil de una hipersensibilidad acusada.

A estas edades, ya no les incomoda tanto la suciedad y el baño no se encuentra dentro de sus prioridades, pues les gusta experimentar con sus propios excrementos, jugar con los mocos propios o ajenos e incluso comérselos. Y algunos bebés no soportan que les agarren las manos de buenas a primeras para cortarles las uñas o el pelo, porque para eso es suyo y bien suyo. Comienzan a desarrollar un gusto estético a veces peculiar, donde hay colores como los pálidos, que a menudo detestan o formas y materiales que suelen no agradarles, como aquellos que no son brillantes o deslizantes, los que tienen estructuras irregulares o los que no pueden agarrar con facilidad. Este es también el momento en el que desarrollan un fino sentido del olfato, que suelen sumar a la adscripción emocional hiperestésica que algunos poseen. De esta manera, olores fuertes y suaves configuran un universo emocional de mayor riqueza, y les ayudan a admitir algunas realidades y a detestar otras según patrones de conocimiento que muy pocas veces se resumen en lo que de por sí es agradable o no.

Son niños individualistas, con criterio propio, carácter fuerte y a veces colérico, a los que nos les gusta compartir, aunque sí hacer suyos los juguetes de otros niños (como sus hermanos) o tomar prestados objetos que no les pertenecen y con los que piensan hacer un uso más apropiado. Como un bebé sobredotado que conozco y que tenía la idea peregrina de que los sombreros podían ser unos orinales fabulosos. Cuanto más favorable resulte la aceptación que su entorno les ofrece, menos tímidos serán y contarán con mayor apertura mental para intentar explorar espacios fuera del hogar o para aventurarse a conocer a otras personas. Por el contrario, cuanto mayor sea la cantidad de experiencias desagradables que acumulen, mayor será su cerrazón para salir incluso de casa, o para atreverse a comenzar actividades nuevas.

¿Cómo me vinculo de manera saludable y feliz con un bebé sobredotado de trece meses?

Procure observar los rasgos fundamentales de su carácter: si es un niño abierto, parlanchín y con ganas de no parar quieto ni un minuto o si se trata de un niño más introvertido, imaginativo y aficionado a un entorno que no depare grandes sorpresas. Con estos niños hay que actuar como con la lactancia materna bajo demanda. Y, si bien es cierto que cada niño pide cosas distintas, para conseguir un equilibrio es necesario, por ejemplo, que en el primero de los casos (niño extrovertido) se pongan límites y formas de actuación consensuadas donde no sea posible una progresión expansiva e incontrolada. En cambio, en el segundo de los casos (niño introvertido) conviene que se intenten ampliar los márgenes de su mundo dotándole de la confianza necesaria para aventurarse a enriquecer experiencias, a equivocarse y a levantarse (en sentido literal y figurado) cuando se cae.

Es necesario que cada miembro de la familia según sus necesidades y edad tenga un tiempo de protagonismo exclusivo donde se atienda con los cinco sentidos a sus demandas, y un tiempo conjunto donde se desarrollen dinámicas en las que todos participen y adopten distintos roles. Existen juegos para niños mayores y pequeños donde pueden aprender a conocer cómo son y a divertirse juntos, como la gallinita ciega, las sillas o el escondite inglés. En estos casos, la familia ni puede ni debe volcarse en un bebé sobredotado desatendiendo a los demás hermanos, porque pueden desarrollar como mínimo (y en el mejor de los casos) un sentimiento de celos que podría destruir la vinculación fraternal. También es conveniente que, en celebraciones familiares y reuniones, se intente presentar a este tipo de niños y explicar sus diferencias para que los adultos puedan entenderlas y atenderlas de manera adecuada. De esta manera, se darán cuenta de que los niños no los rechazan de manera arbitraria, sino por unas razones determinadas, o que cuando muestran su nerviosismo de manera explosiva no lo hacen por fastidiar, o que cuando se pelean pueden existir motivos que hay que valorar aunque pueden resultar injustificables. En primer lugar, son niños, y después, sobredotados. Por este motivo no conviene sobreprotegerles ni apartarles del entorno donde tienen que desarrollarse, pues en torno a un 97% de la población no tiene altas capacidades dentro de la categoría de la sobredotación. Con lo cual, tienen que aprender a convivir con niños sin altas capacidades, pero para exigir hay que dar, y es preciso enseñarles cómo hacerlo.

Salvo que sean especialmente propensos a sufrir algunas enfermedades (como las respiratorias) es conveniente que vayan a la guardería. Pero no vale cualquiera de ellas, ni regirnos por los lugares a los que han acudido sus otros hermanos o familiares, ni por aquellas con nombres rimbombantes y donde se pretende moldear niños bajo estrictos criterios. Estos bebés precisan centros pequeños, cercanos al hogar, cuyo personal no rote con facilidad, que tengan experiencia con niños diferentes: tanto aquellos que se hallan por debajo de los parámetros estándar del desarrollo, como aquellos que los superan ampliamente. Es preciso también que en estos centros no tengan como objetivo que todos los niños lleguen a desarrollar conductas siguiendo un patrón prefijado, sino que respeten la personalidad de cada niño y desarrollen sus talentos y habilidades potenciales. No suelen resultar adecuados aquellos lugares con concepciones religiosas extremas ni en los que priman horarios estrictos, repetición de pautas, adquisición de hábitos rígidos y consecución de objetivos. Tampoco los centros cuyos responsables no cuentan con una apertura mental suficiente para entender, por ejemplo, que, a veces, los padres conocen mejor que nadie a sus hijos aunque no sean expertos en educación. También tiene que existir una comunicación fluida, afable y acogedora con todo el personal y no solo el que atiende a los niños o los que se van a encontrar en su clase. Conocemos un centro donde el jardinero era bastante hosco y no parecía la persona más adecuada para trabajar en un centro infantil con niños bastantes impresionables.

Si bien es cierto que la adaptación a la guardería tiene que ser gradual, no es menos cierto que antes de acudir a ella es preciso que se muestre al bebé cómo son otros niños de su edad que no tienen esta alta capacidad, por qué se comportan de determinadas formas, cómo él tiene que relacionarse con ellos, cómo son sus futuras «seños» y qué es lo que se va a encontrar cuando vaya a la guardería. También es necesario hablarle de que, aunque él puede aprender muchas cosas por sí solo, hay otras dignas de atención que le van a interesar, y otras que son como puertas de una casa encantada donde luego se llegará a hacer cosas apasionantes, aunque puedan parecer aburridas. Resulta conveniente mostrarle que, aunque es un rollo repetir actividades, en ocasiones es necesario para que salgan del todo bien, tan bien como para que se merezcan un diez, que es el número más alto que se puede sacar en la escuela.

Nunca incentive al niño con premios materiales o recompensas por asistir a la guardería, porque tiene que conocer que es su deber y que tiene mucha suerte de poder ir a un sitio así desde tan pequeño. También aprenderá poco a poco a dejar el chupete (que es cosa de más pequeños y estropea la dentición) y en torno a los dos años comenzará a separarse de su objeto de transición si se produce una adecuada gestión de su entorno social. En caso que no sea así, puede llegar a exigirlo hasta bien entrada la enseñanza primaria. También deberá comenzar a administrar de manera saludable el comportamiento con sus amigos imaginarios. Las bondades de tener amigos reales aunque no cumplan sus expectativas debe ser una de las nociones que es preciso que interiorice lo antes posible para que afiance los pies en la tierra aunque la cabeza la tenga en el cielo. De esta forma no se escudará como único recurso en la presencia de seres inexistentes para intentar paliar algunos momentos de soledad o para explicarles su rico mundo interior. También es oportuno que comience a ir separándose de su madre y a no enclaustrarse en dependencias que en nada le benefician y vician el vínculo que tienen. Por supuesto que cualquier niño necesita a su madre por encima de todo y más en estas edades, pero no pueden tomarla como referente exclusivo y excluyente de sus relaciones familiares y sociales, ni tampoco exigirle que ocupe todo su tiempo en él.

El concepto de lo que es peligroso implica en estos niños una relación con el concepto de lo que es posible «de verdad de la buena» y lo que sucede en los cuentos y en la imaginación. Esto hace que se sitúe en límites de lo lesivo según la naturaleza de cada cosa. Por este motivo, es oportuno enseñarles, por ejemplo, qué es lo que quema y causa daño real y que eso viene del calor fuerte, además de los elementos que producen ese daño y cuáles no. De esta manera, el secador conectado a la electricidad puede quemar y él no debe utilizarlo, y el agua y la electricidad pueden provocar un cortocircuito que para su mentalidad es como un pequeño incendio. Déjele claro qué puede llevarse a la boca y qué no, porque se trata de objetos pequeños con los que puede atragantarse, dejar de respirar y morirse, o por qué es venenoso morder o ingerir determinadas sustancias que le pueden hacer un gran daño en la tripa. No le atemorice, procure ser objetivo, delimitar causas y efectos y ser realista para que le crea. Meta uno de sus deditos en agua un poco caliente para que compruebe que lo que dice es verdad, y anímele a que pregunte sobre lo que duda, pero que lo haga en un momento determinado del día. Como ese en el que papá y mamá le van a dedicar a él solo y donde puede compartir todo lo que se le viene a la cabeza. De esta forma, aprenderá que hay un tiempo para cada cosa y que por esta razón no le consideramos ni menos ni más importante que sus hermanos. También aprenderá a controlar su ansiedad de saber, a regular los conocimientos que maneja y a poner límites a una lógica que por naturaleza se muestra excesiva. Por otra parte, no le obligue a hacer lo que le da miedo, porque para él puede ser una barrera infranqueable que a posteriori le genere bloqueos. Busque caminos alternativos para lograr su objetivo. Es decir, en temporadas que no quiera salir a la calle, no le enfrente a este momento inesperadamente, sino que antes coméntele que hay un parque muy chulo con toboganes o arena (o algo que le agrade) y que le gustaría ir con él porque es con quien mejor se lo pasa, o que su hermana le necesita para que le agarre en los columpios o para darle la merienda allí.

Ayúdele a valorar las cosas que le pasan con criterios de realidad que admitan la posibilidad de que no siempre van a salir mal ni le van a causar daño. Si se cae, le levanta la primera vez, le dice que apenas duele y le anima a seguir caminando. Las demás veces tendrá que levantarse solo, y ya verá como llora menos y el impacto emocional pasa antes. En caso de sufrir accidentes, analice las causas que lo han producido, los objetos que han intervenido en el suceso y la implicación que el bebé ha tenido en los hechos. Quizás no es adecuado poner a su disposición un tenedor sin la supervisión de un adulto, o es preciso explicarle de manera detallada cómo es un determinado objeto o cómo lo puede utilizar y qué cabe esperar cuando lo usa de una manera inadecuada. No se culpabilice si sufre algún daño, porque ha puesto todos los medios que conoce para evitarlo y nadie puede saber todo ni evitar el mal que le puede pasar a sus niños. Facilite la curación ayudándole a encajar el golpe sin excesos sobreprotectores, a buscar fórmulas que le conforten para superar el daño físico y emocional, y a regresar a una rutina donde a lo mejor hay que volver a usar ese objeto aunque de otra manera más saludable.

CAPÍTULO TERCERO
CUATRO AÑOS

El tiempo pasa volando cuando estoy solo jugando con mis legos,
construyendo naves espaciales con mi amigo Ideas
y uniendo letras que salen de los libros.

a) Me llevan a un colegio de tontos, nadie contesta mis preguntas.
Me aburro tanto que me imagino que soy un astronauta.

b) Me encanta ir al colegio. Me enseñan a pensar e investigar.
Mis amigos tienen todos alguna diferencia
pero nos lo pasamos muy bien juntos.

DESDE DENTRO

Otra vez castigado, como si eso me importara. No me gusta el patio porque nadie quiere ser mi amigo y a mí no me gusta correr, y menos detrás de una pelota. Tampoco esos juegos de tontos donde buscan unas llaves que nadie sabe qué abren, o esos corros donde te tienes que caer una y otra vez, como si yo no me cayera suficientes veces por mí mismo.

Miro por la ventana y cuento las nubes. Mi compañero Ideas ya está volando persiguiendo las corrientes de aire, deslizándose como las burbujas que suben en la leche cuando hierve y no puedes meter el dedo porque te quemas. Ideas es de color verde, azul y amarillo, y aunque para los demás no existe, para mí sí y eso es lo que cuenta. Ideas me ha dicho que más allá del cielo existe otro mundo de color naranja que es como un mundo al revés donde los niños mandan y los adultos obedecen. Donde puedes comer todo el chocolate que te imaginas y pintar del color que te da la gana los pollos, y donde las cosas suceden una vez y ya está.

Miss Claudia me dice que si acabo la tarea me dejará bajar a jugar con los demás niños. Yo niego con la cabeza, no entiende nada. No me entiende a mí. Sigue corrigiendo fichas y me dice que me coma el bocadillo. No tengo hambre, además me lo han pisado y tiene aspecto de arena amasada por muchas manos. Suena el timbre. Hace un ruido horroroso como de muchos coches que se están peleando por un único sitio en la carretera. Somos diecisiete en clase. Pocos para pasar desapercibido y demasiados para que te enseñen algo interesante. Vuelven a repetir lo mismo que antes. Me tapo los ojos con las manos, la luz se cuela por las rendijas y la cara de Ideas es un guiño perpetuo.

No pienso hacer la ficha. Me da igual lo que suceda. Que no me den la pegatina amarilla, que no me aplaudan o que me pongan un cero con el lápiz rojo brillante. Total, ya tengo tantos ceros que si los unes llegan hasta el sol y lo ciegan. No me siento nada bien cuando me ponen de profesor de otros niños, porque yo no tengo que hacer ese trabajo, y cuando acabo una tarea me ponen otra, y luego otra más exactamente igual. Miss Claudia me dice que si no la hago, me la llevaré para casa. Pues bueno, qué más da, si ya sé las vocales desde hace miles de años. No vale discutir, no vale preguntar. No vale nada que merezca la pena. Así que cuando tengo que hablar con alguien lo hago con Ideas, que él sí sabe estar conmigo y así pasa el tiempo deprisa hasta que llega la hora de ir a casa.

Dibujo letras en el aire con mis rotuladores de colores para que Ideas las atrape y podamos escribir un cuento sobre un niño que sabe demasiado, y como eso es malo de verdad, un ogro lo atrapa en un bosque para comérselo crudo. Entonces a las flores del bosque les salen manos y se suben por sus pantalones y por su camisa hasta llegar a su cara y dejarlo ciego del todo. Miss Claudia me quita los rotuladores, dice que no son para jugar y que el recreo ya ha pasado. Yo no estoy jugando, pero me han dejado claro que lo que vale es lo que ella piensa. Me da igual, he aprendido a quedarme tieso como un palo, a estar medio dormido con los ojos abiertos y no escuchar. Los demás siguen haciendo vocales, me aburro por dentro y por fuera, en círculos y en cuadrados, dentro de los colores de la luz y de las pequeñas manchitas de la pared, algunas de las cuales las he hecho yo. Ideas también se queda parado y muy calladito. No quiere que a él también lo echen de mi lado. Dicen que no existe y que está prohibido que me hable. Si sienten que está ahí, me llevarán al médico para que me pinche. Así que yo lo escondo, aunque sé que se encuentra a mi lado. Hasta le dejo un trocito de mi silla.

Ahora todos repiten las vocales por turnos. Muchos son tontos y no aciertan. Miss Claudia encuentra el juego divertidísimo. Yo me meto más dentro de mí, si es posible, y, cuando llega el momento de preguntarme, se saltan mi turno. Ideas ha pensado un juego más divertido para nosotros, pensar palabras que empiecen por vocal. Solo somos él y yo para este juego, pero para mí es suficiente. Le voy ganando seis a cuatro cuando la maestra se acerca. Vaya, he movido sin querer los labios. Me dice que si sigo portándome mal llamará a casa. Lo siento por mamá, este es el segundo colegio al que voy. Sé que es carísimo, sé que tengo que hacer lo que me pidan, pero no puedo y me angustia mucho. Me pongo a llorar, siento que el ogro me ha atrapado y se va a quedar con mi cabeza. Entonces matará a Ideas y no podré soportar lo solo que me encuentro. Los otros niños me miran, a las paredes le salen ojos y parece que también me miran. Me siento más pequeño. A la angustia roja le veo tenedores grises de dentro de la tripa, son como cohetes y petardos, y silban como serpientes. Me como los mocos y no dejo que me los quiten. La maestra me dice que ya está bien, que me tranquilice, y me deja coger un libro. Cuando me ahogo en lágrimas siempre me dice eso y funciona. Siempre me quedo con el más gordo para que me dure más. Ideas me sopla las palabras al oído. No lo sabe nadie y mejor que sea así, pero entre los dos ya sabemos leer, excepto algunas palabras difíciles que nos tenemos que inventar, pero así la lectura sale más bonita. No me gustan los libros que solo tienen dibujos, porque no hablan de las cosas estupendas que pasan en la vida de verdad.

La vida de verdad es lo que pasa cuando te has leído un montón de libros y has contado todas las cosas que hay en el mundo. Entonces pasa algo maravilloso: no tienes que volver al colegio y puedes fabricar caramelos, comerlos y vender los que te sobren para tener más dinero y fabricar más caramelos, o construir juguetes (y lo mismo), o perseguir ilusiones como Marcelo, o aplastar tornillos que es lo que hace mi papá en la fábrica, según dice tío Paco. Los mayores se lo pasan estupendamente sin dar explicaciones a nadie, sin repetir cosas absurdas o que ya te sabes desde hace miles de millones de años, van donde quieren y nadie les pone deberes para casa ni les obliga a jugar a cosas que no son para nada divertidas. Tampoco necesitan unos amigos absurdos que no te quieren y te fastidian todo lo que pueden. Este libro es mejor que un cuento porque es de verdad, de los que no tratan de cosas inventadas, sino las que pasan en la realidad. Vienen un montón de plantas con sus nombres, e Ideas sigue con su dedo las letras mayúsculas, que son las grandotas, por las que empiezan las palabras. Le digo que se dé prisa para poder acabarlo. Pero no me hace caso, tal vez porque tiene cosas en las que pensar. Y también pienso que a lo mejor podría hacer un parque con mis juguetes Lego, y poner esas plantas ahí, aunque ese juego no tiene esas piezas, pero seguro que podría fabricarlas con otras cosas. Le pregunto a Ideas si me ayudará, pero él sigue metido dentro pensando y pensando como una fábrica de construir conocimientos. Por eso lo llamo Ideas, porque siempre le da vueltas a las cosas, se complica la vida para desenredarla después, se cuelga de las cuerdas de los tendederos de la ropa para atrapar las gotas de agua que sobresalen cuando estas se secan y se la bebe a borbotones, como se bebe cuando se tiene una sed inmensa por haber caminado por sitios muy difíciles.

De pronto, levanto los ojos del libro y veo a mi mamá. Los demás niños ya se han ido. No me he dado cuenta, ni tan siquiera he oído el timbre. Corro hacia ella. Por fin nos vamos a casa. Miss Claudia dice que yo no trabajo nada en clase y eso no es verdad, solo es que yo no hago las cosas como ella quiere, como cuando se empeñó que todos coloreáramos el pollito de color amarillo. Eso es tonto, tontísimo, porque los pollitos, si están en un corral, se manchan y tienen pintitas grises. En cambio, si se han mojado se les ve más el plumón y tienen goterones blancos, si se restriegan contra una valla pueden tener manchas de pintura de color verde y si acaban de nacer pueden tener trocitos de cáscara de huevo pegados. O como cuando Miss Claudia cuando se puso muy pesada para que pusiéramos un cinco o un seis dentro de un cuadrado, y no quería saber más. Pero cinco no existe: existen cinco sombreros o chocolatinas, o casas, o piezas de Lego, pero no se puede contar algo respecto de otra cosa que no existe. Además, ¿cómo metes cinco sombreros dentro de un cuadrado pequeño, si no caben? Mamá dice que hay que tener paciencia y que ya me acostumbraré a hacer las cosas que hacen los demás, pero los dos sabemos que eso no es verdad y que yo no entro dentro del proyecto del colegio. Vamos, que soy un dibujo sin colores, no hay ningún color que me venga bien porque lo desparramo por dentro y se me sale.

Un señor al que me llevaron antes de venir aquí, y que se llamaba «psicólogo», me hizo muchas preguntas la mar de tontas. A la mitad de ellas las contesté mal (de lo rabioso que me puso) y le dijo a mamá que tenía que madurar, que nada de responder a mis tonterías y que, si no podía seguir el ritmo de la clase, solo era cuestión de hábitos y de insistencia, porque de esta manera se podría compensar el pequeño retraso que tenía. Vamos, que ando como los relojes cuando les comienza a fallar la pila, un poco retrasado, y por eso no me salen las horas como a los demás. No sabía que las personas eran como los relojes, ni tenía idea de que entonces también tenemos muelles por dentro. Tampoco Ideas tiene claro eso del retraso, porque en todo caso yo adelanto, no retraso, y no es por falta de pilas. Desde entonces, en mi casa no responden a las preguntas rebuscadas que hago y se entiende por rebuscado lo que no es propio de mi edad. Así que, como la mayoría de las cosas que me pasan por dentro no son de mi edad, tengo que resolverlas por mí mismo y con la ayuda de Ideas, que es mi compañero de juegos bueno. Como cuando me voy a dormir y me visitan los monstruos malos que hay en mi habitación. Bueno, la habitación de Fernando y mía, lo que sucede es que él es muy lento para enterarse de las cosas, todavía no se ha dado cuenta de que esos monstruos son transparentes como las lágrimas, se deslizan por debajo de las camas y cuando te duermes te agarran con sus brazos fuertes para llevarte a un lugar donde no hay tiempo y todos los relojes retrasados o adelantados son quemados en una hoguera. Algunas noches puedo oler las huellas de los monstruos incluso antes de acostarme, me duele mucho la tripa y lloro tanto que mi mamá me deja que me duerma en sus brazos, aunque todos opinan que eso no es bueno porque me va a convertir en un niño mimado y caprichoso. Se ve que a ellos no les persiguen los monstruos malos, tal vez porque se les han parado los relojes que llevan dentro y ya no tienen nada que valga la pena para ser buscados por los monstruos robasueños, o porque su amigo imaginario es más mayor que Ideas y puede atraparlos con facilidad.

Los mejores días de la semana son los sábados y los domingos, que no hay colegio. No hay que repetir fichas ni estar sentado todo el tiempo hasta que la seño se aburre del todo después de repetir lo mismo de manera incesante. Tampoco tengo que comer como si me persiguiera el hambre para darme un palo en la cabeza, ni jugar con unos niños raros que no se dan cuenta de mi retraso y me piden horas que no tengo dentro. Prefiero quedarme en mi casa o en la de la abuela Rosa, que siempre me mete caramelos en los bolsillos y dice que ella no ha sido o bajar a la portería de Marcelo, que tiene un banco de herramientas para niños y me está enseñando cómo se puede encender una bombilla con una pila, y también cómo con una patata se pueden dibujar nubes. Él sí que sabe, y además es un mago de primera, pero me ha dicho que solo enseña a los niños especiales como yo, que tenemos un tiempo distinto del de los demás, porque dice que yo «doy manzanas cuando todos dan almendras» porque soy de otra estación del año. Según eso, Ideas también debe ser de otra estación, pero del Universo, y por eso se encuentra tan mal visto, aunque Marcelo también lo ve y le pregunta cómo está. Cuando los mayores no están pendientes de mí, me gusta coger los libros de mis hermanos. Sobre todo los de Fernando, que para eso es mayor y parece que le enseñan cosas más interesantes. Tengo mucho cuidado para que no se den cuenta y me los quiten también porque no sean apropiados para mi edad.

Lo que llevo peor es ir al parque. No es que no me guste jugar, es que no me gusta hacerlo como me mandan. Se empeñan en que lo haga con otros niños, pero los mayores no quieren que vaya con ellos, a los pequeños no me dejan cuidarlos o que les enseñe cosas, y los de mi edad deben estar la mayoría enfermos, porque no se les ocurren cosas normales. Prefiero que me dejen solo. Hay cosas muy interesantes que hacer, como arrancar distintas briznas de césped y ponerlas encima de pequeñas montañas de arena para que parezca que ha venido la primavera, o construir puentes para que caminen las hormigas más deprisa cuando van a su casa, u observar cómo el sol y la sombra bailan como una pareja de novios besando los colores unas veces para que estén resplandecientes y otras para que apaguen la intensidad con la que se muestran. También me gusta dar miguitas de mi bocadillo a los pájaros, pero me dicen que no lo haga y que tengo que comérmelo todo para crecer y ser fuerte. No sé para qué quieren que crezca, si ya estoy por encima de mi edad, pero en fin. Tampoco entiendo por qué a los pájaros hay que darles solo pan duro y sin chocolate, porque si a mí no me gusta, a ellos tampoco. A veces, también vamos a los columpios. Yo me mareo con facilidad y prefiero que no me suban, pero Elena se ríe mucho cuando la empujan muy alto. Casi tan alto, que un día va a salir volando por los aires y no la vamos a ver más. Entonces le dejo a Ideas un ratito para que la proteja, pero Ideas también se marea con facilidad y se baja enseguida. Mi hermana es la única que me deja hablar de todo lo que pasa por mi cabeza. Tal vez porque no se ha dado cuenta de la prohibición del psicólogo, o porque no quiere hacerle caso. Ella no sabe de muchas cosas pero me dice que yo sé mucho, y al menos me escucha. También conoce a Ideas y le resulta simpático. A veces jugamos a las familias y le servimos la merienda a Ideas teniendo mucho cuidado para que no se manche. Nos lo pasamos bien juntos. Me ha dicho que si quiero un vestido para que Ideas no pase frío lo puedo coger de sus muñecas. Pero yo le he contestado que es invisible porque es tan delgadito como el aire y que por eso puede ir desnudo por la calle sin que nadie se asuste. Mi hermano Fernando dice que estamos chalados y que como hagamos cosas raras se va a chivar. Pero yo sé qué tengo que hacer para que cierre el pico. Y le contesto que si lo hace les diré que él no hace los deberes porque en sus libros no hay ni una sola de las respuestas que tiene que poner con lápiz.

Donde no me gusta nada que me lleven es al campo de fútbol. Papá se quedó muy desilusionado cuando me compró el balón porque casi ni lo miré y me gustaba solo ver cómo se movía pero no darle patadas. Quiero que pase más tiempo conmigo y estoy intentando jugar con él, aunque no se me da nada bien, pero supongo que es porque cuando lo hago estoy deseando estar en otro sitio y se nota que no disfruto. Preferiría que me contara cómo son esos tornillos que aplasta en la fábrica, o que viniera algunas veces a recogernos al colegio, pero creo que no lo hace porque le avergüenza que le den malas noticias sobre mí, o tal vez sea por el retraso ese raro que hace que no esté al compás de los demás.

El otro día leí a trompicones con Ideas un cuento de un muñeco que necesitaba que le dieran cuerda para poder funcionar. Al principio iba muy lento y luego ya bien, entonces venía una chica que le daba un beso y eran muy felices. A lo mejor yo tengo una cuerda por dentro de la que hay que tirar para que funcione bien. Quizás nadie me va a querer si no me pongo al ritmo de los demás. Bueno, nadie que no sea de mi familia, aunque no tengo tampoco claro que algunos de ellos me quieran bien, que es como hay que querer, sin importarte cómo son las personas.

DESDE FUERA

Miss Claudia López (*maestra, The Little House, Nursery School*)

Este año tenemos un niño muy difícil en clase, y además con un pequeño retraso (o tal vez grande, ya veremos) que le impide integrarse con los demás. No sigue las explicaciones, hace lo que le parece, es muy terco y tiene problemas de conducta. Deberíamos contar con otro profesor de apoyo en el aula, pero de momento el director académico del centro y la jefa de estudios dicen que no hace falta. Estoy intentando ganármelo dejándole libros, pues tiene la manía de pasar hojas y es lo único que le calma cuando se pone nervioso. Tampoco conseguimos que juegue con los demás niños, es como si vivía en un mundo aparte y no sabemos cómo sacarle de él. El psicólogo del colegio dice que puede ser un *autista de alto rendimiento* y, viendo la cara de ausente que tiene la mayoría del tiempo, puede que se trate de eso, aunque el psicólogo al que le llevaron los padres dice que lo que tiene es un pequeño retraso madurativo. Desde mi punto de vista, también es hiperactivo, porque cuando le parece bien no para quieto ni un momento y resulta francamente difícil tranquilizarle. Además tiene un gran déficit de atención que no le permite concentrarse y acabar las tareas, ni tampoco escucharte durante más de cinco minutos seguidos. Y luego está esa agresividad y esa rabia suyas, tan difíciles de controlar. Tiene todos los libros con garabatos y borrones. Además, sabemos que algunas fichas se las hacen en casa para cubrir unos objetivos mínimos, pero los contenidos no hay forma humana de que los adquiera. Me he dado cuenta también de que habla solo y no sé cómo planteárselo a los padres para que nos les parezca mal, porque tal y como están las cosas parece que los profesores somos culpables de todo lo que les pasa a los niños. Y ya se sabe lo que significa que una persona hable sola.

En todos los años que llevo dando clase aquí (que son más de veinte), no he visto una cosa igual. Tuvimos dos chiquitines con síndrome de Down a los que era una delicia dar clase y, aunque tenías que esforzarte, a fuerza de repetir y repetir, aprendían. Pero este no se deja, y cuando no te lo discute, se niega a hacer lo que tiene que hacer. Lo mejor sería quitarnos de encima el problema y que lo matricularan en otro colegio. Pero este es el segundo para lo pequeño que es. Además la madre de la jefa de estudios es amiga íntima de su abuela. Así que no sabemos lo que vamos a hacer con él. Yo ando bastante perdida, pese a que he buscado en internet qué puede ser exactamente lo que le pasa, pero no encuentro nada que me permita entenderle.

Mario Fonseca *(psicólogo)*

Atendiendo a las entrevistas realizadas a los padres del Miguel Avellaneda, a la historia clínica y genograma familiar que nos muestran sus padres y a las pruebas realizadas al niño, expongo que presenta indicadores propios de un leve *retraso madurativo inespecífico* remarcados por una conducta de bajo control de sus impulsos. Por estas razones, recomiendo una escolaridad normalizada para que, con el transcurso del tiempo, madure, se adapte al entorno de sus iguales y cese en su afán protagonista que en nada le beneficia. Asimismo, aconsejo que en casa se apliquen las medidas apropiadas a su comportamiento para que controle las fantasías bajo las que se ampara y pueda adaptarse de manera correcta a la realidad. También es conveniente que no se le proporcionen conocimientos que no sean los normales y esperados para un niño de su edad, con objeto de propiciar un aprendizaje correcto de los contenidos que le imparten en el colegio y de no interferir en el desarrollo armónico de sus capacidades.

Alicia *(madre)*

Ya es el quinto libro que leo sobre el tema de los retrasos en los niños y cada vez me encuentro más confundida sobre lo que le sucede al mío. El psicólogo al que le llevamos dijo que tenía un leve retraso madurativo que se solucionaría por sí solo con el tiempo, conforme Miguel fuera creciendo, y que intentáramos que hiciera la vida normal y corriente de cualquier niño de su edad, nada de extravagancias como enseñarle más cosas o responder a preguntas que no eran propias de un niño de cuatro años. Hizo mucho hincapié en que no le diéramos más información de la que un niño normal y corriente puede asimilar, que no le venía bien ir por delante de los de su clase en conocimientos, y que tenía que desarrollar habilidades sociales porque si no se convertirá en un inadaptado y se encontrará al margen de la sociedad. Incluso nos comentó que podía encontrarse en uno de los tramos de la *curva patológica de inteligencia*, es decir, que tiene una enfermedad, porque si no, ¿qué es patológico? Su tía Carmen dice que hay que llevarle al psiquiatra para que lo medique, pero a mí me parece una barbaridad con lo chiquitín que es y, mientras haya una mínima posibilidad de que se tranquilice y se porte bien, no pienso hacerlo.

En este colegio sé que están poniendo todo de su parte y que son muy cariñosos con él, pero a veces dudo de si se encuentran preparados para enseñar a un niño de estas características. Yo me doy cuenta de que, día tras día, su maestra evita hablarme de todo lo que sucede en clase, solo me dice lo que hace mal, pero no lo que hace bien. Además, tengo la sensación de que no quieren a niños como él, sino solo a los que se encuentran dentro del proyecto educativo que tienen en mente y que son fáciles de llevar. También me preocupa lo triste que va Miguel al colegio y me duele cómo me mira, y cómo me dijo el otro día: «¿Por qué me obligáis a ir a un colegio de tontos?» O si yo quería que fuera tan tonto como los demás niños que van a clase con él. No supe qué decirle y también me di cuenta de que los días que se queja de dolor de estómago o garganta, no siempre es verdad, sino una excusa para no asistir a clase. Es inquietante saber que no tiene amigos allí porque ninguno lo acepta como es y porque no quiere intervenir en los juegos de los demás. Me duele ver cómo devuelve el bocadillo desmigado y aplastado con huellas de pequeñas manitas, o cómo algunas de sus fichas siempre inacabadas vienen con tachones, o están sucias o rotas, cuando sé que él no lo ha hecho.

Me parte el alma que haya comenzado a mentirme. Antes era su confusión entre la realidad y la ficción o su inventiva lo que más me llamaba la atención, o cuando se ponía cabezón y no había quien le hiciera entrar en razón. Después, su insistencia en hablar de ese ser imaginario llamado Ideas que le acompaña a todas partes. Pero siempre había sido muy noble y reconocía lo que había hecho mal, si era consciente de que lo había hecho intencionadamente. Ahora, si puede, no dice ni una verdad. Parece como si nos castigara por no razonarle todo lo que se le viene a la cabeza, o se apartara de nosotros por no intervenir en su mundo interior y participar de sus inquietudes. Yo siempre le he dicho que es mi niño especial y que a mí me lo puede contar todo porque le quiero con toda mi alma, pero tengo un gran peso en el corazón, porque sé que cada día lo estoy perdiendo más y más, y no sé qué hacer para recuperarle.

Manolo *(padre)*

Mi chaval no está loco, pero ¿qué demonios se ha creído ese aprendiz de medicucho? Me paso por el arco del triunfo todas sus teorías de bote que no sirven para nada. Si al final me lo va a volver tarado. Lo que nos tiene que decir es cómo meterlo en vereda y que sea tan cariñoso como antes, que ahora está como un cardo borriquero. Y luego, esa manía de hablar con un fantasma hay que quitársela como sea, porque si no va a acabar hablando hasta con los muertos. Esta es otra: la de estar todo el día detrás de las faldas de las mujeres de esta casa. Lo que tiene que hacer es darse trompadas con su hermano mayor, como se ha hecho toda la vida, y jugar al fútbol con su padre a lo bruto, como se ha hecho siempre, y no con esa cara de alma en pena, que parece que le estoy quitando algo en vez de dárselo. Ya me dice mi cuñado Paco que no me coma el tarro, y que las mujeres, que la han liado dándole todos los caprichos, resuelvan las cosas y a ser posible sin gastar, que parece que les ha hecho la boca un fraile. Que si psicólogo… ¡Dios Santo, para un niño de cuatro años!, que si otro colegio porque el de sus hermanos no le valía, que si mira a ver por dónde te lo ganas... y yo agobiado, ni duermo siquiera con tanto baile y tanta historia. Yo por supuesto que quiero al chaval, cómo no lo voy a querer, si es clavadito a mí y tan pieza como yo lo era a sus años. Pero lo que no pienso consentir es que campe a sus anchas, que no nos deje vivir con sus manías y que sea una mala influencia para sus hermanos, que digo que también hay que mirar por ellos.

Rosa *(abuela)*

El pequeñín parece que se nos ha ido de las manos y no veo que lo que nos ha dicho el psicólogo funcione, porque cada vez se encuentra más perdido, disgustado y rabioso con todo el mundo y consigo mismo. Parece que nos culpa de no tratarle como él siente que deberíamos. Me pregunto qué hay de malo en enseñarle más cosas si él se siente feliz aprendiéndolas, y qué pasa porque tenga un amigo imaginario. En mis tiempos, las niñas (bueno, las que tenían dinero sus familias) jugaban con muñecos y les hacían las comiditas, incluso se disfrazaban como en los Carnavales para parecerse a personas que no existían. Claro que no es bueno que no se relacione con los niños de su edad, pero bien que cuida a Paola y se preocupa porque Elena se encuentre contenta y también mira a los niños mayores, aunque estos no le hacen ni caso. A lo mejor sería conveniente intentar que se divirtiera con niños más chiquitines para que se sienta más seguro y madure, o buscar algún chico mayor que quiera jugar con él. También es necesario hablar y hablar con el colegio para que le hagan más caso y llevarle algún detallito a la maestra, que esas cosas se notan y, a la larga, benefician más a los niños. Ya se sabe que se atrapan más moscas con miel que con hiel. Así que menos exigirle a la maestra y más apoyarla y reconocer su trabajo para que mire con mejores ojos a Miguel y haga la vista gorda cuando el crío hace trastadas. A ver si me lo dejan el fin de semana con los pequeños y les hago una chocolatada y le tiro de la lengua. Estoy dispuesta hasta a invitar al Ideas ese y ponerle taza con tal de que mi nieto esté feliz, que es como debe sentirse un niño de cuatro años. Y si este año no aprende mucho en el colegio, pues no pasa nada, qué más dará si lo que le van a sobrar son años.

¡Ay, Señor! Antes no había estas cosas, tal vez porque no teníamos tiempo de calentarnos tanto la cabeza. Si los chicos iban mal en la escuela, pues a ayudar en las faenas del campo y luego a trabajar. Y si no se relacionaban con los demás, pues, bueno, ya lo harían, porque la naturaleza manda. Si uno era muy raro, ahí no se podía hacer nada, y si no se podía hacer nada, para qué preocuparse. Que no se me olvide hablar con el padre Damián para ver cómo lo ve él y poner unas velas en la iglesia. Porque, como se decía antes, «a Dios rogando y con el mazo dando». Sé que este no se me va a perder porque es de buena pasta, nada más hay que ver cómo se ocupa de ti cuando te encuentras mal, y esas rarezas que tiene con el tiempo se le irán quitando.

Eusebio *(abuelo)*

Yo ya le he cogido el punto al chaval, pero es un secreto entre los dos. Mejor dicho, entre los tres, porque tiene una imaginación que se sale y anda con no sé qué historias de un amigo imaginario. Vamos, que nos ha salido cuentista o escritor, que es una profesión bastante decente, no da muchas perras, pero decente, un montón.

Después de lo fastidiado que me quedé con lo del triciclo buenas ganas tenía de meterme en gaitas y líos, pero un nieto es un nieto y por él se hace hasta lo que no se ha hecho por los hijos. Y cómo no voy a hacer nada, cuando sé que está como un polluelo sin nido, cada día más encogido con esa cara hasta los pies, que parece que lo llevan a la cárcel cuando va al colegio. La solución me la dio mi amigo Remigio en la partida de dominó de los viernes por la tarde. Y es que Remigio, aunque no ha estudiado, tiene la cabeza muy bien amueblada, y como para no tenerla, con un sueldo de albañil, ocho hijos y una de ellos con el síndrome de Down. Pues se las ha visto y deseado para sacarlos a todos adelante, y bien que lo ha conseguido dándole al coco, porque de dinero siempre ha andado tieso. El meollo del asunto es que si la música amansa a las fieras, y estas son bichos salvajes sin razón ni conocimiento, más tiene que amansar a los seres humanos, que para eso tienen sesera y entendederas. Y resulta que uno de sus hijos, Pablo, es profesor de violín en el conservatorio. Así que hoy por ti y mañana por mí. Los jueves por la tarde, como la madre tiene que llevar al mayor al fútbol, mi mujer está con la pequeña en el ballet, y el padre ni aparece, pues yo me ocupo de Miguel. Lo recojo, le doy el bocadillo y lo llevo a clase de música, pero sin decir nada a nadie, no sea que se me caiga el poco pelo que me queda. Además, en el colegio no le dan música y tampoco son conocimientos de fuera de su edad, porque el tal Mozart bien que le daba a la tecla desde la edad de Miguel y estaba más feliz que unas castañuelas. Dice Pablo, el hijo de Remigio, que tiene un talento natural para la música, que no ha visto a nadie que aprenda tan deprisa, así que de retrasado, nada. También dice que pronto habría que pensar que se iniciara con un instrumento, pero yo le he contado la que hay montada en su casa y que yo le traigo aquí sin que se entere nadie, porque si se dan cuenta, no sé qué va a pasar. Así que de momento nos tendremos que conformar, como dicen los músicos, con el solfeo, el canto, los lenguajes musicales y las composiciones. El caso es que al chico cuando solfea le cambia la cara, y yo creo que hasta el carácter, porque luego cuando sale de allí va como más conforme y no da nada de guerra hasta que al día siguiente tiene que volver a ese colegio donde yo no veo que aprenda nada que ya no supiera de antes.

Fernando *(hermano)*

Hasta más allá del infinito estoy de Miguel. Por su culpa en el cole todos me preguntan que dónde han llevado a mi hermano el retrasado, o me dicen: «anda, ten cuidado, que a lo mejor es cosa de familia y te pones como él de tonto y tienen que llevarte a un colegio especial». Y mira que les he dicho que mi hermano está en otro colegio normal y corriente, que lo que le pasa es que está muy mimado y que, como no ha ido a la guardería de pequeño, pues claro, no sabe lo que es una clase, ni cómo estar con otros niños o cómo atender a los profesores. Me ha quedado el mote de «Nando, el que va a ir retrasando» y no me dejan en paz. Además, se ha descubierto lo de los deberes, espero que el enano no haya tenido nada que ver, porque si no, me las va a pagar. Ahora creen que no los hacía porque soy tan tonto como mi hermano y eso no es verdad. Al que me vuelva a llamar retrasado le voy a partir la cara a puñetazos. En casa todo anda mal porque Miguel sigue haciendo de las suyas y ya no saben qué hacer para que se porte bien. El otro día querían que jugara con él en el parque y le presentara a mis amigos. Pero de eso ni hablar, lo que me faltaba, que me vieran jugando con un crío pequeño para que se rieran más de mí y empezaran a tratarme como si fuera imbécil.

Elena *(hermana)*

Me encanta ser la preferida de Miguel y que esté todo el día jugando conmigo. No es como Fernando, que no me hace caso y dice que soy una pequeñaja que no sirvo para nada. Tampoco es como otros chicos que siempre están a sus cosas y no nos hacen caso a las niñas. Con Miguel se puede jugar a las tiendas y a papás y mamás, y no se cansa nunca, e inventa unos cuentos preciosos que no sé de dónde se los saca ni cómo se le ocurren. Además, tiene un muñeco que no existe, pero le habla. También se enfada mucho si al muñeco no lo tratamos como si fuera una persona de verdad. Por eso hay que preguntarle cómo se encuentra Ideas (que así se llama) y si está pasando un buen día, y averiguar lo que quiere o lo que le desagrada. A lo mejor, cuando me haga mayor puedo verle, y de esta manera será más fácil servirle el té sin salpicarle o sentarse en una silla sin peligro de poder aplastarle, porque Miguel me ha dicho que de tan delgadito que es (como un soplo de aire), es muy frágil y cualquier cosa le hace un daño horroroso. También espero que me explique cómo hace para entenderle si no habla, porque yo por mucho que escucho no le oigo nada y es Miguel quien tiene que traducirme todo lo que dice, o cómo hace para llevarle todo el tiempo en el bolsillo sin que los demás le vean y se lo quieran quitar.

ENLACES

¿Cómo darse cuenta de que un niño de cuatro años es sobredotado?

Las notas de mayor predominio en el carácter durante estos años son la imaginación desbordante, la creatividad (impulsada por una curiosidad y un ojo crítico moldeados por criterios que nacen de su experiencia subjetiva) y una excesiva lógica que se retroalimenta con cada descubrimiento que el niño realiza y que refuerza su perfil contestatario y rebelde.

En este ámbito imaginario es frecuente que adopte amigos inexistentes con los que compartir un mundo muy distinto del que esperaba, muy diferente del que le ofrecen. Estos seres le acogen y comprenden de manera incondicional y propician un debate circular sobre el que se sustenta su poderosa lógica. Los amigos imaginarios le acompañarán durante una etapa de su vida donde le resulte difícil establecer vínculos afectivos fuera del hogar o mientras dentro del mismo no exista un patrón único de aceptación de su diferencia. Por este motivo, necesita amigos imaginarios para quejarse de lo que considera injusto, para compartir sus talentos, para recabar la atención que precisa para tener un buen autoconcepto y una buena autoestima. Sus amigos imaginarios le seguirán al colegio si allí no encuentra amigos reales ni se propicia que todos los niños sean atendidos de manera diferenciada según sus capacidades y desarrollo emocional o que puedan compartir actividades y juegos. También estará cerca de él en su casa si no se siente entendido y piensa que la diferencia que posee le aparta de los seres queridos. Dentro de este universo de fantasía, las pesadillas toman nombre y de alguna manera son el soporte emocional de los desafectos que vive día tras día. De esta manera, los monstruos *robasueños* tienen un papel sobresaliente, con su empeño en destruir el mundo de ideas sobre el que basa sus conocimientos el niño. El acoso escolar que puede que comience a sufrir produce alteraciones en los ciclos de sueño y configura unas alertas que refuerzan su perfil tímido e inseguro, a la par que propician una menor gestión de las habilidades sociales que precisa para relacionarse con los demás. Dentro de esta dinámica también es normal la aparición de enfermedades psicosomáticas como dolores de estómago y cabeza y la invención de otras.

El niño sobredotado no encuentra razones que justifiquen que su diferencia no se acepte, por este motivo comienza a pensar que la facilidad de pensamiento que tiene no es buena, que los demás le castigan porque es culpable de ser como es, o que le obligan a comportarse de una manera injustificada y desproporcionada para un niño de su mentalidad, cuando lo que necesita en realidad es hacerse un hueco como sea en un mundo que no sabe cómo dárselo. Esta diferencia entre lo que se espera de él y lo que él puede dar produce desajustes y tensiones en el entorno familiar y escolar, que se ven acentuados por un exceso de lógica y un bajo control de sus impulsos. Esto conduce a que el niño sobredotado siempre quiera salirse con la suya, salvo que razones de peso le frenen y, que si no lo consigue, se rebele contra una autoridad que, a su juicio, se manifiesta de manera arbitraria. En esta etapa de su vida (al contrario que otros niños de su edad), no adquieren los conocimientos a través de la memoria, el hábito y repetición de esquemas rígidos, sino que comienzan a desarrollar de forma espontánea estrategias de pensamiento divergente, científico y múltiple. Así, acceden a resultados y conocimientos por caminos diferentes a los comunes y a veces más difíciles y tortuosos, como comenzar a sumar por agrupaciones de cifras pares o impares, o aprender a leer por comparación de unos grafemas con otros. Buscan el porqué de todo lo que se les enseña y tienden a extrapolar conocimientos de manera horizontal y vertical de forma generalista y no siempre cierta, porque no comprenden las excepciones. Por ejemplo, si el frío es una variación negativa de temperatura y en los Polos hace frío, allí no puede hacer o producirse calor. También comienzan a mostrar interés excesivo y selectivo por algunos temas, de manera que sorprende la profundidad con que pueden llegar a conocerlos, mientras que otros más simples y propios de niños de su edad se niegan a aprenderlos, como consecuencia de una experiencia negativa que les ha dejado una impronta amarga. Tuve en clase un niño sobredotado de tres años y medio capaz de reconocer con una simple fotografía el nombre de todos los dinosaurios que han existido, su procedencia, alimentación y forma de vida, pero que se negaba rotundamente a dibujar y escribir ni tan siquiera un palo. Este odio a trabajar con sus manos venía determinado por una insistencia inicial de subrayar lo que hacía mal por parte de sus mentores. Y es que los niños en general (y los sobredotados especialmente) no entienden que una cosa esté puntualmente mal hecha, sino que tienden a entender que ellos no saben hacerla debido a que son malos y culpables de su impericia. Así que debemos tener mucho cuidado con los tonos de voz, vocabulario y actitudes mediante los que se enseña a los niños.

Asimismo, los niños de altas capacidades suelen ser hiperlógicos y retóricos y, por tanto, pueden ser considerados pedantes por personas que no entiendan sus diferencias. Si bien es cierto que es imposible atender en toda ocasión a sus demandas, no es menos cierto que es oportuno conocer las estrategias del debate, la crítica, la réplica y buenas dosis de imaginación para hacer frente a buena parte de las preguntas que se le plantean. Resultaría una barbaridad pretender normalizarlos, no escucharles, e inhibir los rasgos y manifestaciones de su talento. No es contraproducente enseñarle conceptos por encima de los que aprenden los demás niños, siempre y cuando antes asimile y asuma los propios de su edad, no se le abrume tampoco con informaciones y conceptos que no puede manejar, se tenga en cuenta su desarrollo emocional, y estos conceptos se tomen en consideración como incentivo para ayudarle en el desarrollo de su personalidad diferente. Si el niño detecta que se le niega de manera sistemática el acceso a una expansión cultural que por naturaleza necesita, es natural que se oponga a la educación que se le proporciona y que establezca dinámicas regresivas y asociales, además de poder desarrollar inhibiciones y traumas. Igualmente, esta negativa puede repercutir de manera poco saludable en el desarrollo de habilidades sociales y el mantenimiento de los vínculos familiares. Esto podría plasmarse en la manifestación de dependencias con las que, en cierta manera, el niño pretende paliar la angustia y la frustración a las que se ve sometido.

Estos niños suelen también tener mayor dificultad para desarrollar una psicomotricidad gruesa y fina que se caracterice por su destreza. Para conseguir la primera de ellas es necesario el desarrollo de juegos donde la actividad física se encuentre enmascarada por una actividad intelectual, donde el pensamiento siga rutas no siempre prefijadas y donde el ingenio sirva como base de la creación de diferentes estrategias de abordaje. En cuanto a la adquisición de una correcta psicomotricidad fina, esta pasa por dinámicas no repetitivas en las cuales se aborde con diferentes materiales la plasmación de la obra de arte. Esto es conveniente debido a que los sobredotados suelen tener diferentes talentos artísticos, así como una hipersensibilidad en cuanto a colores, materiales y formas que posibilita unas conexiones mentales que hacen más fácil posteriormente la adquisición de hábitos para el desarrollo de una correcta escritura.

Comienza a detectarse en estas edades una mayor preferencia por jugar solos antes que con otros niños de su misma edad, puesto que comienzan a notar el rechazo de sus compañeros, al no saber implicarse en dinámicas que son propias de los capacitados. Por ello, es necesario que existan juegos en las aulas y en los patios de los colegios donde no prime la actividad física y se dé paso a la imaginación como fórmula para acercar posturas y posibilitar la integración. Además, es necesario que estos niños comiencen a desarrollar estrategias lúdicas con otros niños sobredotados y, en este punto, hay que subrayar la existencia de asociaciones de padres y madres de niños de altas capacidades, que propiciarán estos encuentros. Debemos tener cuidado de no confundir este tipo de centros con algunas fundaciones y organizaciones de intereses no tan claros que lo que buscan es lucrarse con los talentos de los niños sobredotados.

¿Cómo consigo ganarme a un niño sobredotado de cuatro años?

Trate de averiguar las razones de su conducta y no se quede con la primera impresión que le produzca. Si le pide que dibuje un perro y solo traza una línea horizontal sobre un folio, cabría pensar o que tiene una discapacidad o que le está tomando el pelo, pero a lo mejor esa es la correa del perro y no dibuja al animal porque es más grande que el folio. En este caso, por ejemplo, nos encontraríamos ante un niño de altas capacidades.

Ejerza autoridad sin autoritarismo y conceda marcos de libertad dentro de varias opciones posibles. De esta manera, delimitará los márgenes de su lógica y acotará una imaginación desbordante que puede que le introduzca en arenas movedizas. Por esta razón, no le diga cuando vaya a vestirse que se ponga la camiseta amarilla porque a usted le gusta, más bien dele a elegir entre la camisa roja y la camiseta verde, por ejemplo. De este modo, él tendrá un margen de maniobra donde no son posibles otras opciones.

No rechace por sistema los seres imaginarios con los que convive, pero procure que ocupen un espacio racional y razonado en la convivencia familiar. Puede decirle que su amigo invisible no se sienta a comer a la mesa con derecho a silla y plato, pero porque come en su habitación polvo de estrellas, que es el que, por ejemplo, fabrica Campanilla cuando vuela con Peter Pan en el reino de la fantasía. No obstante, procure también que se relacione con niños de su misma edad (tanto capacitados como niños con discapacidad y sobredotados) y subraye actividades que le pueden atraer y que puede realizar con estos niños pero no con los que solo viven dentro de su cabeza. Por ejemplo: «Tu amiga Sonia te ha invitado a su fiesta de cumpleaños y comerás una tarta de chocolate estupenda. Es una pena que tu amigo Puntos no haya nacido (como vosotros dos) porque él no tiene aniversario ni pastel para poder celebrarlo e invitarte».

Ayúdele a enfrentarse a sus monstruos y miedos sin crear dependencias. Es bueno quedarse un momento con él cuando se despierta aterrorizado, pero no cogerle en brazos, llevarle a otra cama que no sea la suya o meterse en su cama con él.

Háblele con suavidad de sus propios miedos o monstruos y enséñele cómo defenderse. Un ejemplo: «Cuando en sueños te persigan, te paras, les das un beso y ya verás cómo desaparecen». Dialogue con él sobre las cosas que le atemorizan, como el dolor o la sensación de no ser capaz de hacer algo. El miedo al ridículo o incluso la muerte en estas edades suelen ser inquietudes que les pesan mucho. Dígale que es bueno sentir impotencia y explíquele con colores y sonidos cómo es esa sensación, y también qué hacer con ella.

No busque el que supuestamente sea el mejor colegio, sino aquel donde le puedan entender, porque en caso contrario, difícilmente le podrán atender. Deseche aquellos que le segregan por su diferencia, los que pretenden que se acomode al ritmo de la clase sin poner nada de su parte, los que se basan en la memoria y la repetición como fórmulas de aprendizaje, los que se amparan en la creación de rutinas y dejan de lado la imaginación y la creatividad, aquellos en los que prima la adquisición de conocimientos sobre la adquisición de competencias, los que no enseñan a pensar, los que postergan la creación de habilidades sociales y los que no enseñan a jugar. Si todo esto debería ser válido y recomendable para cualquier colegio y para cualquier niño, es absolutamente necesario para aquellos en los que un sobredotado debería ser educado. Un buen indicativo que le advierte sobre la inadecuada elección del centro escolar puede ser el siguiente: si al mes de comenzar el curso su maestra, la jefa de estudios o del departamento, las cocineras del comedor o el conserje no saben quién es su hijo y no le han dado una cita para hablar con usted de cómo se siente y qué hace, está claro que ese colegio puede ser sin lugar a dudas magnífico, pero no el más conveniente para atender a un niño sobredotado. Y, consecuentemente, su hijo estará triste y se sentirá perdido o abrumado.

También en estas edades es conveniente un diagnóstico realizado por un profesional cualificado externo al centro escolar, que determine la presencia de sobredotación y el grado con el que esta se muestra, con el propósito de orientar la acción educativa de forma que se produzca la adecuada inserción escolar. El colegio debería acoger este dictamen no como una excusa para tachar al niño de difícil ni como una injerencia en sus criterios de impartir docencia, ni tampoco como una patente de corso para exigir un trato diferente a los demás niños, aunque sí diferenciado en cuanto a pautas de conducta, maneras de impartir y evaluar conocimientos y formas de realizar dinámicas en el aula.

En España, más del 80% de niños sobredotados no son detectados a tempranas edades. Esta es una de las causas de que la abrumadora mayoría de ellos puedan presentar posteriormente fracaso escolar y social, como consecuencia de no haber atendido a las necesidades emocionales y cognitivas que muestran. También es cierto que los departamentos psicopedagógicos de los colegios (con el consentimiento expreso de los padres) deberían realizar las pruebas oportunas para detectar la presencia de altas capacidades con sobredotación en cuanto los niños comienzan la etapa infantil. De esta manera, se les podría educar como lo necesitan, atender a sus necesidades con conocimiento de causa y realizar, si se estima conveniente —y según los criterios del Ministerio de Educación en tiempo y forma adecuados—, las aceleraciones y flexibilizaciones que sean oportunas, aunque esto suponga un mayor trabajo para los docentes y para el colegio. Además, es preciso incidir en que los enriquecimientos curriculares que se aporten a estos niños no significan únicamente proporcionarles más conceptos, sino también enseñarles de manera distinta, sin sobrecargarles con la repetición de tareas cuando han terminado las que tenían que realizar en el aula, ni pretender que sean supervisores o profesores de otros alumnos, porque estas no son sus competencias.

Es oportuno que a estas edades comiencen a desarrollar los talentos que tienen sin presionarles, ni tampoco obviar la presencia de estas inquietudes. Es cierto que si quieren aprender música como actividad extraescolar no podemos negarnos a ello, pero tampoco cambiarle de actividad al segundo día porque «es un rollo» o ha decidido que ya no le gusta. Por ello, no olvidemos que se trata de niños como todos, bajo la potestad de unos padres que deciden las actividades que realizan sus hijos con un criterio fundamentado. Es cierto que deben escuchar sus inquietudes, pero la última palabra la tienen los padres, y es bueno que los eduquen en hábitos como el de que las actividades que se comienzan se acaban, que tienen que respetar a sus maestros (por mucho que los niños crean que saben más que ellos) y también hay que dejarles claro que ser sobredotado no les permite hacer todo lo que quieran. Si la educación de estos niños no tiene unos límites claros donde se precise lo que se puede y no se puede hacer, cuando cumplan pocos años más construirán una rigidez de criterio donde la predominancia de la soberbia intelectual impedirá que puedan ser enseñados, insertarse en las exigencias de una escolaridad obligatoria e incluso desempeñar futuras actividades profesionales. No olvidemos que, si bien es cierto que su edad mental es superior a su edad física, no es menos cierto que emocionalmente son niños como los demás, aunque dotados de una hipersensibilidad que es preciso conocer y que, por tanto, tienen que aprender a controlar sus impulsos, a compartir, a sentirse frustrados, a esperar, a perder y a ganar, a respetar turnos, a obedecer aunque no les apetezca, a asumir las consecuencias de su propia conducta, a querer y a dejar que otros los quieran.

Es momento también de que comiencen a ayudar en las tareas de casa, que se involucren en buscar formas de remediar que alguien de la familia se sienta triste, dolorido o cansado y que desarrollen iniciativas donde pongan en juego sus talentos. Por ejemplo, si el niño presenta destreza y facilidad para el cálculo, que participe en la elaboración del presupuesto familiar, si le encanta coleccionar cosas, que se involucre en el reciclaje de elementos desechables y si tiene interés en contar cuentos o historias, que lo haga como modo de divertir y distraer a sus hermanos. También refuerza la vinculación con los grupos familiares y sociales a los que pertenece que el niño sobredotado adquiera la costumbre de no mentir. Para ello es preciso que conozca que si lo hace, nadie le va a creer cuando necesite ayuda de verdad. Tiene que tener claro que no pasa nada por equivocarse, que no se le dejará de querer porque tenga que pedir perdón, ya que el cariño que sienten hacia él jamás estará condicionado por lo que haga ni por lo que sea. Y siempre que se le pille en una mentira (aunque sea pequeña) hay que obligarle a decir la verdad, a pedir perdón, a dar la cara y a asumir las consecuencias de su propia conducta. De esta manera, si sabemos con certeza que ha sido él quien ha roto el espejo del cuarto de baño de su tía, tendrá que ir a su casa lo antes posible, explicar qué ha hecho y por qué, disculparse y ver alguna manera de reparar el daño causado, como, por ejemplo, dándole un gran achuchón por la pena que ha sentido. No son buenos los reproches ni recordarle los fallos cometidos. Una vez solucionadas las consecuencias de una mala conducta, olvide y pase página. Así aprenderá que incluso las personas sobredotadas pueden equivocarse y solventar de una vez y para siempre los errores que han cometido.

CAPÍTULO CUARTO
OCHO AÑOS

El colegio es un rollo, me sé de memoria los pasillos y el despacho
del director, me gusta hacer mis inventos de bombas fétidas
en el laboratorio, aunque ahí solo pueden estar los de secundaria.

a) No pienso hacer los deberes
y menos los que son inútiles y de copiar.
Yo no tengo la culpa de que los demás sean tan lentos.

b) He terminado mi primer proyecto de investigación.
Lo que más me gusta es averiguar de qué están hechas las cosas.
Este verano voy a una Expociencia y estoy emocionado.

DESDE DENTRO

No deberían existir las normas absurdas ni los dioses injustos ni los deberes en los colegios, porque si yo me sé las cosas ¿para qué tengo que hacerlas una y otra vez? Me enfada tanto, que las olvido aposta o pongo en los ejercicios los resultados sin explicar cómo llego a ellos para que se vuelvan locos averiguando los pasos que he dado. Y luego dicen que si he copiado, ¡ja! Yo no necesito copiar de nadie, ni siquiera del Zanahorio, que es mi tutor y profesor de matemáticas, y explica las multiplicaciones francamente mal, con esa tontería de las llevadas, que no hace ninguna falta y además es complicadísima, con lo fácil que es el cálculo mental.

Ya he pasado por el despacho del director tres veces durante este trimestre y me ha dicho que la próxima vez me expulsarán durante un día. Ya sé lo que eso significa, que no me dejarán ir a mis clases de violín para que me muera de aburrimiento, y ni siquiera Ideas podrá sacarme toda la rabia que tengo por dentro ni haciendo cabriolas. Este año, si todo va bien y me porto como ellos quieren en clase (aunque no está nada claro lo que esperan de mí, porque en este colegio todos me tienen manía y me hacen la vida imposible), haré las pruebas para ingresar en la orquesta infantil del conservatorio. Me sé todas las piezas, pero me gusta darles mi toque personal para que resulten más entretenidas. La música es como un tobogán donde deslizarte por su superficie sabiendo que la velocidad es blanca como la nieve, azul como el cielo y densa como la mantequilla cuando la has batido muchas veces. En ese instante de vértigo, cuando miras la clave, el compás y las alteraciones sobre el pentagrama sabes que tienes todas las palabras en tus manos y los significados y las intenciones. Entonces solo es verdad lo que tú quieres y nadie puede ordenarte nada, ni le debes nada a nadie, ni tienes que aparentar lo que no eres. Porque te sientes lleno del súper poder del conocimiento (que es la clave de la fuerza) y puedes hacer lo que quieres mientras suene bien y siempre suena bien si cuadras medidas, proporciones y distancias dentro de las notas musicales en tu cabeza. Todas estas cosas que se me ocurren solo se las puedo contar a Ideas, porque los demás ponen caras raras y no me escuchan, salvo mamá, mi primo Íñigo, los abuelos y, claro está, Marcelo, el portero de mi casa, que es argentino y dice que en su país hay muchos niños como yo y que no tienen tantos problemas. Yo, la verdad, es que no sé por qué en el colegio nadie me entiende. Porque si yo tengo que entender que la mayoría de los niños no son como yo, ellos (que son más y pueden hablar entre ellos) podrían comprender mis diferencias, o los maestros, si como dicen, son más listos, tendrían que saber qué pasa por mi cabeza.

Ahora les ha dado por decir que soy hiperactivo y el psicólogo del colegio les ha dicho a mis papás que me lleven al psiquiatra para que me dé no sé qué pastillas para que me tranquilice, preste más atención en clase y aprenda al mismo ritmo que los demás niños. Pero si yo no estoy enfermo, ¿para qué me quiere medicar? Más bien me quiere envenenar para que no piense lo que a los demás no les interesa. Menos mal que mamá no está por la labor, pues dice que esas pastillas influyen mucho en el desarrollo de los niños y que está comprobado que en la adolescencia tienen mayor probabilidad de sufrir trastornos mentales. Además, yo paro quieto cuando a mí me interesa y no es el caso cuando pretenden que esté una hora sentado y escribiendo. Porque, además, odio escribir y siempre están diciendo que no se entiende mi letra y que si sigo haciéndola de esta manera no me van a corregir los exámenes. Pues que no lo hagan, que así no tengo que escribirlos, y listo. Lo que se me da bien de veras son los experimentos. Tanto los buenos, que son los que me mandan en el cole y son los que deben hacerse (como construir un pequeño circuito o un volcán que expulse lava), como los que están prohibidos para niños de mi edad, como los que hacen los mayores cuando disecan ranas o juegan a crear compuestos con los elementos de la tabla periódica. Lo que más me gusta son las rutas del tesoro que prepara Marcelo para mi primo Íñigo y para mí algunos sábados cuando ha acabado pronto la faena. Son súper chulas y consisten en que te da un sobre secreto donde tienes que averiguar algo como una adivinanza, que te lleva a otro sitio donde encontrar otro sobre y resolver otra cosa, y así algunas misiones más de agente secreto, hasta que llegas al tesoro. El último fue una lupa chiquitina que me ha servido mucho para ver cómo son por dentro los órganos de unos ratones que encontré en el laboratorio de secundaria. También me lo paso genial cuando algunas tardes la abuela me nombra su ayudante y la acompaño a comprar o hacer recados o a ir al médico, o cuando me pide que le lea el periódico porque la vista le está fallando y además dice que se entera mejor de las cosas cuando yo se las explico.

Papá y mamá ya discuten menos por mi mal comportamiento. Papá me ha dejado por imposible y dice que, cuando me porte bien como mis hermanos Fernando y Elena, podré ir con él al fútbol y a correr por el monte, pero no quiere darse cuenta de que, aunque yo le quiero mucho, a mí no me gusta ni ver ni practicar ningún deporte, y menos correr si no hay motivo para ello, como que otros chicos de tu clase te persigan para quitarte la mochila. Mamá pone todo su empeño en entenderme, trata de justificar lo que hago y hace oídos sordos a todas las cosas malas que le cuentan de mí. A veces me hace sentir culpable de cómo soy, pero otras no soy justo porque si yo soy así algo tendrá mamá que ver en todo este asunto, y reconozco que no me porto bien con ella.

Fernando y yo no paramos de pelearnos todo el tiempo que estamos juntos. Yo le escondo cosas y le vuelvo loco buscándolas. Esto también lo hago con las personas mayores, como una vez que escondí todas las llaves de casa porque me habían castigado sin motivo y tuvieron que llamar a un cerrajero. Entonces mi hermano, que es más bruto que yo, me agarra del cuello para que confiese dónde he puesto sus cosas, y yo muchas veces le miento y vuelta otra vez a empezar. También me gusta desmontar sus juguetes para ver qué tienen por dentro, pero no voy a volver a hacerlo porque la última vez (que le fastidié un coche teledirigido) tiró todos mis legos por la ventana, y menos mal que Marcelo pudo rescatar la mayoría de ellos. Mi hermana Elena se ha hecho un poco mayor y ya no quiere jugar conmigo. Además, vienen algunas de sus amigas a casa a hacer los deberes y se pasan todo el tiempo riendo con gorjeo de pájaro y no me hacen ni caso porque dicen que soy un chico muy raro, y eso no es verdad, porque si quiero les puedo contar cosas estupendas y presentarles a Ideas, que sabe ser un amigo como ninguno.

Por cierto, Ideas se ha convertido en un proscrito en mi familia. Se han empeñado en que no existe y que ya no tengo edad para andar con estas tonterías de niño pequeño. Pues más tonterías son esos amigos de plástico que tienen algunos mayores y no les sirven para nada cuando tienen problemas o se encuentran solos. Así que nos hemos quedado los dos solos frente a todos los demás y mientras Ideas quiera estar conmigo yo no pienso abandonarle, porque por las noches cuando el silencio se desliza entre los dedos (como lo hace la baba del caracol por las paredes) sé que puedo estar con él incondicionalmente y eso vale por todo, incluso aunque no tenga un cuerpo donde meterse. Además todos los cuerpos de los seres vivos se pudren cuando se mueren y nada más importa lo que han sido y representado para alguien, y para mí Ideas representa la esperanza de que alguien pueda entenderme por completo y estar a mi lado siempre. Es como un superhéroe de los de la televisión, que siempre me salva cuando me meto hasta el fondo en el pozo de la desesperación. La tele no nos dejan verla mucho, pero a mí me encantan las series de persecuciones donde tienes que atrapar a varios malos, los documentales de animales y las pelis de miedo. Pero como a Elena solo le llaman la atención unos dibujos animados tontísimos y a Fernando solo le gusta mirar los deportes, pues nos pasamos la mitad del rato discutiendo para ver quién coge el mando, y la otra mitad viendo lo que nos dejan los papás y que suele ser un rollo de los gordos.

Todos los lunes y miércoles nos han puesto a mis hermanos y a mí una profesora particular para que nos enseñe inglés y matemáticas. Es extranjera y muy dulce, pero se entera poco de las cosas. Tanto es así que piensa que Elena es muy despierta, que Fernando aprende con facilidad y que yo soy un pequeñín adorable con un poco de retraso y con el que hay que ser muy paciente. Vamos, que no da ni una. A veces, y aunque no está nada bien, mamá le pide que nos haga los deberes cuando son muy difíciles o no nos ha dado tiempo a hacerlos, para que al día siguiente no nos pongan un cero en la escuela. Pero yo creo que esto se nota, y mucho, porque Miss Drew tiene una letra de persona mayor, entre otras cosas. Yo voy por libre, y como me aburro un montón en sus clases, pongo caras raras o dibujo monigotes o simplemente me tiro al suelo y me meto debajo de la mesa para poder inventar historias con Ideas, como la del número cero cuando se encontró con la nada y, claro, no pudieron hacer nada, porque donde estaban y lo que tenían era eso: nada. Miss Drew no se inmuta cuando hago eso, dice que hay que desatenderme para que me dé cuenta de mi mal comportamiento y vuelva a participar en la dinámica de la clase, y se pone a jugar a las palabras difíciles en inglés y en castellano con Elena y Fernando. A mí me da igual, porque yo puedo hacer eso mismo con Ideas, se nos ocurren más y mejores palabras, y nuestro juego es más chulo. Lo que no me gusta es que luego les da pegatinas y cromos a ellos y a mí no, pero siempre pienso una estrategia de superhéroe para quitarles los más bonitos cuando no se dan cuenta, aunque pienso que eso no está del todo bien, porque ya bastante tienen con ser más lentos y menos inteligentes que yo.

Este año se han empeñado que comience a ir a catequesis para hacer la Primera Comunión cuando me encuentre preparado. Pero yo no creo en Dios y tengo muchas razones para no hacerlo, como el sufrimiento de los niños, o cómo es posible que las cosas se solucionen nada más con pedir perdón, o todo ese rollo de un arca y la lluvia. La abuela cuando lo supo se llevó el disgusto más grande de su vida, vamos, que casi se muere. Así que me han dicho que si quiero tener una consola de videojuegos, tengo que disimular y decir que me he dado cuenta de que Dios sí existe y que es muy bueno. A mí no se me da bien eso del disimulo, además si en realidad es un engaño no está del todo bien, pero yo por mi abuela hago lo que sea y por una consola llena de juegos del fontanero ese que se llama Mario, pues más. Lo malo es que para hacer la comunión tienes que ir a unos cursos insoportables, porque si no te echan y tienes que poner cara de que todo te parece interesantísimo, aunque sea un comecocos de los gordos. Ahora la abuela está encantada con que haya recapacitado y está más cariñosa conmigo, dice que así me iré convirtiendo en un niño más bueno. Pobre abuela, se ve que no se entera mucho de lo que le leo en los periódicos, y de que las personas que tendrían que ser más buenas porque creen en un Dios hacen las mayores barbaridades contra otras personas, precisamente en nombre de ese Dios que se presupone tan bueno y que permite que hagan esas atrocidades. El abuelo Eusebio me ha dicho que yo en ese aspecto de la conciencia (que es la capacidad de decidir en qué creer) haga lo que me dé la gana, y que no merece la pena por dar gusto a los demás traicionar los propios ideales, porque al final todo se acaba sabiendo y te sientes mal contigo mismo.

Así que para contentar a todos me he propuesto creer en Dios de forma intermitente, como el ámbar de los semáforos, y solo hasta el día de la Comunión, aunque he dejado claro que por nada del mundo me voy a disfrazar de cosas extrañas como mis primos Álvaro e Íñigo, que les pusieron un traje de almirante que les caía grande por todas partes, o Fernando, que iba de marinero y solo le faltaba el barco. La única que recuerdo que iba guapa de veras era Elena, con un vestido blanco que parecía una princesa de los cuentos de hadas, o una novia cuando se va a casar. ¿Y si Dios al final resulta que es una mujer y por eso son tan bonitos los trajes de chica en estas celebraciones? Sé de muchos (como el padre José) que se iban a llevar un susto tremendo, porque no creo que les haga gracia que mande una mujer, aunque sea de fuera de este mundo. Es curioso (ahora que lo pienso con toda la rabia) que la mayoría de las religiones tengan a las mujeres que no paran de prohibirles cosas. Sería la bomba que pudiera existir un Dios sin religiones y que fuera mujer. Algo así tan inteligente como Ideas, pero que fuera capaz de destruir todos los males del mundo como el hambre o las guerras y en especial las guerras de religión.

DESDE FUERA

Mister Stuart *(tutor de Miguel, Eagle International School)*

Ya lo he dejado claro en la junta de evaluación, Miguel Avellaneda no va a pasar de curso si sigue sin cumplir los objetivos y contenidos mínimos, y mucho menos con el comportamiento nefasto que muestra. Si no puede controlarse, que la familia haga algo para que lo mediquen de una vez por todas, porque no para de alterar el ritmo de la clase y eso no puede ser. Todos los profesores estamos hartos de él y los padres no se hacen cargo de lo imposible que se pone. Pasa el día entero llevándonos la contraria, ¿dónde se ha visto que un crío de ocho años se atreva a corregir las explicaciones que damos en clase y se burle de nosotros sin el más mínimo reparo, incluso cuando nos encontramos delante? Es totalmente incapaz de seguir dinámicas dentro del aula. No hay forma de conseguir que trabaje con otros niños, porque o los ignora o se mete debajo de la mesa y no hay quien lo saque, o se pone a hablar solo (como si fuera un demente) de cosas y personas que no existen. Y mejor no hablar de cómo trata el material, tanto el suyo como el ajeno, que parece un bárbaro sin civilizar. Yo no había visto hasta ahora un niño que partiera y estropeara bolígrafos con tanta facilidad, y eso cuando no pega con cola los propios o ajenos, o les saca la tinta para poner todo hecho un asco.

Mister Blázquez *(director psicopedagógico del Departamento de Primaria, Eagle International School, psicólogo)*

Solicitamos a los padres del menor... ante las faltas reiteradas de respeto a la convivencia del centro... en consonancia con el reglamento interior y los estatutos... asimismo tenemos que indicarles que puesto que es absolutamente incapaz de seguir el ritmo de la clase... hemos detectado un grave déficit de atención con hiperactividad que requiere intervención externa para... también vemos que muestra rasgos que denotan disortografía, disgrafia y dislexia, por lo que sería conveniente una intervención extraescolar con el propósito de corregirlas. No descartamos tampoco un trastorno oposicionista de la voluntad. Pensamos que también resultaría necesaria una adaptación curricular de mínimos para propiciar un aprendizaje sostenido y que refuerce... así como consensuar unas normas comportamentales mediante las que... Por todo ello y para hablar lo antes posible sobre el alumno... solicitamos se reúnan a la mayor brevedad posible conmigo y su tutor...

Miss Drew *(profesora particular)*

No es nada fácil dar clases particulares, porque siempre te tocan los alumnos más difíciles y problemáticos. Los padres nunca te llaman para reforzar aprendizajes o para que los chicos aprendan más y mejor, sino de apagafuegos. Eres un bombero para evitar que suspendan, que es en realidad lo único que les importa en la mayoría de los casos. Y claro, cada año vuelta a empezar y más de lo mismo. Los niños no se hacen autónomos ni responsables, se acostumbran a que otros les solucionen las papeletas y se vuelven consentidos y caprichosos. Cómo te van a respetar, si eres un pañuelo desechable que solo sirves para hacerles deberes y explicarles una y cien veces lo que tienen que poner en los exámenes. De los hermanos Avellaneda, me llama la atención el pequeño, es absolutamente brillante, aunque hace todo lo posible para llevarme al límite y más allá. Pero estoy convencida de que si no aprende es porque no le da la gana y contra eso poco se puede hacer. Es curioso, pero muchas veces cuando trabajo con sus hermanos tengo la sensación de que va por delante de ellos y eso que le saca más de dos años Elena y cuatro Fernando. El otro día descubrí que incluso les coge los libros y parecía interesarse de verdad en ellos. La verdad, pienso que este niño no necesita mis clases, sino otra cosa, pero ya me dijeron que todos o ninguno y yo necesito dar estas clases.

Pablo Salcedo *(profesor de violín del Conservatorio)*

Doce años dando clase y nunca había visto una sensibilidad tan acusada para la música. Claro, que otra cosa es la técnica, y a Miguel Avellaneda no le gusta nada ensayar y repetir. Mira que le tengo dicho que si en el examen hay que tocar tal pieza de una manera determinada, no quiere decir que haya que construir una improvisación sobre esa pieza como a uno le parezca. Pues él empeñado en que de esa manera suena mejor y a veces así es, pero el tribunal espera escuchar una cosa y de ninguna manera acepta otra. Si sigue así, no creo que pueda entrar en la Orquesta, ni tan siquiera que le den beca para el curso que viene, y es una pena porque con lo mal que va en el colegio y cómo se porta en casa, no creo que sus padres le dejen continuar con la música. Es un niño demasiado introvertido y la música lo libera y lo transforma, también sé que es su única vía de escape. Pero no sé qué más puedo hacer, bueno, seguir dándole clase a escondidas pero sin el respaldo de las notas de una escuela de música o de un conservatorio.

Además, si no consigue adaptarse como los demás chicos al sistema educativo, no sé de qué le va a valer el día de mañana. Porque por mucho que sepas, y mira que se lo repito, si no lo demuestras y apruebas unos exámenes, no vas a poder trabajar de lo que quieres, ni vivir como tú quieres. Pero es demasiado joven y se cree que puede con todo, piensa que puede existir en el umbral de la velocidad con ese amigo imaginario llamado Ideas y haciendo lo que quiera, y no sabe lo cruel que puede llegar a ser esta vida.

El mundo no está hecho para las diferencias, ni para sacar lo mejor de cada persona, ni para ir por libre. El mundo está compuesto de pequeñas sociedades que te moldean a la imagen y semejanza de unas mayorías prefijadas donde el margen de maniobra no existe, las equivocaciones se pagan caras, y el tiempo es un peaje de la realidad de donde no puedes escapar. Ahí tienes que hacer lo que se espera de ti para poder sobrevivir, y solo cuando llegas a tu casa (si es que con suerte la tienes) puedes ser un poco tú mismo, ese que dejas colgado en una percha cuando sales a la calle. Y si consigues tener una familia que te quiera y acepte, date con un canto en los dientes, porque poco más hay a lo que se pueda aspirar. Ya me lo dijo mi padre cuando tenía su edad: «Sé lo que quieras, pero no te salgas del carril, porque lo pagarás caro y te destrozará. Y, sobre todo, piensa lo que valen las cosas, que el dinero no cae de los árboles, y que cuando estés enfermo de verdad, si quieres que realmente se preocupen por ti y no experimenten contigo, ya puedes tener dinero, y necesitas bastante más del que puedas contar, porque la salud hoy es dinero, la calidad de vida es dinero, la capacidad de descanso es más dinero y el umbral de las ilusiones pasa por la antesala del dinero». Pobre Miguel, cuando un día despierte y ya no le valga ni tan siquiera su amigo imaginario Ideas, no sé qué va a ser de él. Porque la vida pasa tan rápido y no perdona. Quiero pensar que para entonces las cosas hayan cambiado, aunque solo sea un poco, que haya una salida del túnel para los niños que son como él, para el niño que un día yo fui y del que algo se quedó por el camino.

Alicia *(madre)*

Estoy harta de que todos me den problemas y ninguno soluciones. Miguel es un niño difícil, pero no el monstruo en el que quieren convertirlo. Y no creo que lo mejor sea drogarlo para que esté como un mueble sin moverse, ni impedirle que lea si es lo que quiere, o que busque caminos para encontrar respuesta a las preguntas que se le plantean. Quieren convertirle en un inadaptado, pero él no es así. Cierto es que ha perdido la frescura de hace unos años, cuando se acercaba a otros niños con la esperanza de que no lo rechazaran. Tengo que conseguir que se relacione con otros pequeños y que se haga más independiente, porque últimamente parece un conejo asustado que solo busca refugio en casa. Sé que tendría que ser más dura con él, pero ¿cómo hacerlo cuando vuelve desencajado, frustrado y huraño del colegio con esa mirada acusatoria que te atraviesa como una espada?

Dice su padre que a la próxima que haga le parte el violín y que se acabó esa estupidez de la música. Pero si lo hace, me lo destroza de verdad y a veces parece que la música es lo único que le importa y tal vez el único hilito que le ata a la realidad. Para que luego digan que es hiperactivo y retrasado: yo le he escuchado tocar el violín a escondidas y no hay palabras para describirlo, es como si la fuerza de una catarata se te subiera a la cabeza. Y no es amor de madre, muchos dicen que Miguel es un auténtico genio para la música y cuando la lee no tiene ningún problema de lectoescritura, porque si de verdad lo tuviera, lo tendría que tener para todo. Digo yo que si nadie está enfermo solo los días pares de cinco a siete de la tarde, nadie es disléxico para leer unas cosas y otras no, porque si alguien puede estar parado y concentrado para ejecutar una obra musical, lo puede estar para otras cosas. Lo más indignante es que en el cole suspende hasta la música y dicen que no tiene ninguna aptitud en este campo, y mira que les he explicado lo del conservatorio, pero nada, lo que no está dentro de lo que ya tienen pensado de antemano no existe, su palabra es la ley y no les vale otra cosa. Estoy pensando en cambiarle de colegio para el próximo curso, porque este está claro que no le vale. Claro que a ver cómo se lo planteo a la abuela, con todo lo que tuvo que hacer para que lo admitieran allí, y al padre, que ese sí que se va a poner como una furia sin atender a razones. Y otra cosa que yo voy a hacer por mi cuenta y riesgo (digan lo que digan) es responderle a todas sus preguntas, llevarle a museos con sus hermanos, y a conciertos, que le sirven para relajarse, aunque me suelten otra vez esa estupidez de que a los niños no hay que enseñarles nada por encima de lo que se les da en el colegio. Como si todos los niños fueran iguales y hubiera que darles lo mismo acorde con su edad. Según esa teoría absurda, a los diabéticos habría que darles caramelos, a los celíacos bizcochos con harina y gluten, y a los que no tienen una pierna comprarles dos zapatos. Vamos, que hoy tengo un día que reviento, y buena soy yo cuando me siento así.

Rosa *(abuela)*

Menudo chasco con el colegio. Mucho ringorrango, uniforme y bilingüismo pero son incapaces de atender como Dios manda a un niño. Buenos cuartos cuesta, bien que nos han engañado, y como no te dicen nada a las claras hasta que las cosas se salen de cauce, pues te pillan desprevenida. Pero en qué cabeza cabe decir que el niño tiene problemas lectores, si día sí y día también me lee el periódico de cabo a rabo. Hasta me lo resume, eso no lo hacen los niños de su edad y no me lo invento, que luego lo compruebo y vaya si lo hace bien. ¡Y las matemáticas, decir que no las entiende! Eso es de lo que no hay: me lleva las cuentas de la casa al dedillo, no se confunde ni en una vuelta en las tiendas, con veinte euros calcula lo que puedes comprar con una comida y hasta entiende al de la caja de ahorros con los ingresos y los gastos. Nos lo quieren volver tonto y eso no lo voy a consentir. También dicen que no sabe de cosas de naturaleza, otra tontería como un pino, si conoce mejor que nadie animales, plantas, países con sus banderas y todo. Hasta cuando está de buenas ayuda a su hermano mayor con los experimentos del cole y le salen mejor. Y lo de hiperactivo... vamos, esa palabreja para decir que no para quieto. Pues que aprendan a mantenerlo entretenido, que cuando yo lo tengo en casa, si no hay que moverse pues no se mueve. El otro sábado estuvo hora y media partiendo zanahorias y patatas para la ensaladilla rusa y hasta les dio formas a los trozos, que luego era divertidísimo comerlas, y no se movió ni para ir al cuarto de baño. Si su padre fuera para allá y dijera cuatro palabras bien dichas, me lo iban a tratar de otra forma. Pero claro, su padre no quiere mover ni un dedo porque dice que como no le dejamos a él solucionar las cosas a su manera, pues que para eso no interviene, y allá nos las compongamos. Para él solucionar las cosas pasa por obligarle a jugar al fútbol, apartarle de la música y no dejarle ni respirar hasta que no termine los deberes del colegio, aunque tenga que quedarse sin comer, y a la mínima que se porte mal en clase encerrarle lo que sea necesario en un cuarto oscuro. No quiere darse cuenta de que este niño es distinto y que de esa manera no va a conseguir nada.

Manolo *(padre)*

Como le echen del colegio, este sí que se va a enterar, que a mí no me chulea. A los demás puede que los tome con el pie cambiado, pero ya está bien con el niño, que se cree el rey del mundo. ¿Es que no puede hacer ni una cosa normal de las que hacen los niños de su edad? Que va por ahí con unas ínfulas que un día le van a partir la cara, vaya que sí. Además de tragar con el mamarracho ese del amigo imaginario, que parece medio tarado, todos los días a cuestas con él, se te quitan hasta las ganas de llevarlo contigo a la calle, encima hay que lidiar con la música. El chaval se cree Beethoven, y todo el día dale que te pego al violín. Cuando uno llega a casa quiere tranquilidad, sofá, cerveza y la tele, no esas murgas. ¡Vamos, le costará mucho ser como su hermano! Normalito, con sus cosas, pero normalito, que no es tanto pedir. Y bien que yo me deslomo para que en esta casa no falte de nada. Y ese es el problema, que si faltara se le iba a quitar de golpe toda esa estupidez que tiene encima. Yo no necesité tanto colegio ni tanta serenata para aprender lo que se podía y no se podía hacer, y con las cuatro letras y poco más me ha sobrado para ser un hombre hecho y derecho. Porque este niño ni se sabe lo que va a salir, que ya me lo estoy temiendo con tantas zarandajas.

Carmen *(tía)*

Lo que hay que oír… Me han dicho que busque otro colegio para el espantajo del Miguel. Es decir, que para él no hay ninguno que les valga a los padres. Yo tengo a los míos en la enseñanza pública sin tanta monserga, que al final los privados solo sirven para sacar el dinero y no valen para enseñar. Ya lo dice mi Paco, que en la privada son todos unos enchufados sin oposición ni nada, y que para un profesor que lo hace medio bien, los demás a vivir de las rentas. No se puede estar todo el día busca que te busca, es un sinvivir. Lo que tiene que hacer el niño de las narices (bueno, más bien, el terrorista en ciernes, que buena la armó en mi casa fabricando sifones), es aguantarse con lo que hay, que es lo que hemos hecho todos, estudiar y dejarse de tonterías. Y si no, castigo va y castigo viene para hacer carrera de él. A la pobre Elena con lo buenecita que es, (como mi Paola, que es un amor) espantada la tiene contando esas historias de miedo todos los días y hablando con fantasmas. Eso hay que mirárselo ya y tomar las medidas oportunas. Y al pobre Fernando me lo trae frito y como es un buenazo... que si fuera más espabilado, como mi Álvaro, ya le habría atizado dos tortas bien dadas, las que tendrían que darle los padres, pero ahora eso no se puede. ¿Dónde se ha visto que un crío pequeño te rompa tus cosas porque sí, te las esconda donde le parece bien y además te quite hasta los libros? Esa manía de los libros es por incordiar, porque es medio lerdo y no consigue ni aprender las cosas más elementales en la escuela. Tanto es así, que menuda vergüenza para la familia porque va a tener que repetir seguro, y cuando ya repiten en primaria, después no se sale tan fácilmente del agujero.

Paco (*tío*)

Lo que faltaba, ahora quieren meter a mi mujer en los líos de Miguel. Yo le tengo dicho que allá se las compongan. Si no quieren hacer caso del sentido común, pues que se lo coman con patatas fritas, que esto ya no tiene remedio, y menos lo va a tener si siguen por este camino. Que el chaval no vale para estudiar, pues bueno, que aguante en el colegio hasta que tenga edad de trabajar, que haga las tareas del hogar para que se le quiten todas las tonterías, y nada de música ni de bobadas, que lo que hay que hacer es quitarle esas manías. La madre que trabaje, que ya va siendo hora, ¿y no dicen que les falta? Pues la van a acabar poniendo de patitas en la calle si continúa encadenando bajas, y que pare de molestar con lo que necesita o deja de necesitar el dichoso niño. La abuela y el abuelo, a sus cosas y a dejar de meter la nariz en temas que no les competen, bien clarito se lo he dejado yo en mi casa. Y los chicos: clase, casa y aburrirse, y si quieren estar entretenidos, pues eso, los deberes, la tele, un poco de juegos y a ayudar con las tareas del hogar. A la mínima se les ponen las pilas, y nada de meter en líos a la familia con extravagancias, que en mi casa todos hemos estudiado en la pública y tan ricamente. Menos mal que Manolo está conmigo. Los hombres nos entendemos entre nosotros y tenemos las cosas bien claritas sin tanta literatura novelera. Ya me ha dicho que anda dándole al coco para que la mujer no se le enfade, y acabar de una vez por todas con las memeces de Miguel. Yo entiendo que trabaja como una mula para llevar un nivel de vida, y lo siento mucho, pero la vida es así y eso no les corresponde. Para que luego venga el niño a apretarle el cuello con el psicólogo, el colegio privado y todas esas tonterías que sirven para bien poco y cuestan un riñón. A Íñigo ya le he dicho que nada de darle cuerda a su primo con las tonterías que se trae encima, porque si no, se las verá conmigo y, claro, el chaval me obedece como es debido, porque ya sabe lo que hay: a mí desde luego que no me toree, eso lo puede tener claro.

Íñigo (primo)

Yo ya he avisado a Miguel de que tenga mucho cuidado con lo que hace, que intente pasar desapercibido o al menos aprobar alguna, porque si no, seguro que lo meten interno o algo mucho peor. Andan detrás de mi madre para que le busque nuevo cole, ya que, como ella trabaja en la universidad, sabe más de eso y tiene más contactos, y han visto que las amistades funcionan para eso. Pero se ha enterado mi padre y se ha cabreado un montón, le ha dicho que nada de meterse en eso, y además ha estado hablando largo y tendido con mi tío Manolo, que se ha puesto como una furia porque no tenía ni idea de que las cosas habían llegado a este punto con Miguel. Así que hay una montada que no se puede imaginar, y los abuelos por medio, que ya han dicho que es su nieto y que ellos siempre lo han hecho todo para ayudar, pero que no van a consentir que se los pisotee así como así. Lo bueno de todo esto es que a mí me van a dejar en paz una temporada. A ver si consigo que no me pillen ningún día cuando cojo algunas monedas del bolso de mi madre para comprar bocadillos y chuches, para que los matones de mi colegio me dejen en paz y no me estén persiguiendo todos los días a la salida de clase.

ENLACES

¿Cuáles son las características de un niño sobredotado de ocho años?

El rasgo de su carácter más sobresaliente es la tendencia a realizar procesos de pensamiento divergente (o capacidad de acceder a ideas) para resolver tareas escolares, y de formular soluciones a problemas cotidianos de manera heterodoxa o, cuando menos, bastante alejada de lo común. Estos procedimientos de pensamiento divergente, generalmente, conducen a soluciones sin planteamiento ni explicación de los pasos realizados para llegar a ellas por parte del niño. Por lo tanto, puede parecer que son fruto de la casualidad, ya que es muy difícil llegar a conclusiones certeras por estas vías, o que se ha realizado alguna trampa (como copiar los resultados finales de un compañero), puesto que las personas sobredotadas no son especialmente proclives a transmitir los procesos realizados. También se amparan en estas estrategias trazados de pensamiento múltiple que comportan manejar y trenzar informaciones de distintas áreas de conocimiento con el propósito de establecer analogías y diferencias que muestran un gran acervo cultural, pero que a veces se pierden en los propios recovecos de las ideas que recogen.

Los niños de estas edades tienen una imaginación fructífera que nace del cultivo de una curiosidad incesante que cuando se intenta anular provoca una rebeldía frente a todo lo establecido y, en especial, frente unas reglas de comportamiento que se estiman como mutiladoras de su ingenio y perseguidoras de sus talentos. La racionalización excesiva de cualquier dato de naturaleza objetiva se confunde con una percepción subjetiva donde solo existe lo que se puede conocer como manera de acceder a ello. Por este motivo, resulta complicado que estas personas sean creyentes, pues ya comienzan a cuestionarse la naturaleza, atributos y plasmaciones de cualquier tipo de deidad o religión. No es precisamente sencillo explicarle en estas dinámicas a un niño de ocho años por qué no puede ser Dios, por qué existen el dolor y el sufrimiento humanos, a dónde se va cuando uno se muere, o de qué manera es posible comprender la necesidad de creer en un Dios. En estas condiciones, no se puede olvidar que estos niños dotados de una memoria selectiva para los episodios más negativos pueden sufrir rechazo tanto por parte de sus compañeros como de sus profesores. Por tanto, conocedores de la injusticia que se realiza sobre ellos, es frecuente que usen esta injusticia para desechar cualquier consuelo que no sea cierto, determinado y, por supuesto, proveniente de las personas de su entorno familiar.

También en estas edades comienzan a desarrollarse (por oposición a un perfil espiritual) unos rasgos cuando menos marcadamente materialistas e incluso egoístas. El niño quiere por encima de todo que se atiendan sus necesidades y se desentiende en esta etapa de cualquier perfil empático o de comprender las causas por las que es rechazado. Su sentido de la justicia se encuentra más agudizado y, en especial, se centra en las injusticias que se pueden llegar a cometer con él, de las que trata de zafarse oponiéndose a aquellas actividades que por naturaleza van en contra de su carácter, como el aprendizaje por repetición, la desatención cuando intenta trasmitir lo que conoce o siente, o la incapacidad de realizar actividades que estimulen sus talentos. No es un niño que se opone porque sí, sino que tiene argumentos, algunos (sin lugar a dudas) totalmente injustificados para hacerlo. Tampoco es un inconsciente que no valora la responsabilidad de sus actos, sino que piensa que, de alguna manera, se librará de las consecuencias negativas a través del ingenio que le proporcionará su talento. Por supuesto que sabe que si no realiza de manera correcta los deberes y exámenes tendrá que repetir curso, pero confía en poder librarse de ello en el último minuto o en encontrar otra salida más adecuada, como estar al margen de lo que se vive en la escuela y recluido dentro de su rico mundo interior.

Durante estos años se aprecia con mayor intensidad la presencia de determinados talentos artísticos que son incentivados por la refinada sensibilidad con la que cuenta, por su carácter espontáneo y creativo, y por la capacidad de asimilar diferentes tendencias para revertirlas en una concepción propia de la obra de arte. Pero en su contra para poder desarrollar su talento artístico juegan la prisa, la necesidad de hacer las cosas perfectas a la primera o en caso contrario abandonarlas, la incapacidad de retomar lo ya realizado e intentar mejorarlo, así como una tendencia manifiesta a no querer ser enseñado. También juega en su contra la volatilidad de todo lo que quiere hacer, porque parece que pretende abordar múltiples disciplinas a la vez sin llegar a centrarse en ninguna de ellas ni querer trabajar lo suficiente para primero conocer los fundamentos de esa disciplina artística y después reinterpretarlos a su manera. Esta rigidez de pensamiento suya postula que no deje intervenir a otras personas en los procesos del conocimiento que realiza, por lo que se ve abocado muchas veces a frustraciones innecesarias porque no tiene ni la experiencia ni los conocimientos de una persona adulta o porque emocionalmente no se encuentra lo suficientemente maduro para amparar las distintas etapas, procesos y fases que conlleva la obra de arte o la realización de cualquier manifestación artística.

A esta edad, es frecuente también que comience a aislarse del mundo que le rodea cuando este no le ofrece cauces para poder transmitir y comunicar lo que le pasa o lo que se le pregunta. Es decir, las dificultades de atención en estos niños no nacen como consecuencia de una dispersión de pensamiento, sino de una ausencia de cauces para trasladar el pensamiento producido a la comunicación donde debe insertarse. En una primera fase, hasta que el comportamiento repetitivo se convierte en una conducta que posteriormente generará un hábito y más tarde una tendencia, el niño no se despista en clase porque sí, es cierto que está pensando en sus cosas, pero (como sobredotado que es) puede hacer esto al mismo tiempo que presta atención en clase. He dado clase a niños sobredotados de ocho años perfectamente capaces de seguir las explicaciones en el aula sin copiar ni una línea, al mismo tiempo que leían un libro que nada tenía que ver con lo que estábamos hablando, y que dibujaban sobre un papel distintas caricaturas. Y por cierto, al acabar la clase y en días sucesivos, se podía comprobar que habían asimilado, buscado la aplicación práctica, incorporado a su experiencia y usado como generador de nuevos conocimientos tanto lo que yo les había explicado como lo que habían leído. Lo que les sucede a estos niños es que cuando sus intervenciones son rechazadas por sistema, cuando se desarrollan estrategias competitivas donde prima el autoritarismo o cuando se busca el acatamiento sumiso de unas órdenes o la repetición al pie de la letra de unas ideas prefabricadas, aprenden a inhibir respuestas con cierto grado de coherencia o, al menos, justificación lógica. Y esta frustración también le lleva a intentar entorpecer la continuación de un diálogo que para él es de sordos y no le reporta ningún beneficio y a generar conductas inconvenientes como repulsión a una injustificada valoración de los conocimientos que en un primer momento quiere transmitir.

Esta lucha enconada entre cómo él aprende y cómo se le pretende enseñar, sin atender a los rasgos básicos de su naturaleza, puede producir un rechazo sistemático que le aboca al fracaso escolar y le impide seguir dentro de los cauces de una enseñanza reglada. Este hecho determina un factor de exclusión social bastante importante. Ningún niño fracasa en la escuela: fracasa un sistema educativo que no sabe, no quiere o no puede enseñarle adecuadamente. Las personas sobredotadas son las que cognitivamente poseen menos rasgos que amparen la presencia de un fracaso escolar, pero, paradójicamente, son uno de los colectivos que más lo sufren. Y digo «lo sufren» porque la raíz de esta exclusión educativa no se encuentra en una incapacidad para aprender, ni en los condicionamientos sociales o culturales, ni en la presencia de factores pertenecientes a una población en situación de riesgo social, ni en la asincronía entre su perfil emocional y sus rasgos cognitivos, sino en la incapacidad del sistema educativo imperante para reconocer sus diferencias, para detectar y empatizar con su forma de aprendizaje, y para aprovechar los talentos que tienen en beneficio tanto de las personas sobredotadas como de otras que no lo son.

¿Cómo enseñar y educar a un niño sobredotado de ocho años?

Lo más importante es que él sepa que nosotros somos justos con él, que estamos juntos en el mismo barco y que nos importa quién es realmente, no apartarlo si no cumple nuestras expectativas o se comporta de una manera determinada según un perfil prefijado que nada tiene que ver con la realidad. Esto no significa que pueda hacer lo que le da la gana ni que pueda ampararse en nuestro apoyo para no asumir las consecuencias de sus propios actos. Tampoco para que no asista al colegio cuando no le apetece, ni para que se refugie en un perfil excéntrico que ha creado para justificar el incumplimiento de las normas. Es oportuno ayudarle a buscar razones para cumplir las normas establecidas, al mismo tiempo que se le conceden otras vías para mostrar talentos. Si en el colegio algún profesor le cae mal por no atender ni entender sus diferencias, es necesario razonar con él y convencerle de por qué es mejor que no le coja manía y qué puede y no puede hacer en sus clases. Como complemento motivador, se le puede ofrecer un taller alternativo sobre la misma asignatura, fuera del colegio, donde pueda mostrar sus talentos. Pero para poder asistir a él, tiene que portarse bien en las clases que no le gustan.

Estos niños son conscientes de que son distintos a los demás y es absurdo pretender negarlo. Por esta razón sufren más, tienen más inquietudes y menos maneras de resolver las preguntas que se les plantean, son emocionalmente más frágiles, tienen dificultades para comunicarse con los otros (aunque su flexibilidad verbal resulte sorprendente) y, por tanto, necesitan que sus conductas sean tomadas en consideración de una manera distinta. Si el niño sobredotado se siente apartado, excluido o como en otro planeta cuando se comunica con niños de su edad, es preciso convencerle de por qué tiene que integrarse y dotarle de estrategias de acercamiento y habilidades de intervención que posibiliten una comunicación si no fructífera, cuando menos aceptable. Al mismo tiempo, hay que darle la posibilidad de relacionarse con niños de altas capacidades como él o de realizar alguna actividad con niños de mayor edad y que le pueda resultar interesante. A esta edad es imprescindible comenzar a nutrirlo intelectualmente, porque lo necesita, y para él es indispensable para poder vivir en una sociedad donde no predominan de manera accesible los estímulos intelectuales ni se reconoce el talento salvo en casos puntuales, como son los de las personas fallecidas. Es buen momento para asistir a museos y exposiciones, obras de teatro y conciertos, cursos y talleres, es decir, actividades que estimulen sus talentos. Pero hay que enseñarle cómo ir, qué hacer, cómo estar en un museo y, después, cómo cultivar lo que allí se ha aprendido: los lenguajes musicales, literarios y pictóricos tienen unas reglas de juego que él se encuentra en disposición de aprender. También facilitan su crecimiento emocional a la par que cognitivo el cultivo de aficiones que impliquen coleccionismo: de hojas, de rocas, de monedas etc., o la participación en juegos de mesa donde haya que esperar turnos y trabajar con las propias limitaciones y las ajenas, y la pertenencia a grupos sociales donde tenga que aprender a convivir con los demás. En la medida de las posibilidades de la familia, es muy importante viajar juntos y conocer nuevos entornos (aunque sea al pueblo vecino o una localidad cercana donde tenemos un pariente que hace años que no visitamos). Es momento de trazar juntos una ruta, diseñar horarios, buscar planes y consensuar con los distintos miembros de la familia qué quieren hacer ellos, descubrir su gastronomía, averiguar qué medios de transporte vamos a utilizar, quiénes eran los antiguos habitantes de ese lugar y su historia.

En ocasiones, el tiempo para estos niños puede ser como una pesada losa porque tienden a sobreestimar sus posibilidades en cuanto a patrones anímicos y a exigir todo lo que necesitan con una gran angustia existencial. Relativizar y enseñar a dar la justa medida a cada cosa, mostrar horizontes temporales donde realizar actividades interesantes, demostrar que nos gusta estar con ellos y que juntos nos lo vamos a pasar bien son formas de diluir el sentimiento trágico de la vida que a veces llevan implícito, y de lograr a posteriori una adecuada inserción social. De esta manera, ya habremos construido los posibles cauces de comunicación adecuados y cuando nos comente que su profesor de Historia es horrible y que quiere morirse o matar a alguien si le obligan a copiar todas esas fechas absurdas le podemos decir que no es para tanto y que piense que pronto llega el fin de semana, cuando iremos a esa biblioteca que le gusta tanto, con libros raros, y que sacaremos algunos que resultan fascinantes, y luego nos tomaremos un helado. Hacer cosas interesantes no quiere decir que se realicen aquellas actividades que nos gustan a nosotros, sino ser capaces de disfrutar incluso de las que detestamos para conseguir hacerle feliz y, en consecuencia, ser nosotros felices también. Conozco a una madre de una preciosa pelirroja sobredotada de diez años, inmune a cualquier tentativa de hacerle parar quieta. Esta buena mujer disfruta haciendo labores de costura, que es lo que más le gusta en el mundo, se marea con bastante facilidad y ama su casa por encima de todas las cosas. No obstante, junto con su paciente esposo ya conocen todos los parques de atracciones de media Europa y su hija ha mejorado bastante en la escuela. Porque, en el fondo, sabe que aunque no se lo digan, a sus papás donde les gustaría estar de vacaciones es en una playa o en su casa, la mamá dándole a las agujas y el papá a las maquetas, que es lo que les apasiona. Pero que si viajan, lo hacen por ella, porque la quieren, y eso no impide que su madre vaya a clases de ganchillo tres días a la semana ni que su padre pertenezca a un club de aeromodelismo. Por nada del mundo la mandan todas las vacaciones a un campamento para deshacerse de ella, que tenga su «agenda» (como dicen algunos) y hacer ellos su santa voluntad.

En esta tarea de buscar el equilibrio, que es la base del consumo adecuado del tiempo y la medida para conseguir que la persona sobredotada se encuentre satisfecha de su propia vida, es preciso introducir el sentido del humor como forma de soportar las situaciones adversas. Por ejemplo, comentarle: «Sí, tu profesor de Inglés es un plasta, pero piensa que tú le aguantas solo cuatro horas a la semana y él tiene que aguantarse toda la vida hinchado como un globo de su propia pesadez y a punto de explotar». Eso no significa en ningún caso faltar al respeto, menospreciar o cuestionar la autoridad de los adultos, sino aprender a contemplar sus imperfecciones. No se trata de un ataque personal, sino de la observación de las consecuencias de un carácter más cargado de torpeza que de maldad y que posiblemente provoque bastante incomodidad al adulto en cuestión, incomodidad que en la vida real normalmente tenemos que sufrir los demás, seamos sobredotados o no.

CAPÍTULO QUINTO
TRECE AÑOS

Me duele el estómago todos los días y vomito.
Aunque el médico dice que no me pasa nada, solo se me quita
si me quedo tumbado en el sofá y no voy al colegio.

a) Dicen que tengo fracaso escolar, pues ya he repetido curso
dos veces, pero yo sé que son ellos los fracasados.

b) Puedo estudiar en casa y luego examinarme por libre.
He aprobado las pruebas de acceso a la universidad
y chateo por internet con estudiantes de todo el mundo.

DESDE DENTRO

Creo que no valgo para nada, son las once de la mañana y sigo en el sofá. Me duele tanto el estómago que lo siento como una lavadora cuando está centrifugando. Por lo menos ya he dejado de vomitar y esa sensación de agujero de petróleo se diluye como lo haría una cucharada de cacao en la leche. Abro los ojos, escucho el silencio, miro alrededor. Me doy la vuelta. Creo que si me meto un poco más dentro de mí escucharía los latidos de mi corazón. La mochila está tirada al lado junto con los zapatos que hoy tampoco he cepillado y parecen de cartón, de cartón piedra de película de miedo o de envoltorio de correos, como los de los paquetes que nunca dejo de esperar, pero que jamás recibo.

Ideas no está. Lo veo tan lejano en el tiempo como la sombra de un recuerdo cuando ya han pasado muchos meses. No recuerdo su olor, que fue lo primero que se marchó, ni los colores que le hacían brillar cuando el sol daba de pleno, ni tampoco esa impronta última del sonido que se te queda dentro cuando la memoria empieza a borrar el pasado como un ladrón de tiempo. Y por eso hablo muy poco. Creo que me han amputado la capacidad de sentir, que ya no soy capaz de sorber las lágrimas sabiendo por qué las vierto ni de sentir los abrazos por dentro como la savia que circula por los árboles. A veces me siento de corcho, otras veces de hojalata y algunas veces de cristal, pero siempre vacío y metálico por dentro.

Tengo que levantarme e ir al cuarto de baño. Hoy tampoco he desayunado, no puedo hacerlo los días en que tengo que ir a clase. Es superior a mis fuerzas y no lo hago por llamar la atención. En el suelo también está la nota que me ha dejado mi madre, donde me pide que cuando me encuentre mejor la llame. Pero ¿para qué si no tengo nada que decirle y si lo que ella me diga no me va a valer? Me han quitado la consola, el móvil no tiene internet ni juegos y la televisión está encerrada bajo llave después de que decodificara varias veces los controles para acceder a ella. Ni siquiera han dejado a mi alcance los libros que me gustan, solo los odiosos del colegio con los subrayados de mis hermanos, las mismas cosas dichas de cientos de maneras, las indicaciones de ejercicios que no pienso realizar, aunque me castiguen a este desierto donde ya ni sé muchas veces qué es lo que me gusta. Bueno sí, estar solo en casa, dejar que pase el tiempo, dejar que pare mi imaginación de dar vueltas a las cosas.

Repaso las partituras de violín en mi cabeza. Al menos eso no me lo han quitado y puedo ir al conservatorio dos veces por semana. No conseguí entrar en la orquesta y me quitaron la beca, pero mis abuelos lo ocultaron al resto de la familia y se ocupan ellos de pagarlo. Quizás si cambio unas síncopas, quito los calderones y ejecuto la partitura con un tiempo más acelerado suene de otra manera. Es una pena que solo me dejen coger el violín un rato por las tardes y eso para que no pierda técnica.

Veo el salón muy desordenado. Si por mí fuera, pondría en un lado los objetos con colores cálidos, en otro los de colores fríos y en otro los blancos y negros y en orden decreciente de los más grandes a los más pequeños. Pero tengo miedo de que el psicólogo tampoco apruebe esta estética y que les mande algo en mi contra. Al menos puedo clasificar las cosas de esta manera en mi cabeza. Ahí no se pueden meter y me dejan tranquilo. Solo importa lo que ven. Solo te pueden perseguir cuando saben hacia dónde vas. Me muerdo las uñas inquieto, a veces me llegan a sangrar los dedos. Pero eso también está mal hacerlo, otra mala conducta más dentro de una lista interminable. Me muero de sed. En la nevera no hay refrescos ni colas porque son excitantes y no me convienen, mis hermanos me culpan de que no los compren. El zumo me da acidez y la leche arcadas, solo puedo tomar agua que sabe a todo y a nada. A ayer y mañana como un río que se desborda.

Marcelo ha puesto la radio y se oye por la ventana. Es su manera de decirme que está ahí, como si fuera mi compañero de celda. Tiene prohibido subir a verme y yo no quiero darle problemas. Pero no pueden impedir que nos comuniquemos aunque sea de esta manera. Escuchamos música clásica. Es una sinfonía y en la obertura ya me siento tan delgado como una hoja de papel cuando se balancea hasta caer al suelo. Si no fuera por la música, lo mejor sería desaparecer, dejar de ser, permanecer en un existir indeterminado de infinitos sin límites ni ecuaciones que te compliquen la vida. No debe ser tan malo morir cuando es lo único que puedes hacer para irte para siempre de una vida que no es la tuya, que te la han prestado como un traje heredado con todas las manchas, los desgarrones y los botones a punto de caerse de las vidas de otros. No puede serlo cuando no eres el que esperan, cuando no puedes ser como quieren, cuando desean lo que tú no puedes dar, cuando hablas un lenguaje que nadie parece entender, cuando los días se presentan como lunares negros que te atrapan y solo de vez en cuando algún agujero blanco te permite respirar. Me lo callo para no empeorar las cosas, pero si pudiera me suicidaría y pondría fin a esta tortura de espejos que reflejan imágenes irreales, de laberintos que no conducen a ninguna parte, de noches que no se prolongan porque no tienen donde esconderse de la rotunda planicie de los días.

Suena el móvil y me encierro en la cocina para hablar. Es la abuela y me dice que si quiere viene y salimos un rato. Como dos prófugos que huyen. Dice que podemos ir a comprar esas mandarinas que me gustan y luego ir a su casa para que pueda repasar las lecciones de música de la tarde. No tengo ganas, por mí como si me engullen las paredes de la casa y acaban conmigo de una vez por todas. La verdad es que estoy engordando bastante porque como el ejercicio y las actividades deportivas no se me dan bien, no tengo amigos con los que jugar o ir a ver una película en el cine y apenas salgo de casa, pues mi cuerpo se va hinchando como un globo cuando le metes mucho aire por dentro y no dejas que se escape. Papá y Fernando se burlan de mí y dicen que voy a terminar como el muñeco de Michelin y que si sigo así me convertiré en una atracción de feria. Pero no les hago caso porque sé que quien realmente yo soy hace tiempo que dejó de importarles y que nunca lograré cumplir sus expectativas. La abuela suspira y cuelga. Me ha sacado la promesa de que el sábado daré un largo paseo con ella y el abuelo por un nuevo parque que han hecho a las afueras y donde hay un lago precioso con patos y cisnes. Cuando me pide algo por favor no soy capaz de negarme a nada, aunque a veces no me llegan las fuerzas para terminar de cumplirlo.

Recojo los zapatos y los meto en su sitio, no quiero que me riñan por dejarlos tirados en el salón, aunque no los limpio. Voy a mi habitación y busco algo con lo que entretenerme. Bueno, la habitación que es de Fernando y mía. No me gusta nada, pues la tiene llena de posters de futbolistas y de cantantes con faldas por encima de la rodilla. Me han dicho que cuando apruebe podré decorarla también como me gusta, pero hasta entonces mi hermano ocupará todo el espacio con sus cosas. Así que tengo la sensación de vivir de prestado y ser un huésped al que se intenta echar porque no paga la pensión. Lo que no saben es que cuando cierro los ojos es toda para mí, veo una gran exposición de minerales, el esqueleto para estudiar anatomía, los robots de la Guerra de las Galaxias... Los juguetes también los tengo encerrados bajo llave, pero Fernando es un desastre y se ha dejado algunas cosas interesantes en el cajón de la mesilla: una cajetilla de cigarrillos y un mechero. Cojo solo uno para que no se note y si se da cuenta, pues él verá, porque esa es una de las cosas prohibidísimas. Lo enciendo. Soplo. Aspiro. Toso, me trago el humo. Toso mucho más. Siento un asco creciente y más ganas de vomitar. Lo apago y recojo la ceniza y el cigarro medio chamuscado y me voy a la habitación de Elena para ver donde lo dejo y no despertar sospechas. Elena todavía es una cría (aunque ya ha cumplido quince años) y su habitación parece una tarta de fresa y merengue. Dice que Fernando y yo somos unos brutos y no nos deja que pasemos del umbral de la puerta, para eso pone letreros absurdos de prohibido entrar y a veces se cree muy lista y pega un hilo para conocer si ha estado allí algún intruso, pero yo hago lo que me da la gana, porque he leído su diario y sé cómo manejar la situación. Mi hermana escribe muy bien, pero sus historias no tienen alma. Son como esas obras de arte perfectas que cumplen todos los cánones, tienen una belleza asombrosa, están ejecutadas con una técnica sublime pero no te miran ni te enganchan ni trasmiten algo que te pueda hacer pensar que contienen un soplo de vida.

Estoy metiendo la ceniza dentro del cuerpo de una de sus muñecas cuando suena otra vez el teléfono. Corro al salón, donde lo he dejado. Tropiezo y me hago daño en uno de los dedos del pie, pero no me quejo, estoy acostumbrado a que me suceda lo mismo una y otra vez. Cuando llego ya han colgado y marco el botón de «Rellamada», es mi madre. Su voz suena muy triste, como si llevara dentro un viento de levante que seca cada una de las lágrimas que no quiere verter. Siempre me pregunta cómo estoy. Siempre le contesto que bien con un monosílabo. Sé que ella sabe cómo me siento y no le perdono que no haga nada, que permita que siga yendo al mismo colegio donde me tachan de retrasado sin serlo y donde ya me han hecho una adaptación curricular de mínimos para que me muera de más aburrimiento. Me dice qué comida tengo que sacar de la nevera. Mi madre cocina los fines de semana y lo congela. Ya ha vuelto a trabajar y se la nota muy cansada cuando vuelve por la tarde a casa. No me gustan las verduras, y las pechugas de pollo siempre le quedan muy secas. Me pide por favor que no toque nada más. No pienso hacerlo, tengo hambre y por lo menos me libro de la espantosa comida del colegio y de que me lancen migas y trozos de pan a la cabeza. De repente, se instala en la llamada un silencio incómodo, como si nada de lo que fuéramos a decir fuera conveniente. Como si nos hubiéramos hecho un lío con un lenguaje desconocido. Entonces me suelta que me han cambiado la cita con el psicólogo y que tendré que retrasar mi clase de música o tal vez no ir. Siempre lo que me gusta es lo último que tienen en cuenta y si da tiempo. Trata de justificarse y no le sale, dice que si yo pongo de mi parte y las cosas se solucionan acabaré pronto la terapia y no tendré que volver. Tengo una sensación de culpa extraña, por la cual tengo que ir al psicólogo y pagar con lo único que tengo, que es el corto espacio de tiempo en que se me deja hacer lo que me gusta. No le respondo, ya sabe lo que hay. No pienso abrir la boca en toda la sesión, dure lo que dure. Ni tampoco hacer nada de lo que me pida aunque me amenace con el psiquiatra. Sé que mi madre nunca permitirá que vaya allí y ni siquiera se lo plantea porque sabe que no se lo perdonaré y que me habrá perdido para siempre. Ahora me comenta que ha leído en el periódico que el sábado hay un concierto por la tarde de no sé qué orquesta sinfónica, que tal vez podríamos ir si mi padre y mi hermano se van al estadio de fútbol y Elena y Paola asisten a la fiesta de cumpleaños de unos vecinos a la que a mí no me han invitado. Se da cuenta de que ha metido la pata y de lo difícil que es ocultar algunas cosas cuando habla conmigo. A mí me da igual lo de la fiesta (pues las fiestas me aburren bastante y siempre hay mucho ruido y no sabes ni qué decir ni dónde meterte), pero no me gusta que me estén recordando de continuo ese «a ti no», como si yo fuera un apestado al que hay que excluir de cualquier celebración para que no la estropee. Solo consigue arrancarme un «bueno» que ni yo mismo sé qué quiere decir. Dice que llegará pronto para llevarme ella al psicólogo. En el fondo teme que si me acompaña la tía Carmen, la arme gorda como la última vez, que casi la tenemos porque si ella sabe decir cosas que duelen (y mucho) yo más, que para eso me conozco el diccionario de cabo a rabo y además en inglés, que ella con tanta universidad ni siquiera domina ese idioma. Antes de colgar me dice que me quiere, siempre lo hace. Le tiembla la voz como si le costara un gran esfuerzo hablar. Yo no digo nada porque en realidad no siento que tenga nada que decirle y cuelgo rápido. A veces pienso que nos estamos perdiendo muchas cosas.

Me lanzo a los macarrones y a una hamburguesa con queso, que es lo más rico que he encontrado. Si viviera Caramelo seguro que opinaba lo mismo del menú. Es una pena que lo atropellara aquella moto justo el día que el tonto de Fernando lo bajó por la noche a hacer pis, porque yo tenía anginas y no podía salir a la calle. A veces lo echo tanto de menos que me quema por dentro y me dan unas ganas terribles de llorar a borbotones como lo hacen las heridas cuando sangran mucho. Me dijeron que me comprarían otro, como si se pudiera sustituir y fuera un abrigo pasado de temporada o unos pantalones rotos. Y yo les respondí que de paso tiraran a Fernando a la basura e hicieran otro nuevo, mejor y con mayores prestaciones, porque este sí que les había salido defectuoso e incapaz tan siquiera de cuidar a un perro. Papá se puso morado de furia y si no es porque mamá se interpuso, me pega. Me dijo cosas terribles que no he olvidado ni pienso olvidar nunca en la vida. Solo deseo que Caramelo esté en un lugar mejor que este, donde se le quiera como es y pueda salir a la calle sin que nadie le haga daño ni se empeñe en conseguir de él cosas que son de otros perros. También que encuentre un amo que juegue con él y le cuide de verdad para que nada ni nadie pueda hacerle daño. Me he manchado los pantalones con salsa de tomate. No ha sido aposta pero tampoco he hecho nada por evitarlo. Con un poco de suerte se dan cuenta en el último momento, me obligan a cambiarme y llegamos tarde a la cita con el psicólogo.

DESDE FUERA

Servando Espinosa *(psicólogo)*

La adolescencia es una etapa difícil, pues el paso a la pubertad implica la despedida del niño que se ha sido y la incertidumbre de una edad adulta que se ve como algo que permitirá cumplir todos los deseos, llenar expectativas al momento y lograr ser sin esfuerzo lo que se anhela. Cuando los padres no han consensuado fórmulas educativas durante las primeras etapas y se han cerrado puertas de diálogo desde tempranas edades (y además se ha favorecido la aparición de tiranías), ya tenemos adolescentes que se creen con derecho a todo e inadaptados.

En el caso que nos ocupa, se puede observar también la presencia de un *síndrome de Asperger* o *autismo emocional* no detectado y respecto del que no se han tomado medidas de intervención certeras. Tampoco sería desdeñable descartar en este caso rasgos de carácter *alexitímico,* pues el paciente parece no sentir ni padecer, carece totalmente de empatía y no muestra ni quiere recibir manifestaciones de afecto, complicidad o cercanía emotiva. Confirmo asimismo la presencia de un *trastorno oposicionista de la voluntad,* pues claramente y sin razones justificadas se opone una y otra vez a todo lo que se le propone, adoptando conductas competitivas y de desacato contra cualquier mandato o sugerencia que le realicen las figuras de autoridad que son competentes. En cuanto al fracaso escolar que sufre, si bien es cierto que no parece ser imputable a una inteligencia mermada, no es menos cierto que cuesta encontrar sus causas, aunque se atisba cierto grado de acoso escolar, incapacidad de desarrollar habilidades sociales y agudo *síndrome de hiperactividad,* que le impide atender y responder de manera adecuada en clase.

Por todo ello, es precisa una intervención en distintos frentes. El primero de ellos pasa por realizar varias entrevistas con los padres del menor para conocer en profundidad la historia familiar. El obstáculo insalvable es no poder contar con la figura paterna, pues se niega a cooperar y, por tanto, no creo que pueda orientar la acción terapéutica hacia resultados que permitan solventar los problemas del paciente.

Alicia *(madre)*

Estoy harta de tanto médico y psicólogo y de contar únicamente con el apoyo de mis padres. Desde que pasó lo del perro, Manolo y yo estamos fatal y menos mal que he conseguido que los abuelos se queden con Miguel y mi hermana con los demás, para que nos podamos ir de viaje el próximo puente e intentar arreglar lo nuestro, si es que tiene solución. Andamos todos como metidos en nuestros miedos por culpa del problema del pequeño, que nos trae a todos locos y va a acabar con nosotros. Pero es que no encontramos ayuda por ningún lado y tiene que haberla, ¿cómo no la va a haber si existe para la leucemia, el cáncer y cosas muchísimo peores? Es cierto que yo tengo toda la culpa del mundo por haber pasado muchas cosas con la excusa de la sensibilidad y fragilidad de Miguel, y que he desatendido, para empezar, mi matrimonio, y para terminar, a los mayores, que no tienen culpa de que nos haya caído este problema encima, pero intento hacer las cosas lo mejor posible y no lo consigo.

Miguel está cada día peor y en casa cada día es más difícil respirar. A lo mejor tengo que meterlo interno el curso que viene y que sea lo que Dios quiera, porque desde luego no va a estar tirado todos los días en el sofá y si sigue sin ir a clase, seguro que pierde otro curso y de ahí a las drogas y el alcohol solo hay medio paso. El miedo que yo tenía es que estuviera enfermo con tantos dolores reales e inventados, mareos y vómitos, pero resulta que no le pasa nada y que tiene unas analíticas mejor que todos nosotros. Solo tiene que adelgazar un poco y está perfecto, que le dé más el aire, eso dijo el médico. Si lo escucha Manolo, lo mata, con las preocupaciones que nos ha hecho pasar pensando que además podía tener una enfermedad de las gordas.

Con lo que era de pequeño, ahora está como descompuesto por dentro, y bien que me duele decirlo. No nos mira como si fuéramos su familia, me cuesta un montón conseguir que responda a lo que le pregunto y nunca te cuenta nada. Y esto no tiene que ver con la adolescencia, que los mayores también la están pasando, sino con el gusto que ha cogido a hacernos sufrir. Con gran dolor de mi corazón tengo que decir que Miguel no nos quiere y solo parecen importarle un poco los abuelos, porque le consienten y le aguantan lo que no está escrito. Yo no me chupo el dedo y sé lo del conservatorio, pero con la edad que tienen no estamos para más disgustos, que bastante nos hace pasar todos los días. Al final voy a tener que dar la razón a mi hermana Carmen, que dice que soy una ilusa, que tengo que bajar a tierra y darme cuenta de que las cosas no son como yo quiero ni van a serlo nunca, y que es preciso afrontar lo que hay para poder seguir hacia adelante. Como madre no pienso rendirme, porque yo sí que le quiero, pero desde luego no puedo seguir como lo estoy haciendo hasta ahora porque tampoco es bueno para él. Pienso buscar y preguntar hasta en el fin del mundo para ver qué se puede hacer y sé que un día sabremos en realidad lo que le pasa y entonces saldremos de esta pesadilla.

Manolo (*padre*)

Miguel me tiene negro. Nos está sacando los hígados. Hasta me ha faltado al respeto, que dónde se ha visto en un mocoso de sus años. Si no es por su madre, le cruzo la cara, vaya que sí, que esto se está pasando de castaño a oscuro. Nos está separando a todos y pienso que disfruta con ello, porque tiene una mala condición que espanta, ¿así quién le va a aguantar? Si ni siquiera tiene amigos con los que dar una vuelta por el barrio e ir a la tienda de Tomás a por chuches. Yo lo tengo claro y así se lo voy a decir a su madre: o el próximo curso el chaval fuera de casa, en un internado hasta que lo domen, o el que me voy de casa soy yo y me llevo a Elena y Fernando, que los pobres bastante han aguando ya esta situación, además del mal ejemplo que les da, que esa es otra. Vamos, que yo a mi mujer la quiero con locura, a mi manera porque estoy chapado a la antigua, pero para mí no hay otra, y lo que lleva tragando con el chaval, eso es para verlo. Yo sé que una madre es una madre y hace lo que sea por salvar a su hijo, pero lo que no puede ser es que el hijo se la vaya a llevar por delante hasta la tumba.

Se acabaron tanto psicólogo y tanta zarandaja, tantas pamplinas y tanto bombo y platillo. A partir de ahora, dejó de ser el rey de la casa y no quiero verlo todo el día deambulando por el salón, que para eso tiene habitación, así que hasta final de curso al colegio le llevo yo, aunque sea en pijama y arrastrando de los pelos. Con lo que yo habría dado por tener la mitad (qué digo la mitad, la millonésima parte) de lo que ha tenido este niño. Hasta con zapatos remendados tuve que ir al colegio y con un chusco de pan, que más no había para la merienda, y a la salida nada de deberes ni musiquitas, sino a dar de comer al ganado, a cargar con los sacos de carbón, a buscar setas y espárragos por el monte y lo que fuera.

Rosa *(abuela)*

Mal vamos con los dichosos colegios. Si el chico está mal, se porta de esa forma tan horrible, no respeta a sus padres, fastidia a los hermanos y no para de dar guerra por culpa de los estudios, habrá que buscar otro camino. No se trata de que haga lo que él quiere, pero tampoco de quemarlo hasta que explote, porque muchas veces es peor el remedio que la enfermedad. Y yo ya vengo observando desde hace mucho tiempo que lo que le falta a Miguel no es disciplina (que a menudo régimen cuartelero lo tiene sometido el padre siguiendo los exagerados consejos de su cuñado Paco), sino estrategias para conseguir que aprenda en la escuela, que es la causa de todos sus males. Si pudiera estudiar en casa y examinarse allí como se hacía antes, seguro que las cosas cambiaban y él también, aunque tengo entendido que eso ahora se encuentra prohibido. Pero bueno, quien hizo la ley, hizo la trampa, y alguna manera habrá de conseguir saltarse esa norma. Menos mal que no le han borrado de la música porque tal como está, ocurre una desgracia seguro. Si se piensa con detenimiento, es la única cosa que le hace sentir bien, donde se muestra tal y como es y donde progresa. También es verdad que en el conservatorio no le miran ni le tratan como si fuera un bicho raro ni están todo el día a vueltas con su mal comportamiento.

Yo sé que nos quiere a todos, bueno a mi marido y a mí un poco más, porque siempre hemos estado con él. Claro que no tenemos la obligación de exigirle, que esa es de los padres, ni estamos todas las mañanas al pie de su cama batallando para que se levante, se asee y vaya de una dichosa vez al colegio. Pero como se siga encerrando en sí mismo como una almeja va a terminar por no vernos. Cada día hace menos cosas y le cuesta más y más levantarse de la cama. Con su edad tendría que pensar en jugar con coches, correr por el parque, coleccionar cromos y ver la televisión, y no en cómo enfrentarse con los profesores. Y en esa guerra idiota, sorda y muda nos ha metido a todos. «Como me obligan a ir al cole y el cole no me acepta, yo estoy dispuesto a ir contra todo el mundo y sus habitantes». Anda, como si eso fuera lo más importante en la vida y no hubiera otras maneras de resolver las cosas. Mi Eusebio dice que está deseando que se pasen estos dichosos años y que se aclare esto de una vez por todas. Así seremos más felices y no nos pasaremos todo el día con el corazón encogido pensando qué nos va a tocar ahora o cuál será la próxima que haga para mostrarnos su malestar.

Hipólito Gómez de Ulla *(director académico de primaria, Saint Matthew's British College)*

Ya se lo he dicho a los padres: una y no más. El próximo curso no le queremos aquí. Más claro, imposible. Todo el equipo psico-educativo se muestra unánime: hasta que no se solucionen los graves problemas de conducta que le abocan a faltas inadmisibles para la convivencia en el centro, no es posible orientar la acción educativa. Lo hemos intentado todo con él, desde permitirle algunas extravagancias (como que se dirija al profesorado mitad en inglés, mitad en francés), hasta que lleve su uniforme como un zarrapastroso, o que llegue tarde e interrumpa el desarrollo normal de las clases. Incluso dejar que se examine de forma oral, porque no hay quien entienda esa letra endemoniada. Pero no puede dejar de asistir a clase sin un justificante médico que determine qué le sucede y cuánto tiempo se estima que no puede venir al centro. Tampoco podemos consentir que altere el orden de continuo hablando sin pedir permiso ni faltando el respeto a los profesores negándose a hacer los trabajos que le requieren, ni mucho menos utilizar las instalaciones como la biblioteca y los laboratorios como le viene en gana.

No ha aprobado ninguna aún este curso, ni con refuerzo ni con apoyo, porque se niega en redondo a mostrar lo que sabe y eso que tenemos constancia de que es imposible que no haya aprendido nada, ni tampoco ha intervenido siquiera en una dinámica de grupo pese a que hemos puesto todos los medios para que lo haga. Así que como nuestra reputación no permite contar con este tipo de alumnos (y además su conducta interfiere de manera negativa en la buena marcha del colegio), lo mejor para todos es facilitar el traslado de su expediente a otro centro donde cuenten con el personal y medios efectivos para tratar a los niños como Miguel, que sufren este tipo de desórdenes y son incapaces de continuar dentro de los parámetros reglados de la enseñanza obligatoria.

Fernando *(hermano)*

¡Tengo unas ganas de que se vaya Miguel de casa! Aunque con lo pequeño que es no le van a dejar, y además no está permitido porque es menor de edad. Si mi madre me llevara la comida todos los días, me lavara la ropa y me dejara mis cosas, el que se iba era yo, porque no le soporto. Yo soy mayor, me porto bien y saco buenas notas cuando me pongo, que no es siempre, pero bueno, por lo menos no he repetido ni un curso, y tengo que aguantarle en mi habitación con esos ojos de lunático que siempre te están observando y parece que te perdona la vida. A mí me detesta desde que pasó lo del perro y, aunque yo no tuve la culpa, me alegro, porque nos libramos de un chucho baboso del que había que ocuparse todo el día para que el muy desagradecido después solo estuviera pendiente de Miguel, como si no hubiera nadie más en casa. Era de noche, yo estaba rendido después de haber metido dos goles en un partido de fútbol, además quería chatear con mis colegas y ver cómo comprar las entradas para un concierto realmente molón. Y como soy el mayor, me encasquetan al perro para que lo saque, como si fuera su niñera. Un marrón de narices, que yo también tengo vida privada, y mira que como soy un blando, dije que vale. Pero nada más salir del portal, me llamó Vanessa, el pibonazo de primero de Bachillerato, que luego resultó que era porque su hermano no había llegado a casa y pensaban que le había sucedido algo realmente malo, y cómo no iba a coger el teléfono. Entonces el dichoso perro, que tenía a quien parecerse con sus malas intenciones, me pega un tirón y se mete debajo de una moto. Vamos, que tenía que cruzar la calle para complicarme a mí la existencia, con la de espacio que tenía por delante para hacer lo que le viniera en gana. Y a partir de ahí, un drama que no veas. Todo por un perro que, como dijo mi padre, se podía comprar otro y ya estaba. Pues nada, que le ha quedado trauma, como si tuviera poco con los demás agujeros que debe tener en el cerebro, que yo creo que se tiene que parecer a un queso gruyer.

Marcelo *(portero)*

No me gusta nada lo que está pasando con Miguel, el pequeño de los Avellaneda, ni tampoco lo que me dijo su padre un día que me vio enseñándole cómo funcionaba una brújula: que a mí no me pagaba la comunidad para ocuparme del chaval, sino para estar a mi trabajo y que si tenía poco con él, que lo completara con otro distinto, o ya se encargaría él de que tuviera todo el tiempo libre del mundo para buscarme una ocupación en condiciones pero en otro lugar. Miguel es un niño que sufre y yo no soporto que esto suceda con un niño, no merece la pena tenerlo castigado todo el día como si con eso se solucionara algo. A mí me tiene embelesado con su música y cuando los sábados cenamos en plan romántico mi novia Flora y yo, es como si tuviéramos una orquesta de postín festejándonos. Así que se lo pago con la misma moneda los días que no puede ir al colegio, porque yo sé que algo le pasa y que no es un simple capricho eso de quedarse tirado todo el día en el sofá de su casa y sin salir a la calle. La música es un lenguaje maravilloso para hablar de sentimientos, de aquello que no se puede decir ni callar, del hollín con el que la vida mancha.

ENLACES

¿Cómo es un adolescente sobredotado de trece años de edad?

Si aún no han sido diagnosticados como sobredotados ni se han tomado las medidas necesarias que les permitan el acceso a una educación obligatoria en igualdad de condiciones —pero con pautas diferenciadas como consecuencia de su distinta identidad y naturaleza y de sus disincronías emocionales y cognitivas—, es frecuente que sufran el síndrome que padecen las personas que se encuentran quemadas por un sistema que frustra sus iniciativas y les decepciona de manera incesante. De esta manera, cansados de tropezar siempre con la misma piedra, de no ser atendidos ni entendidos, es corriente que adopten posturas de gran rebeldía contra un sistema que los rechaza.

Esta hartura propicia una confrontación con la enseñanza tradicional, así como con las personas que pretenden que aprenda algo como si se tratara de un recipiente de contenidos que no tiene nada que pensar y sí mucho que padecer. Los sobredotados de esta edad no perciben la utilidad ni la conveniencia de lo que aprenden, han forjado una rigidez de pensamiento que dificulta el manejo de opiniones no formuladas por su propio sentido crítico, y en ocasiones su entorno familiar les tacha de vagos y de no querer involucrarse en las dinámicas del colegio, por lo que los castigos son la única medida que se toma para enfrentarse a esta situación. Por este motivo, se niegan a continuar representando unos roles de estudiantes que claramente no les satisfacen, y pueden incluso adoptar conductas agresivas contra los demás y regresivas contra ellos mismos. El adolescente aún no está fuera del sistema educativo, pero si no se pone remedio lo antes posible a esta situación, lo estará pronto. Es frecuente la detección en estas edades del *síndrome de Asperger*, que no es otra cosa que un trastorno leve del desarrollo que conlleva dificultades, problemas o incluso incapacidades para comunicarse como consecuencia directa de problemas de naturaleza emocional. El adolescente sobredotado se cierra en banda, no responde a nada que se asiente sobre patrones subjetivos, y reacciona a muy poco de lo que trata de datos objetivos. También presenta inhibiciones y desajustes en las habilidades que se precisan para la convivencia, para pertenecer a distintos grupos sociales y para trasmitir lo que quiere a nivel emocional. Un Asperger no es un alexitímico. Mientras que el sobredotado tiene dificultades en distinto grado e índole para mostrar lo que siente, el segundo no siente, o al menos no produce esta repuesta de bienestar o malestar anímico frente a una sensación, impulso o percepción según los cánones y las reglas con las que la mayoría de las personas acceden al mundo sensorial. El *síndrome de Asperger* no nace en esta etapa del desarrollo, sino que sus rasgos se evidencian desde el momento en que se gestan los patrones comunicativos (en torno a los dos años de vida), y por tanto, quien no cuenta con este síndrome a tempranas edades no lo padece después. Otra cosa distinta es que la levedad de sus manifestaciones haya impedido en un primer momento su detección y tratamiento y que después dichas manifestaciones se agraven como consecuencia del desequilibrio hormonal de la adolescencia, o de los problemas psicológicos que la persona pueda tener, o de las condiciones de vida en que se desenvuelva, como, por ejemplo, con una gran cantidad de estrés.

Los sobredotados no tienen por definición ni *síndrome de Asperger* ni *alexitimia*. Esta afirmación no implica que no existan sobredotados Asperger o alexitímicos, pero una cosa es una causa respecto de su efecto y otra bien distinta intentar sumar peras con manzanas. Porque dos cosas de distinto género se pueden integrar en una mayor pero de ninguna manera mezclar y pretender que den una que conserve la esencia de las dos anteriores y ampare a la par sus peculiaridades. No contar con habilidades sociales, tener una empatía selectiva, ser tímido o introvertido (o más todavía: introspectivo) o aturullarse y perderse cuando se habla del mundo interior no significa padecer *síndrome de Asperger* ni mucho menos *alexitimia*. Los vaivenes emocionales de la adolescencia, unidos a una falta de aceptación por parte de distintos entornos sociales o a un fracaso escolar (provocado por no atender unas necesidades educativas específicas) no producen que emerjan estos síndromes. Otra cosa bien distinta, y que es propia de los sobredotados, es el *síndrome de Pigmalión negativo*, que se caracteriza porque el adolescente esconde sus capacidades para intentar empatizar con un entorno que le rechaza. Si de por sí es malo no mostrarse como uno es, mucho peor es pretender ser quien no se es. Este hecho no solo provoca de manera directa fracaso escolar, sino que puede producir desórdenes psicológicos de diferente etiología. De ahí proviene una de las confusiones generalizadas: unir los rasgos de los sobredotados con los de personas que sufren problemas y desórdenes de naturaleza emocional. Esto no es así. Cualquier persona que no es atendida ni entendida adecuadamente, que padece unas exigencias desmesuradas por parte de su entorno y se ve sometida a unas presiones que no ampara su naturaleza, a la que no se le posibilita un desarrollo pleno en el entorno familiar, escolar y social es, como dicen, «carne de psicólogo», sin lugar a dudas. Pero esto sucede independientemente de que la persona sea sobredotada o no.

El adolescente sobredotado suele ser individualista, rebelde de todas las causas (incluso de las que no entiende), *hiperlógico* o capaz no solo de darles cientos de vueltas a las cosas, sino de utilizarlas en su propio beneficio, anárquico, egoísta e impulsivo. Pero también es emprendedor, proactivo, analítico, justo y consecuente con su propia conducta. Es frecuente que los adolescentes sobredotados quieran escaparse de la escolaridad obligatoria si esta no ampara sus diferencias, pero en el momento en que se atiende a ellas es muy sencillo trabajar con ellos y llegar a cotas de desempeño parejas a muchos adultos. He dado clase a muchos adolescentes sobredotados de estas edades en distintas escuelas de ingeniería de la Universidad Politécnica de Madrid (como Minas, Industriales, Aeronáuticos y Telecomunicaciones) y siempre me ha sorprendido gratamente no solo su compromiso ético, sino también su forma de investigar, su afán de aprender y de construir ingenios y prototipos para beneficio de la sociedad y su capacidad de esfuerzo y de trabajo. Allí he descubierto que muchos de los que han sido rechazados, postergados, anulados y eliminados de un sistema que no soporta el talento, que dinamita la inteligencia y menoscaba la autonomía de criterio y heterodoxia en la producción de cualquier ingenio, han logrado las mayores cotas de excelencia en el momento en que se les ha dejado plasmar sus talentos, precisamente favoreciendo a ese sistema que tanto los desprecia y se afana en destruirlos.

En este entusiasmo y afán por aprender, en esta búsqueda incesante, solo se ven empequeñecidos y anulados cuando el *Pigmalión Negativo* carcome por completo su autoestima y cuando caen en la trampa de buscar la aceptación de los demás negando los talentos que tienen y las singularidades de su propia naturaleza. Para poder apreciar la presencia de este síndrome es necesario saber si el joven es sobredotado, porque en caso contrario no se produce este desorden de naturaleza emocional, ni son tan devastadores sus efectos sobre la personalidad del adolescente. También es preciso apuntar que los adolescentes sobredotados suelen contar en esta franja de edad con una etapa creativa de mayor lucimiento, donde los talentos artísticos con los que cuentan se ven afectados por los descubrimientos vitales cotidianos que se producen en estas edades. La insatisfacción e inconformismo pueden amparar la utilización de tácticas y técnicas novedosas, y el carácter controvertido (rayano a la infracción) puede propiciar la búsqueda de nuevos medios donde plasmar su genio. El recuerdo mayoritario de las experiencias negativas, además del afán crítico y el sentido del humor bastante negro, incentivan además la aparición de la ironía y la creación de una personalidad un tanto quijotesca que pide a gritos maneras de conseguir que le pongan los pies sobre la tierra.

¿Cómo entender y atender a un adolescente sobredotado de trece años de edad?

Lo primero que hay que saber es que una cosa es lo que dicen estos adolescentes, otra lo que quieren realmente transmitirnos y otra bien diferente lo que piensan que nosotros vamos a opinar sobre lo que nos dicen. Y que el hecho de que una conducta no sea permisible, como no querer ir al instituto, indica que solo averiguando las causas de este rechazo se pueden solucionar los problemas que ocasiona. Una de las causas de su rechazo al colegio es el acoso escolar. Este mal tan silenciado, ocultado y maquillado en nuestras aulas es una realidad manifiesta dentro de la población sobredotada. Dos de cada tres alumnos sobredotados sufren (aunque no precisamente en silencio) esta lacra y sus efectos son una de las primeras causas del *Síndrome de Pigmalión Negativo*. Este cáncer que deambula por las aulas tiene su causa en tres factores: no aceptar la diferencia y entender esta como una debilidad que debe ser erradicada, no propiciar cauces de diálogo desde la etapa infantil donde los niños aprendan que todos tenemos habilidades e incompetencias y que el conjunto de las dos produce lo que somos y, por último, no establecer fórmulas de intervención grupales donde todos los niños aprendan a trabajar y convivir con los demás.

Si el adolescente manifiesta una tendencia a aislarse, no quiere acudir al colegio, presenta un malestar físico y psíquico asociado a su presencia en las aulas, tiene cicatrices y cardenales con una continuidad preocupante, hace desaparecer dinero, dulces u otros enseres en cantidades desproporcionadas, miente y oculta su comportamiento, es bastante probable que esté siendo acosado y si a esto se suma una persecución en redes sociales o a través de los dispositivos móviles (que se puede sospechar por el uso que realiza de estos), está claro que necesita nuestra intervención urgente.

En el caso de adolescentes sobredotados, se une a esta persecución el hecho de que son considerados conflictivos, vagos e inadaptados debido a la ausencia de un diagnóstico que señale los rasgos claves de su personalidad. Por tanto, se da menor crédito a este tipo de violencia inadmisible, e incluso se justifica cambiando los papeles de autor de los hechos y víctima. Otras veces, los centros escolares no admiten los informes psicológicos privados o no dan crédito a lo que allí manifiestan, y usan entonces estos diagnósticos para tachar a estos alumnos de la lista de los que sí deben ser tomados en consideración, impulsados en su desarrollo emocional y cognitivo y ser fiables en todos los aspectos. Además, la hipersensibilidad de estos jóvenes sobredotados puede provocar un cóctel explosivo de imprevisibles consecuencias. Incluso puede determinar a futuro los patrones de relación afectiva, interferir de manera negativa en la vinculación con los distintos familiares a los que se achaca su inacción ante estas prácticas e incidir no solo en la producción del fracaso escolar sino también en la habilidad social a posteriori. Ante cualquier sospecha fundada y fundamentada de acoso escolar en el adolescente de altas capacidades intelectuales con sobredotación es necesario tomar cartas en el asunto inmediatamente, investigar, exigir responsabilidades sin admitir dilaciones ni que se rebaje la importancia de los hechos ocurridos. Sobre todo, hay que conseguir por todos los medios que el joven cuente lo que está sucediendo. Para que esto suceda hay que abrir una vía de diálogo desde la etapa infantil, porque si desde entonces hemos silenciado sus preguntas retóricas, mostrado que nos molesta su flexibilidad verbal y reducido su autoestima, no podemos pretender que en la adolescencia nos escuche y mucho menos que nos cuente lo que le pasa por la cabeza o lo que realmente le está sucediendo. No olvidemos que la memoria de elefante es una de las características de las personas sobredotadas, y que con una vez que se les haya fallado es difícil que nos concedan una segunda oportunidad, tanto en el tema que haya suscitado el desengaño como en otros venideros.

Los adolescentes sobredotados también presentan un gran desorden mental que no puede erradicarse, pero puede ajustarse a unos parámetros que generen unos hábitos de vida saludables, tanto en los aspectos que conciernen a horarios y tareas, como los que sostienen hábitos de higiene y de mantenimiento de un atuendo cuando menos limpio y aseado. Por ello, este desorden propicia que no siempre realicen sus tareas escolares en tiempo y forma convenidos o que olviden hasta el último momento que tienen un examen y, como no lo han mirado, se muestren poco proclives a asumir las consecuencias de estos hechos. También que valoren el tiempo de una forma un tanto relativa y que no siempre se den cuenta, por ejemplo, de que los calcetines no pueden estar debajo de la cama o que lavarse o no los dientes no da lo mismo. En este aspecto, es bueno propiciar una organización con alternativas (como hemos visto en etapas anteriores) y reforzar el compromiso para conseguir buenos resultados a través de la supervisión de tareas que les den mayor responsabilidad y autonomía en el hogar. De esta manera, si es capaz de hacer un horario donde se incluya en qué días y a qué horas va a limpiar la habitación, también demuestra que es capaz de hacer un horario donde los sábados, en una franja horaria determinada, pueda usar el salón para invitar a sus amigos o ver las películas que más le gustan y si es capaz de acordarse de que todos los días la ropa sucia se pone en el cesto nos está demostrando que cuida de ella y, por tanto, a final de mes podemos ir a comprar esa ropa que tanto le gusta.

Otro de los rasgos de su personalidad sobre el que hay que trabajar en estos años con mayor contundencia es la necesidad de repetir determinadas pautas hasta conseguir un objetivo prefijado. Es cierto que en esta rutina se pueden introducir pautas de pensamiento divergente científico y múltiple, pero en muchas ocasiones hay que incidir más de una vez sobre unos mismos hechos para que produzcan resultados. De esta manera, puede que durante la enseñanza infantil y primaria les valiera con atender en clase para captar y memorizar todos los contenidos básicos, pero cuando comienza secundaria hay que estudiar y por muy sobredotado que sea, el joven no posee el don de la ciencia infusa. Tiene que elaborar materiales, leer y sintetizar textos que no siempre son de su agrado, realizar problemas aritméticos, aprender vocabulario en distintas lenguas y también realizar investigaciones y experimentos que son rutinarios. Lo más conveniente es que aprendan mediante ciertas rutas que combinen conocimientos sin pasar por la repetición de datos, que puedan usar páginas web que hagan más entretenida la explicación de ciertos conceptos y darles un margen de iniciativa donde puedan ejercitar una cierta versión subjetiva, pero siempre cumpliendo los contenidos prescritos dentro de los programas escolares. Por lo tanto, es deseable que estos programas escolares sean enriquecidos y flexibilizados cuanto sea necesario para favorecer su interés y participación. Por ejemplo, si el adolescente tiene que aprender la Segunda Guerra Mundial, lo hará, aunque para ello utilice materiales de un archivo, películas o uniformes militares de esa época, o establezca analogías y diferencias de esta con la Primera Guerra Mundial, o fundamente una opinión propia basada en los hechos acaecidos. Y si no encuentra interesantes estas dinámicas, se pueden cambiar por otras que él proponga, pero los objetivos tienen que ser los mismos y tiene que quedar claro que él no puede variarlos puesto que esto no es negociable. Como tampoco lo es permitir que no asista a clase hasta que termine la enseñanza obligatoria. En otros países se permite la enseñanza en casa y examinarse por libre, en casos muy determinados y siempre buscando el interés del menor. En nuestro país se está haciendo la vista gorda en algunos supuestos de niños y jóvenes que no van al colegio, pero lo cierto es que necesitan la escuela. Ahora bien, un colegio que le atienda, le entienda y acoja, le permita crecer y desarrollarse emocional y cognitivamente, le proporcione todos los medios para evolucionar en el conocimiento como sobredotado que es. En el caso de sobredotados con un severo *Pigmalión negativo*, víctimas de acoso escolar, destrozados emocionalmente y con un síndrome de la persona quemada bastante acusado, es cierto que lo más conveniente hasta solventar estos problemas que se han originado es que el joven no asista al colegio, eso pese a quien pese, porque el sistema que cuando menos ha permitido (y a veces incentivado estos desmanes) tiene que saber que las personas están por encima de todo y que los sobredotados son personas. Esta falta de asistencia al colegio no implica dejarlos a su aire, aislarlos en casa o permitir que no cumplan ninguna norma. Habrá que cuadrar horarios y agendas, buscar centros que los atiendan y a los que habrá que llevarlos aunque en un principio no quieran ir, consensuar esfuerzos familiares y realizar pautas de intervención con un seguimiento.

CAPÍTULO SEXTO
DIECISIETE AÑOS

No sé qué hacer. Mis padres me dan la lata
para que acabe la enseñanza secundaria
y yo lo que quiero es que me enseñen algo interesante.

a) En el internado hay algunos chicos como yo.
He dejado la música y tengo claro que,
en cuanto cumpla la mayoría de edad, dejo de estudiar.

b) Estoy acabando el doctorado.
El Estado me ha dado una beca para ampliar mis estudios.
He conocido a una chica especial, un poco distinta.

DESDE DENTRO

Mientras siga los horarios y la habitación se limpie los viernes, todo va bien. Si todo está a su gusto y me salen bien los exámenes, me dejan salir el fin de semana. Comparto habitación con Sebastián, que es un chico de pocas palabras como yo. También está en esta cárcel, pero es más raro que yo: solo come los lunes cosas de color amarillo, los martes cosas de color rojo y así cada día de un color. Tampoco deja que nadie le toque ni que coja sus cosas. La verdad es que me da igual estar aquí o en otro sitio, aunque prefiero de compañero de cuarto a Sebastián antes que a Fernando porque al menos no se mete conmigo y no hace tanto ruido. Además, tengo mi espacio para poner las cosas que me gustan y él no se ríe de mí ni me llama «experimento de laboratorio».

Voy a clase, qué remedio, aunque no siempre estoy mentalmente en el aula y tampoco se enteran porque procuro no decir nada, mimetizarme con las paredes y que se fijen en mí lo menos posible. Hago los deberes mecánicamente para que me dejen marchar, pues mamá y los abuelos llevan muy mal que no esté en casa. Dicen que me están perdiendo y que cada día ando más esquivo y huraño. Papá se mete menos conmigo porque Elena se ha echado un novio nada conveniente y se pasa todo el día persiguiéndola para que no queden y estudie más, hasta la han amenazado con ponerla de patitas en la calle si sigue por ese camino. Mi hermano Fernando ha fichado por un equipo de fútbol de segunda regional y, al menos, eso ha traído la alegría a la familia y ha tapado la boca de mis tíos Carmen y Paco, que decían que sus hijos estaban mejor educados que nosotros. Bueno, eso y que mi primo Álvaro ha dejado la carrera y anda como dicen de titiritero, de pueblo en pueblo con un grupo de teatro alternativo. Mi abuelo Eusebio está muy delicado desde que el año pasado sufrió una flebitis, y no sale mucho de casa. Como es muy manitas, le ha dado por la marquetería y por construir muebles que él diseña y que ya no sabemos ni dónde ponerlos. A mí me encantó la estantería con forma de locomotora y vagones de tren que me hizo para las pasadas Navidades.

Este lugar está en el medio del campo para que no nos escapemos ni tengamos distracciones que (según dicen) nos impiden concentrarnos y rendir en los estudios. Además, comentan que el aire puro es más sano y fortalece la mente, igual que las marchas que hacemos todos los días y que desarrollan de manera adecuada el cuerpo. Yo pienso que si me enseñaran de una vez por todas alguna cosa que me resulte interesante y que sirviera para algo que yo pudiera necesitar, mi cerebro se iba a poner como un bólido y sin tanta caminata, que parecemos un grupo de jubilados al final de la vida. Pero me he dado cuenta de que lo mejor es no decir nada y eso hago. Me han realizado unos test donde al menos podía poner las respuestas que me daba la gana, me dan los resultados a finales de semana. No sé si los han corregido, pero me doy cuenta de que ahora me miran con gran curiosidad y están muy pendientes de mí.

La comida que nos sirven en el comedor es repulsiva. Sabe a plástico y está llena de platos precocinados que no se sabe ni qué son. Menos mal que me he hecho amigo de las cocineras y hemos llegado a un trato: yo me ocupo de buscar por internet (desde sus dependencias, porque nosotros los alumnos no tenemos acceso) dónde comprar los productos más baratos, así a ellas les queda dinero para repartir del que les dan para comprar y a cambio me dan a escondidas la comida de los profesores, que no tiene nada que ver con la que nosotros comemos. Así que por ese lado me estoy librando de que me maten de hambre. De vez en cuando, y para que me dejen en paz, les doy a los otros estudiantes algo de los alimentos que me sobran. Como piensan que mi familia es muy rica y no para de enviarme cosas, pues no se meten conmigo y así puedo dedicarme a realizar experimentos que me gustan e incluso cuando los profesores van a descubrirme, me encubren. Como el pasado martes, cuando se me escaparon unos ratones por el laboratorio de biología y distrajeron al tutor para que no se diera cuenta. Además, le dijeron que no había tantos. Eso fue estupendo porque, si no, nadie me libra del castigo y seguro que no me dejaban salir el fin de semana ni ver la televisión un rato los domingos antes de acostarnos. Sigo sin tener amigos, pero me he dado cuenta de lo importante que es no tener enemigos y más aún: que para poder seguir adelante necesitas hacer alianzas y establecer tratos con los que te rodean. He notado que eso se me da francamente bien. Cierto es que algunos chicos me caen simpáticos, como Sebastián, pero no quiero bajar la guardia porque sé que si me equivoco irán a por mí, y puedo perder algunos privilegios con los que cuento.

La abuela Rosa me pregunta muchas veces si les echo de menos y si me siento solo. Bueno, yo solo me he sentido desde que nací, y tirado como un envoltorio de un bocadillo, pero no se lo digo porque no quiero hacerla sufrir, ni tampoco quiero comentarle que no es que les eche de menos, sino que noto a faltar que me hubieran dejado ser yo mismo con mi lado bueno y malo, pero el yo que aprende de una manera diferente. Claro que sé que eso tampoco puede entenderlo, y es que una cosa que he aprendido ahora es que a nadie se le puede exigir lo que no puede dar. Y que tampoco se puede criticar lo que no se conoce, ni pedir peras al olmo, ni enjuiciar con criterios prestados que te quedan como un ataúd que no te han hecho a medida. Es como eso de querer. «Me quieres, te quiero». ¿Qué es eso de que alguien te importa o que lo necesitas, que quieres a alguien, que no puedes vivir sin esa persona o que te acostumbrarías si existieran otras circunstancias? ¿Que le aceptas porque le entiendes o que le comprendes y, por tanto, le aceptas? ¿que es necesario que llenen tus huecos o que tú sabes o quieres llenar huecos ajenos? Me temo que sigo dándole muchas vueltas a las cosas y sintiéndome también sin salida o fuera de juego, como cuando te falta la pieza de un puzle y, por mucho que te empeñes, siempre te va a quedar inacabado. Creo que es terrible no encontrar respuesta a todas las preguntas que se te pasan por la cabeza, ni siquiera buscándola por internet, y a veces pienso que es una maldición esta búsqueda incesante de lo que no hay.

Todos mis compañeros tienen novia menos yo, o mejor dicho, excepto yo, porque no me siento de menos, ni que me faltara algo. Tampoco es que me gusten los chicos. Es cierto que alguna chica me atrae y que ya no soy virgen, porque preferí probar los mecanismos de la reproducción antes de que me los

162

contaran otros. Para incógnitas me sobran ecuaciones. Pero eso de «para siempre» tiene que pasar por «hasta ti», y eso es una dimensión que me está vedada, porque considero que es bastante desafortunado comprometerte hasta los tuétanos con alguien que al menos no ha despejado algunas de las dudas que llevas en la mochila desde siempre, como por qué soy así, por qué es tan malo ser así y por qué nadie parece interesado en entender que yo soy así. Mariona, la chica que me llevé a la cama, anda todavía detrás de mí, pero yo paso porque me he dado cuenta de que no es que no me llene, sino que tampoco me vacía de incertidumbres, de deseos inconfesables, de piedras en los zapatos y de mentiras que no son lo que parecen, al menos durante un tiempo que se hace tan largo como un día sin pan. Dice que soy un poeta y la traigo loca, pero yo no le hago caso desde que pasó lo que pasó, y eso pese a que yo he sido sincero y le informé desde el primer momento acerca de mis intenciones. Así que si ella se ha hecho ilusiones, es su problema, porque yo no voy a ser quien ella pretende, y ni mucho menos un trofeo que enseñarle a sus amigas. Me temo que ando todavía «en el mercado», como dice mi primo Íñigo, o buscando la horma de mi zapato, que va a ser bastante difícil de encontrar, y no porque yo sea tan especial como dicen algunos, sino porque yo para querer así necesito alguien que me salve del trauma de haber nacido, de la inconsistencia del tiempo y de la fragilidad de mi propia naturaleza.

Cuando tuve que dejar la música, sentí que la vida me daba una vuelta de tuerca más dolorosa que cuando mis legos desaparecieron un buen día de la noche a la mañana, o cuando murió Caramelo y yo sabía que no tenía que haber permitido que otros se ocuparan de él. Porque la música era el lenguaje de los afectos que no sé expresar y la boca de las palabras más importantes que nunca se pueden pronunciar. Nunca volveré a escuchar un violín sintiendo que me pertenece, ni a buscar entre los compases de una partitura una infancia que nunca tuve. Ni tan siquiera los melocotones volverán a oler en verano como cuando los comía para después vomitarlos en los staccatos y en los tresillos, con la pulpa de las semifusas rezumando zumo entre mis manos. Miro por la ventana y continúa lloviendo, aunque está acabando el mes de mayo. La tierra es verde y carbón en una dicotomía explosiva que habla de esfuerzo, de trabajo, de capacidad de cambio. Todo aquí es regenerativo, salutífero, catalizador de nuevas inquietudes menos el ánimo, que es el agua que todo lo empapa y que llama por su nombre a las crecidas y a los amaneceres. El miércoles pasado me hizo una visita sorpresa Marcelo con su mujer Flora. Ahora ya no trabaja en la portería y nadie puede impedir que seamos amigos. Se le ve más gordo y parece que el nuevo trabajo en un garaje le sienta bien. Me trajo una armónica y yo no he sido capaz de decirle que para mí la música es ya algo que pertenece al olvido y allí debe quedarse para que no me haga daño.

Sebastián ha ordenado los lápices y rotuladores sobre su escritorio por tamaños y colores, ahora se está balanceando porque está muy nervioso y yo sé por qué: lo han metido aquí para acabar con sus manías y, si siguen así, terminaran con él. Yo también ordeno mis herramientas de trabajo por colores y tamaños sobre el escritorio. Es mi manera de decirle que estoy con él, que no tengo ni idea de por qué hace estas cosas tan extrañas, pero que cuenta con mi respeto. Quizá no sea adecuado lo que hace, pero no perjudica a nadie y no entiendo por qué tienen que quitarle hasta la seguridad que le dan estas rutinas sobre las pequeñas cosas sin darle absolutamente nada a cambio. Me mira y por vez primera siento que hay alguien dentro de ese cuerpo chupado donde las gafas todo lo ocupan como si quisieran ver donde no hay. En ese instante me doy cuenta de lo mucho que sufre y siento que existen dolores que nada tienen que ver con los míos, pero que también hacen tanto daño, como el de ver una injusticia y sentirse cómplice de ella por no poder hacer nada. Cada vez que me parece injusto lo que hacen conmigo, a la vez me doy cuenta de que tampoco existe la justicia en este mundo, ni la verdad, ni tan siquiera la posibilidad de buscar más allá de lo que se encuentra establecido, de lo que se le pide a uno.

Ahora se han empeñado en que me saque la ESO, dicen que es por mi bien y que cuando madure lo agradeceré. No sé qué es lo que tengo que agradecer, si el esfuerzo que hacen librándose de mí o esa preocupación constante por lo que hago o dejo de hacer y que ellos llaman «El Futuro», así, con mayúsculas, como si el día de mañana se separara a las personas que tienen estudios de las que no los tienen. Y las que no los tienen tuvieran ya un pasaje para un país de nunca jamás donde serán desgraciadas, perseguidas y eliminadas por su inutilidad. Nadie sabe lo que pasará mañana, ni siquiera si habrá un mañana, y quieren venderme ese día a costa de que no viva el de hoy como yo quiero hacerlo. La verdad es que me da lo mismo aprobar o no, solo pienso pasar los exámenes con los resultados mínimos por mis abuelos y también por los asquerosos de mis tíos, que no paran de decir que soy un inútil, una sanguijuela y un parásito y que más les valdría a mis padres ponerme a trabajar de una vez por todas para que viera lo que vale un peine y me diera cuenta de lo que pasa de verdad en la vida. Lo cierto es que los exámenes son muy fáciles, pero es aburridísimo llenar hojas y hojas con datos que ni sirven para nada ni le importan a nadie, como si fueran el recordatorio de una canción impuesta sin sentido que se repite una y otra vez hasta que se te queda dentro de los huesos con una sintonía pegadiza. Procuro evadirme de tanto contenido infumable pensando en el todo y en la nada, como si uno y otro fueran los márgenes de la realidad. Me están convirtiendo en el pensador que no querían que fuera, y tanto horario solo sirve para que conozca más y mejor cuánto tiempo puedo dedicar en cada momento a pensar en mis cosas. Al menos, en este colegio no hay capilla ni me obligan a creer en Dios, como si eso resultara algo que puede imponerse desde fuera o como si se tratara de una más de las asignaturas obligatorias que tengo que aprobar. Cuanto más crezco, más lejanas me parecen las tierras de seres exteriores que se preocupan por mí y más cercanas aquellas que responden a mis preguntas y son aviones de papel en un cielo intenso de azules que te mojan sin piedad.

Sebastián ha dejado una chocolatina sobre mi escritorio sin decir nada. Es negra y amarga como lo son las cosas contundentes que te sanan y te salvan de tus propios infiernos. Le he dado un mordisco, aunque a mí me gusta más el tofe. Ahora sé que somos algo más que compañeros de habitación y náufragos que comparten una misma tabla buscando tras el horizonte un camino dorado. A lo mejor, hay comuniones que trascienden el propio cuerpo y bordan en el alma el anagrama de universos donde la claridad de la luz es la primera sensación que se siente y no quema.

DESDE FUERA

Miguel Santaolalla (*director psicopedagógico, Oakhill School*)

Con el historial que trae Miguel Avellaneda, iba sospechando que fuera sobredotado, y en ese grado. Menuda sorpresa saber que no rinde en los estudios porque no quiere y porque nadie se ha preocupado de atender a sus diferencias. Lo que le sucede es que se encuentra saturado por tantos diagnósticos equivocados. Si analizo las pruebas de creatividad, las uno a las de inteligencia y me fijo en las respuestas que proporciona en los tests de personalidad, todo concuerda con una persona de estas características. Es una pena que se encuentre tan defraudado por el sistema, pues ahora no confía en que podamos atender a lo que le pasa. También es una lástima que se encuentre a punto de ser eliminado de una escolaridad obligatoria y una absoluta torpeza haber permitido que dejara la música, ya que era un soporte que podría haberse usado para lograr una mayor integración educativa y posibilitar la realización de distintas pericias académicas y dinámicas del aula en torno a esta materia.

Con estos chicos, la imposición de reglas no funciona, ni tampoco meterlos internos, porque necesitan el contacto continuo con su familia para adquirir la fortaleza emocional que les permita convivir en una sociedad que los discrimina por sistema. Sentirse abandonados refuerza ese perfil introspectivo, desafiante y contestatario que nada les beneficia. La verdad es que aquí parece que su comportamiento no es del todo malo, pero eso no significa que sea bueno: parece estar ausente todo el día, no se apunta a ninguna de las actividades que programamos, no se rebela cuando le castigamos o le dejamos sin salir fuera el fin de semana, y parece no necesitar ni querer hacer amigos. Tendré que observar si existen rasgos que nos adviertan que se encuentra entrando en una depresión, porque no aventura nada bueno que no tenga ninguna iniciativa ni manifieste ningún interés por realizar nada. Cuando a uno de estos chicos las cosas comienzan a darle igual, la situación se está poniendo realmente fea.

Catalina *(jefa de suministros y cocinera, Oakhill School)*

¡Lo que sabe Miguel! Como se empeñe en ir por el mal camino, se convierte en un bandolero de campeonato. Pero, mientras tanto, que buena estrella le acompañe, porque nos tiene a todas comiendo de su mano y cómo no va a ser así, si con lo que ahorra nos salen buenas perras para tirar hasta fin de mes. Aquí la que más y la que menos tiene a varios en su casa mano sobre mano. Si no es nada fácil encontrar trabajo cuando se tienen estudios, cuando no los tienes pues mucho peor. Ya se lo digo a él para ver si le convenzo de que estudie y se saque muchos papeles y títulos, porque aunque muchos no sirven para nada en la vida real, sin ellos no vas a ninguna parte. Pero menudo tunante está hecho, se ríe y a lo suyo, que no es otra cosa que andar de trapicheos, pero con mucho cuidado para que parezca que no está, y hacer su voluntad. De estudios no sé cómo andará, pero de iniciativas para revolucionar todo lo que puede va más que sobrado.

Yo creo que si a estos chicos les dieran menos libros y más calle para ver lo que se cuece en ella, mejor les iría, porque no tienen ni un pelo de tontos, y cuando se dieran cuenta de lo que cuesta llenar el puchero (no solo por el precio de las cosas, sino también por conseguir que no te timen), seguro que espabilaban y hasta levantaban el país si se empeñan en organizar así las cosas. Y nos iban a tocar menos las narices los hipermercados y los almacenes gigantes de nombres extranjeros (que se nota que ni son nuestros) si hiciéramos eso de llamar a la puerta de los que producen pequeñas cosas e ir intercambiando productos, servicios, tiempos y todas esas cosas. Estas ideas las he sacado de Miguel, que de vez en cuando nos da unas lecciones que nos deja pasmadas. Otras veces nos enseña la informática esa para hablar con los proveedores y estar al tanto de lo que hay en los mercados y cómo sacarles el mejor provecho. La verdad es que de esta manera se puede estirar más el dinero, e incluso nos valen sus propuestas para llenar nuestras propias cestas de la compra, así que estamos encantadas con él mientras no se salgan las cosas de cauce, porque como se enteren los de arriba, las primeras cabezas que caerán serán las nuestras. Y tampoco es tan malo lo que hacemos, porque la comida que le dan a estos pobres chiquillos la verdad es que nosotras no se la dábamos a nuestros hijos ni en las peores ocasiones, y no nos importa trabajar lo que haga falta para darles de comer lo mejor. Pero ya se sabe lo que hay en los colegios y que como en la casa propia no se está en ninguna parte.

Sebastián González *(compañero de habitación de Miguel, Oakhill School)*

No les importo ni me importan. No pienso tomarme la medicación porque me deja la cabeza borrosa y me dan unas ganas de dormir horrorosas. Siempre me quitan lo que me gusta y no se dan cuenta de lo que me molesta que me obliguen a usar las cosas según sus propios criterios. El rojo es para subrayar y solo para eso, Si no subrayo, me pierdo, y me cuesta un montón continuar, porque siento que estoy haciendo lo que no debería hacer. El azul es para las respuestas, el verde para las preguntas y el negro es un color oscuro y maldito que lo emborrona todo y que solo sirve para tachar lo que está mal. Me gusta que el armario y todo esté ordenado por colores y tamaños. De esta forma sé lo que va con cada actividad y los demás no me miran como si trataran con un bicho raro. Me cuesta darme cuenta de lo que piensan y lo que me quieren decir, porque no se me da bien entablar conversaciones, aunque ya sé cómo presentarme y que las cosas no son lo que parecen. Porque si te encuentras muerto de miedo, ¿cómo puedes estar vivo y coleando? Y si tienes un hambre de caballo, ¿cómo es que no te apetece comer avena y zanahorias? Y si tienes un catarro de elefante, lo lógico es que te medique un veterinario.

La gente es muy extraña y por eso no es de fiar. Eso es como cuando te dicen que no te va a doler algo y ¡vaya luego si te duele!, o que algo no sucederá y es lo primero que pasa. No me gusta sentirme inseguro, por eso me agrada comer cosas rojas los días que visto de rojo, los guisantes no los soporto porque son verdes como los mocos y escurridizos y seguro que por eso me producen algo malo, y siempre subo un número de escalones pares porque los impares no tienen quien los acompañe y por eso te están esperando para hacerte caer. Miguel es de los pocos que me cae bien porque no tengo que darle explicaciones, ni busca que yo resuelva sus problemas.

Al menos, hace ver que me entiende aunque no sea así. Le han metido aquí porque no es como ellos y se parece más a mí, pero a un yo que han disfrazado como los espías cuando van de incógnito. Tampoco me molesta con los equipos de fútbol y todas esas idioteces que se supone que me tienen que gustar porque soy un chico y tengo diecisiete años. A mí lo único que me gusta es leer sin parar y sin final. De esta manera, por mimetismo, he aprendido a responder a muchas de las preguntas que me hacen y que realmente no entiendo. Aunque tengo que tener cuidado, porque si respondo con palabras rimbombantes o de otras épocas o culturas, piensan que les estoy tomando el pelo o que estoy loco de veras. En esos casos, lo mejor es hacer como que no has entendido y salir corriendo hasta que no puedes más y los pulmones parece que se te pegan a la garganta.

Alicia *(madre)*

La casa se me cae encima sin el pequeñín porque, por muchos años que tenga, siempre será mi pequeño y aunque digan que es un trasto, un incordio y una fuente de problemas, para mí siempre es una herida abierta. Tengo la sensación de que no hemos llegado al fondo del meollo y es una pena que vaya tan mal en los estudios, porque yo estoy segura de que vale, pero no puede o no quiere demostrarlo. Me dicen (y lo sé) que más que le hemos dado no le podemos dar, pero a lo mejor no hemos atinado en el centro de la diana y eso me reconcome por dentro. Ojalá decida acabar la ESO porque, si no, no sé qué va a ser de él. Si hasta para ser repartidor se presentan docenas de graduados y, al final, la mayoría de ellos se tienen que ir del país para conseguir algo decente y (por lo menos) tener un sueldo digno que les permita formar una familia y tener una calidad de vida. Ojalá también encuentre su camino para que esa conducta de kamikaze la vaya dejando atrás, porque un día, si no, le va a pasar factura, y no vamos a poder estar nosotros ahí para resolverle la papeleta. Lo que me duele es cómo nos castiga con sus silencios incómodos desde que le metimos en el internado. Antes, en la última etapa en casa, tampoco era de dar muchas explicaciones, pero al menos no tenías la sensación de que te echaba en cara hasta haber nacido. Ahora parece que todos le sobramos, aunque estoy segura de que al menos con mi madre es un poco feliz y encuentra el calor de hogar que nosotros no hemos sabido darle. Aunque bien sabe Dios que lo hemos intentado todo lo posible, hasta el punto de desatender a los demás hermanos, y mira que Fernando pese a todo nos ha salido bien, pero la niña, que parecía tan modosita, ahora nos da grandes disgustos.

Marcelo *(antiguo portero)*

Tenía ganas de ver a Miguel, pues como me echaron tan rápidamente del trabajo, no tuve tiempo de despedirme de él y, además, estaban con el lío de buscar un internado para que se reformara, como si fuera un piso que está hecho polvo. Y quién me iba a decir que doña Teresa, la gruñona vecina de debajo del piso de los Avellaneda, me iba a dar razón de dónde lo habían metido. Si es que, en el fondo, nada es lo que parece, y hasta me dio informes para conseguir mi nueva ocupación. Aunque Flora es mucha mujer y seguro que algo ha tenido que ver en esto. Me da pena ver tan distinto a este muchacho. Pienso que ha perdido mucho de lo que era, y que lo que queda casi ni se parece al Miguel que yo conocí: vivaz, crítico y siempre dispuesto a no parar quieto. Ahora se encuentra tan metido en sí mismo, que tiene que hacer un gran esfuerzo para conocerte, entonces te das cuenta de la profunda soledad que le embarga. Le he dicho que le conviene que acabe la enseñanza obligatoria y que, por lo que más quiera, estudie aunque sea una formación profesional después, pero que haga lo que haga, intente cuando menos ser feliz, que es en realidad para lo que hemos nacido, y que busque una pareja, porque al final nuestros sentimientos son lo más importante.

Yo he sido un lobo estepario muy de hacer lo que siempre me ha dado la gana y de ir por libre, pero no es lo mismo una casa que un hogar y no es igual entrar en un sitio donde alguien te espera, aunque sea para echarte la bronca por llegar tarde, que saber que nadie te va a preguntar cómo estás porque no hay absolutamente nadie que se preocupe realmente por ti y tener con quien plantearse un futuro. Ahora que Flora y yo estamos esperando nuestro primer hijo, me he dado cuenta de lo que es el vértigo y la velocidad, la sensación de estar cayendo por un agujero mientras la fuerza de la gravedad te atrae más y más. No estoy nada seguro de que vaya a ser un buen padre, aunque pienso intentarlo con todo mi empeño. Pero lo que sí tengo claro es que si tengo un hijo como Miguel, lucharé con él y a su lado para que consiga un espacio que le permita ser como es, aprender y crecer, evolucionar y desarrollarse de una forma diferente. Flora dice que siempre tenemos que estar muy unidos y saber que no hay nada más importante que la familia. Además, yo creo que también es necesario saber que no siempre van a suceder las cosas que esperamos y que, pase lo que pase, tenemos que estar juntos para buscar de esta manera soluciones a los problemas que se nos puedan plantear. He tenido mucha suerte con mi mujer, la misma que le deseo a Miguel. Le he dado nuestra dirección, el correo electrónico y la de nuestro domicilio, y le he pedido que nos escriba. Que nos cuente, que nos hable de ese universo interior tan rico que siempre ha tenido, porque a nosotros nos interesa y queremos ayudarle a sacar su mejor yo, ese que le permitirá salir del agujero donde está metido y que no es este dichoso colegio, sino la falta de confianza que está arraigando dentro de él y la falta de posibilidades que tiene de hacer con su vida algo que verdaderamente le satisfaga.

Rosa *(abuela)*

Los años no pasan en balde y a mí ya me están pasando factura. Tanto batallar y los nietos… ¡ay, los nietos! Cada uno a su aire y más despegados que un sello cuando se escapa del sobre donde estaba pegado. Álvaro está hecho un pintas, vamos, eso del teatro ni es trabajo ni nada. Si al menos hubiera estudiado algo y fuera como los del Estudio 1 que salían antes por la televisión (bueno, en el siglo pasado), pues tendría un pase, pero no esa ventolera que le ha dado. Fernando anda dándole patadas a un balón, que buenos dineros gana, pero eso es pan para hoy y hambre para mañana. No va a estar un padre de familia con cuarenta añazos dándole patadas a la pelotita. Su padre está que se le cae la baba, porque en el fondo es lo que habría querido ser él, pero vamos, yo no lo veo nada claro. Lo de Elena es de juzgado de guardia, pero ¿dónde se ha visto que la niña se ha liado la manta a la cabeza y dice que de estudiar nada, que lo que quiere ser es ama de casa? Eso era bonito y como debía ser en mis tiempos, porque ahora en qué cabeza cabe, tal como está el mundo. Así que, sea como sea, tiene que acabar los estudios esos de Comunicación Audiovisual, que ya podía haber escogido otra cosa que fuera más normalita y, por lo menos, se viera en qué va a trabajar. Al menos, su prima Patricia está más centrada con lo de la peluquería con el nombre ese raro de «escultora del cabello», aunque, claro, con unas amistades que también dejan mucho que desear. Íñigo nos ha salido más formalito y esperemos que no saque los pies del tiesto, que en esta familia bastantes novedades tenemos. Eso de ser químico digo yo que tiene muchas salidas, a ver si este nos sale medio colocado y un problema menos con el que romperse la cabeza. Paola, la pobrecita, bastante tiene con lo que tiene, que ya decía yo que a esa niña le faltaba algo, que no era normal lo calladita que estaba todo el día. Pero está saliendo a flote muy poco a poco y como está visto que para estudiar no vale, pues con lo de ayudante de panadería tiene para tirar para adelante. Y luego está nuestro Miguelón, que tiene la facultad de volverte loca, y estar con él es como montarte en una montaña rusa. Con la cabeza que tiene y el empeño que muestra en no dar ni golpe, ¡y mira que ha sido de lo que no había cuando era pequeño! Pero ahora se nos ha puesto de un rancio que no hay quien pueda con él. Espero que recapacite, y si tiene encontronazos con su padre que aprenda a sobrellevarlos. Si pudiera ser, me gustaría tenerlo en casa, pero claro, si está haciendo algo de provecho, que ya le he dicho a mi Eusebio que por su bien no podemos apoyar el comportamiento de un vago que no quiere hacer nada. Y a él le tengo dicho que se deje de tonterías, apruebe y luego busque algo que hacer o en qué ocuparse para transformarse en un hombre de provecho, porque si se esfuerza en ir por el buen camino va a contar con nosotros siempre.

ENLACES

¿Cómo darse cuenta de que un chico de diecisiete años de edad es sobredotado?

Es frecuente que una mayoría abrumadora de los adolescentes sobredotados que no han sido diagnosticados tengan fracaso escolar. La falta de diagnóstico a tiempo propicia que no hayan sido atendidos en la escuela conforme a las diferencias tanto emocionales como cognitivas que presentan y que no hayan desarrollado sus talentos de manera conveniente por vías alternativas, como conservatorios o escuelas de música, talleres artísticos o actividades que estimulen su capacidad de pensamiento. Debido a esto, normalmente están a punto de ser expulsados del sistema educativo sin haber superado las pruebas académicas necesarias para acabar la enseñanza obligatoria. Es común que hayan pasado por varios centros educativos, repetido curso y, muchos de ellos, necesitado atención psicológica como consecuencia de problemas de conducta producidos o por su carácter rebelde. O el extremo opuesto: por no querer hacer nada y mostrar una conducta apática donde parece que nada les importa. En este punto también es necesario contemplar que es usual que el sobredotado de esta edad presente rasgos depresivos, rechazados por un sistema que no ampara sus diferencias, postergados en una sociedad donde carecen de buena parte de habilidades sociales necesarias y donde la hostilidad es la moneda de cambio corriente frente a cualquier diferencia, y no siempre cuentan con los apoyos familiares adecuados para adquirir la estabilidad emocional que necesitan para construir una autoestima y una seguridad que les permita crecer.

Entrando ya en la edad adulta, el sobredotado no diagnosticado y no tratado adecuadamente, está cansado de luchar, de causas perdidas, de exigir que se atiendan las demandas de su lógica acusada, de ser la oveja negra a la que se achacan todos los males, de no encontrar un hueco adecuado para mostrar su personalidad. Y, además, está hastiado y culpabiliza a todo el que se ponga por delante de su mala suerte. Por este motivo, suele pasar por periodos de inactividad o letargo donde manifiesta un reconcentrado encono hacia un sistema que lo rechaza y frente al que no ve salidas donde poner a salvo su personalidad, al mismo tiempo que encuentra fórmulas de integrarse en los distintos grupos sociales. También resulta frecuente que su individualismo se fortalezca e introduzca en su comportamiento conductas un tanto excéntricas como manera de establecer una forma de vida que, en cierto modo, le conforte. Las vías de comunicación se cierran, pudiendo aparecer con unos rasgos de Asperger que no siempre son: puede tratarse de una impostura o máscara para pasar desapercibidos y no ver frustradas sus expectativas en relaciones donde no se encuentran seguros para compartir experiencias.

En cuanto a la formación de los deseos sexuales, es cierto que buena parte de ellos tienden a la experimentación como forma de satisfacer su curiosidad o que, incluso, materializan estos deseos de forma poco responsable, pero ello no quiere decir que tengan facilidad para conectar y mantener relaciones con otras personas. Su excesiva *hiperlógica* no siempre les permite desconectar, dejarse llevar y confiar en que los demás no van a hacerles daño. Por esta razón, es difícil que su perfil excesivamente racional posibilite un enamoramiento o, cuando menos, una idealización de los sentimientos que les permita conocer realmente lo que sienten. Y no olvidemos que lo que no es aquí y ahora es difícil de contemplar en su universo interior. De esta manera, avivan un perfil solitario que hace parecer que no desean la compañía y el acercamiento íntimo a otras personas, cuando lo que realmente sucede es que sienten terror a enfrentarse con los propios sentimientos sin racionalizar lo que sus impulsos conllevan, un miedo mayor si cabe a confiar en el otro y en que no quiera juzgarles para después burlarse de sus incompetencias emocionales y abandonarles. También sufren una incapacidad más o menos extensiva de velar por los intereses del otro en detrimento de los propios y de ser capaces de comprender que el otro puede tirarse a la piscina sin tener muy claro lo que quiere. Los sobredotados suelen valerse de la creencia de que, de la misma manera que solo existe una realidad, también solo existe una manera de querer, y que esta tiene unos condicionantes que determinan su validez. Esto no es cierto, porque cada uno ve fragmentos y apreciaciones distintas de una misma realidad (donde concurren impresiones subjetivas) y, en idéntica medida, existen distintas maneras de querer más o menos auténticas. Por este motivo, y puesto que han sido defraudados demasiadas veces en cuanto al acercamiento a personas de uno y otro sexo —tanto para mantener relaciones que se basan en cualquier vínculo afectivo como en las relaciones cotidianas de convivencia—, es frecuente que ni su punto de partida ni el ánimo con que abordan estos acercamientos resulte el más adecuado para relacionarse.

Otra de las características de su personalidad es la capacidad para crear alianzas y convenios donde la naturaleza objetiva de sus premisas ampara mejores resultados en las relaciones interpersonales donde priman los factores de naturaleza subjetiva. La razón ampara lo que es justo y, por tanto, es el soporte donde dar cabida a tratos que favorecen el ejercicio de una justicia que, en ocasiones, se encuentra minusvalorada según los criterios exigentes de la persona sobredotada. También es preciso tomar en consideración que, si bien su desconfianza en el género humano por extensión ha mermado de manera considerable, también es cierto que guardan como un tesoro dentro de ellos una empatía selectiva que les empuja a proteger a los más débiles, a los que son postergados o cruelmente tratados por una sociedad que no los conoce realmente o que, haciéndolo, no les confiere el lugar que deberían ocupar.

A esta edad, el sobredotado ha aprendido a camuflarse, a ocultar los rasgos de su personalidad para que le dejen tranquilo y poder hacer lo que más le interesa. También a averiguar cuáles son los puntos flacos de las personas, cómo pasar desapercibido y cómo conseguir lo que se propone, por lo que puede desarrollar una actitud proactiva que en cierta medida disminuya sus rasgos depresivos. Saber que alguien le necesita, que puede hacer cosas útiles para los más desfavorecidos y recibir el apoyo y agradecimiento de estos (áunque no le comprendan, ni favorezcan las condiciones vitales donde se desarrolla) son puntos que mejoran su concepto de sí mismo y su autoestima y le acercan a poner los pies sobre la tierra.

Igualmente, existen factores que posibilitan una mayor inserción social para el sobredotado, tales como no sentirse siempre en el punto de mira, tener horarios y actividades que amparen una mayor libertad de criterio, contar con apoyos familiares que se preocupen de forma constante por lo que le sucede, aunque no siempre le entiendan así como poder recurrir a referentes en los que se sienta valorado tal y como es.

¿Cómo acercarse al universo emocional y cognitivo de una persona sobredotada de diecisiete años?

Primeramente, es primordial ponerse en su lugar y no juzgar a la ligera. Al sobredotado no le gusta suspender, ni repetir curso, ni estar todo el día tumbado sin hacer nada. Lo que sucede es que cuando no se le ofrecen alternativas de desarrollo donde, de manera justa, se combinen deberes y obligaciones con derechos y libertades o cuando no se encuentran salidas a sus expectativas intelectuales y se halla desbordado emocionalmente, es normal que adopte conductas que no le definen.

Sacarlo del entorno familiar y confiarlo a otros, porque somos incapaces de hacernos con él, es una de las últimas medidas que debemos adoptar, y solo y cuando la situación se convierta en tan insostenible que al adolescente le resulte incapaz realizar una vida ajustada a lo que se espera para sus años, y cuando los vínculos familiares se han deteriorado hasta un punto donde resulta más conveniente para él que no viva en el hogar familiar. No obstante, internarlo en un centro nunca debe considerarse como un castigo, sino como una oportunidad que se le concede para que pueda terminar los estudios y lograr la adquisición de unos hábitos que le capaciten para regular su vida dentro de unos esquemas de convivencia reglados, donde el trabajo y el estudio no son opciones, sino obligaciones exigibles para poder adoptar un modo de vida y para que pueda desarrollar su carácter en plenitud. Esta ayuda externa no debe implicar una desatención o dejar en manos de otros la facultad de educarle. Por esta razón, no solo hay que preocuparse de su rendimiento académico y de que acate las normas del centro educativo, sino también de establecer medidas de comunicación que posibiliten acercamientos. Procuraremos estar al tanto de lo que le preocupa y le asusta, saber cómo se siente y cuáles son las expectativas de futuro con las que cuenta, y conocer a sus compañeros con el propósito de ver cómo favorecer una mejor inserción.

Tampoco es desdeñable una atención psicológica externa que valore de manera objetiva cómo se encuentra, y que establezca programas de intervención si lo estima necesario, así como asistir a escuelas de padres o asociaciones que nos orienten. Conviene igualmente recurrir a amigos y parientes que logren lazos de conexión y participar también en algunas actividades para familiares que realice el centro educativo donde se encuentra internado, para que el adolescente tenga constancia de que no lo hemos abandonado y que nos ocupamos de él. De todas maneras, si existen graves problemas psicológicos o incluso una depresión incipiente, no es buen momento para exigencias académicas, por mucho que nos frustre que no adquiera una titulación académica que le pueda abrir puertas en el futuro. Lo conveniente es buscar una solución de las anteriores con el propósito de que recobre la salud, y después ya veremos qué hacer. Muchos padres piensan que lo primero es que apruebe, saque buenas notas en los estudios y que, de esta manera, se solucionan muchos problemas. Y esto no es así, porque lo primero es la persona, sea sobredotada o no, y si se encuentra mal anímicamente, forzarla solo agravará la situación hasta el punto de que pueda llegar al suicidio si se le exige más de lo que su naturaleza puede soportar. Las personas de altas capacidades, por su propia racionalidad exagerada hiperlógica, tienen un concepto de la vida bastante rotundo y absoluto, muchas veces libre de condicionantes subjetivos, como las creencias y los afectos. Por esta razón, cuando la sociedad, el entorno o la familia les asfixian y llegan a un punto donde no pueden soportar las expectativas que les exigen, pueden justificar el suicidio como una fórmula totalmente justa y válida para paliar el sufrimiento continuado al que se ven sometidas. Por este motivo, una competición de egos tampoco suele dar ningún resultado, porque están acostumbrados a resistir para vencer, aunque sea en las pequeñas cosas de la vida, ni tampoco utilizar esta medida educativa como una fórmula de rechazo a su diferencia o una intención de transformarlos en las personas que no son.

Dado su talante proactivo, emprendedor y asociativo, otra medida que se puede adoptar con estos sobredotados —cuando no tienen problemas emocionales de importancia tan extrema que los aboca a la apatía, el desánimo e incluso a conductas asociales— es proporcionarles medios y recursos con los que poner a prueba sus talentos y su valía, su capacidad de organización un tanto diferente a la de las personas que no poseen los rasgos de su naturaleza y su habilidad para improvisar y, por tanto, para salir airosos de situaciones comprometidas. Dentro de estas dinámicas (y como complemento a su formación académica o incluso de forma exclusiva si han terminado la escolaridad obligatoria), se les puede ofrecer la posibilidad de realizar trabajos de emprendimiento, participar en negocios familiares o atender otras necesidades. Ya que cuentan con pensamiento divergente y múltiple, la realización de multitareas no tiene por qué sobrecargarles, y puede resultar un incentivo que facilite la realización de estudios académicos, los cuales no siempre tienen que ser los que esperamos, pero que pueden sacarles del bache existencial en el que muchas veces meten el pie y se desestabilizan. De esta manera, si no hay forma de lograr que termine la enseñanza obligatoria, tal vez es oportuno que comience a trabajar, por ejemplo, en la cafetería de sus parientes al mismo tiempo que realiza un taller de cocina. Ya habrá tiempo de que entre en la universidad, de que consiga una especialización académica, pero así estaremos creando el marco necesario para que desarrolle iniciativas y no se quede parado y sin hacer nada, que es lo peor que puede suceder. En esta esfera de actuaciones se pueden ir otorgando mayores márgenes de maniobra a medida de que se van cumpliendo horarios, objetivos y expectativas. De este modo (y en relación al supuesto anterior), se le puede decir que si acude al trabajo todos los días, cuando pasen un determinado número de meses se le dejará servir los desayunos y crear una carta de menús o que podrá quedarse con las propinas, además de con un porcentaje de las ventas. Y se le hace razonar que en esta dinámica le vendría bien hacer un curso de pastelería para poder innovar con conocimiento de causa, saber lo que les gusta a los clientes y la manera de atraerlos y fidelizarlos dentro del negocio. De esta forma no solo aumentan, se consolidan y afianzan los vínculos familiares, sino que también se construyen vías de comunicación afectivas y se dota a los sobredotados de cauces donde hacer valer sus talentos, su capacidad de superación y su inserción social, con lo que habremos logrado recuperarlos de un sistema educativo que los arrincona. Tampoco podemos olvidar que los sobredotados adquieren mayor capacidad de reflexión y empatía con la realización de actividades, que operan como mecanismos para controlar su excesiva hipersensibilidad y egocentrismo, por lo que estas tácticas también propician una mayor capacidad para superar las adversidades y las situaciones difíciles y comprometidas, para insertarse en grupos sociales (aunque no siempre se sientan comprendidos y entendidos), y para incrementar la esperanza, que es lo que nunca debe perderse en última instancia.

CAPÍTULO SÉPTIMO
VEINTICUATRO AÑOS

Me paso las horas muertas y las vivas dándole a la cabeza.
Tengo tantos experimentos pensados que no tengo tiempo para nada.

a) Acabo de inventar un sistema acústico para apps
que permite unificar la lengua de signos con el braille
y las lenguas orales, pero a nadie le interesa.
Me han puesto a trabajar en la droguería de mis primos.

b) He creado mi propia empresa y trabajo
en un campo tecnológico puntero en informática.
También doy conciertos de violín y me acabo de casar.

DESDE DENTRO

Fue un acierto trasladarme a vivir con mi abuela Rosa después del internado, pues aquí tengo espacio suficiente para poder hacer mis cosas. Ese fue el trato y no me arrepiento de él: «mientras trabajes y traigas parte de tu jornal a casa, puedes hacer después con tu tiempo lo que quieras». No hubo muchas lágrimas ni gritos cuando después de aprobar la secundaria me negué a continuar estudiando e ir a la universidad, o hacer un módulo de cualquier cosa, pues sé que todos me daban por un caso perdido, excepto mamá y los abuelos, que siempre han sabido lo que valgo.

El abuelo Eusebio antes de morir se comió mucho el coco para ver dónde colocarnos a todos los que estamos bastante descolgados, como él decía, porque estos años han sido bastante movidos. Así que consiguió hacerse con un local que estaba bien de precio (con la crisis ya se sabe) y abrimos una droguería, que es un negocio sencillo donde siempre hay clientes y que parece que todavía no lo han copado los chinos. Elena regresó a casa embarazada y sin oficio ni beneficio, después de haberse fugado con su novio, y tuvo una preciosa chiquilla que ahora tiene tres años, llamada Susana. Lo mismo pasó con mi primo Álvaro, aunque, claro está, sin bombo. Mi primo Íñigo acabó la carrera, a mi prima Paola la echaron de la panadería, mi prima Patricia se casó con un alemán y se marchó a su país y casi no le vemos el pelo y mi hermano Fernando tuvo una lesión que le apartó definitivamente de la carrera deportiva. Yo creo que es el que peor lo ha pasado de todos, porque, entre que estuvo un año de hospitales, y que no sabía hacer nada más que darle al balón, pues está hecho polvo y todos le arropan por su mala suerte y no le echan los perros como a mí si un día se retrasa para venir a trabajar. Lo bueno del asunto es que ya no se mete conmigo (bueno, ni con nadie) y a mí me da mucha pena, porque ha pasado de ser el ojito derecho de mi padre y la esperanza de convertir a toda la familia en millonaria al estilo de un nuevo Ronaldo, a ser un tullido que no puede moverse sin muletas. Ahora es él el que tiene que ir al psicólogo y dicen que tiene terapia para muchos años, porque cuando la vida te cambia de esta manera pocos pueden soportarlo. Tiene que ser fuerte porque es muy joven, le quedan muchos años por delante, y además necesita ver qué va a hacer con su vida.

En la droguería tengo que trabajar cuatro horas por la mañana y cuatro por la tarde. Como no se me da bien el contacto con el público, y eso es más bien cosa de chicas por la labia y la presencia que tienen, me ocupo del almacén, de cuadrar cuentas y hacer pedidos cuando todo el mundo anda peleándose por la limpieza. A mí no se me caen los anillos por pasar la fregona, porque cuando estoy metido en mis cosas tanto me da barrer que amontonar cajas. Pero los demás creen que pasar la fregona al baño es como un trabajo de tercera clase, sucio y propio de personas que han fracasado en la vida. Está claro que yo siempre he sido el favorito de mi abuelo, porque cuando murió me dejó en herencia todos los artilugios de su pequeño taller de madera y la posibilidad de usar estas dependencias para lo que yo quiera. Además, como me llevo muy bien con la abuela, ahí puedo ser yo mismo y hacer lo que me dé la gana, y si gasto mucho de electricidad un mes, se la pago y listo. Tengo cinco ordenadores conectados entre sí y todo tipo de chismes (que saco de la basura o de tiendas de segunda mano) con los que trabajo aunque sea por las noches si no saco tiempo libre antes. He aprendido a programar, a moverme como pez en el agua por internet y a codificar información que luego me puede servir para cosas interesantes. Como la *app* que he creado para unificar distintas lenguas de comunicación. El problema es que cuesta un pastón patentarla, y luego pagar todas las anualidades para mantener la propiedad. También está el hecho de que las empresas solo quieren verla para pirateármela y que luego la desarrollen sus informáticos cambiando un poco la forma. Yo puedo tener problemas para que otros me enseñen, pero no soy tan tonto como se cree la gente, y tengo que ir haciéndome a la idea poco a poco de que soy sobredotado, porque está claro que me ha caído encima como una losa de cementerio. Aunque siempre he sabido que era muy distinto a los demás chicos de mi edad, nunca he tenido claro qué era eso y mucho menos qué hacer con esa información.

No consigo tener amigos. Aunque algunos sábados mi primo Íñigo me saca con los suyos para dar una vuelta, ir al cine o alguna discoteca, la verdad es que yo me lo paso mejor en mi taller dándole vueltas al coco. Pero muchas veces me siento muy solo y me gustaría encontrar alguien como yo para compartir todo lo que se me ocurre, o que al menos existiera alguien para mí que me apoyara en lo que hago y le gustara yo sin ser de mi familia. A veces, me gustaría conocer a una chica especial que pudiera encajar en mi vida como una pieza de Tetris y con la que acostarme y todo eso, porque no siempre consigo satisfacer mis apetitos sexuales de manera adecuada (como diría mi abuela) y eso, a la larga, sé que no es bueno para mí. Pero es un rollo tener que arreglarse para salir, mostrar interés por lo que no te importa ni medio pimiento, esperar y volver a esperar en colas exasperantes, colocar las cuatro frases que te han enseñado para que alguien se fije en ti y darle conversación, comer (si puede llamarse así) esos plásticos chupados para poder estar en los locales de moda y ver y ser visto. Y cada vez con un hastío y una desesperanza mayores, porque yo ya no sé en qué copiar a Íñigo. Él tiene mucho éxito con las chicas y con todo, nunca se rinde y tiene el don de estar siempre en el sitio adecuado y con la persona correcta. Mi abuela me dice que no me preocupe, que tengo mucho tiempo por delante, que siempre hay un roto para un descosido y que nos llevemos a Paola cuando salimos por ahí para que las chicas se nos acerquen más. Pero a Paola se le nota un poco su retraso y eso, unido a que yo soy un friki, no es la mejor carta de presentación para buscar amigos. Y mucho menos, mujeres que caigan rendidas a los pies de Íñigo y míos o que, cuando menos, muestren una pizca de interés por conocerme a mí. La verdad es que me lo paso mejor en casa jugando con la Play mientras como pizza, o buscando informaciones interesantes por internet y archivándolas y, sobre todo, preparando nuevos proyectos e inventos. A veces hasta me duermo en la silla roto de cansancio.

Los domingos los paso en casa de mis padres. Allí se ha instalado un silencio incómodo que es muy difícil de romper, y que solo parecen suavizar las palabras de Susana, que es muy despierta y no para de parlotear sobre todo lo divino y lo humano sin que nadie le haga el más mínimo caso. A mi padre parece que le han caído veinte años encima y muchas veces, cuando nos mira se le queda la mirada perdida, se levanta y se va al salón a dar vueltas como si se tratara de un león enjaulado. Parece que le hemos dicho algo que no le ha gustado, pero no es así y como nadie sabe por qué tiene que pedirle perdón o qué es lo que le ha molestado, le dejamos solo para que se le pase. Mamá se ha puesto a trabajar con una amiga en un servicio de catering a domicilio y nos utiliza como conejillos de Indias para ver si nos gustan sus creaciones, y luego ponerlas en los menús que vende. Yo no quiero desilusionarla diciéndole lo que me parecen, pero a mí no me sientan todas esas salsas que usa, y mucho menos las especias, que me producen un gran dolor de estómago y no hacen más que disfrazar los sabores. Para comer, y en la vida en general, no me gustan las mezcolanzas: el café ya se sabe que es amargo, pues se toma sin leche ni azúcar porque, si no, no es café, el tomate es una fruta y dónde se ha visto que se empape con aceite y vinagre y el pescado como está bueno es a la plancha, sin mejunjes ni sales frutales. Pero ya se sabe que, además de especial, soy bastante radical y no conozco a nadie con mis gustos: hasta el limón me lo como con cuchillo y tenedor y, según dice mi tía Carmen, cuando me pongo a masticarlo, eso es para vender entradas, como si fuera de circo.

La verdad es que mis tíos con el paso de los años se han dulcificado bastante y no son la sombra negra parecida a un borrón de tinta que eran antes. Hasta he cambiado mi percepción sobre ellos, ya no me dan la sensación de goma quemada y maloliente que me producían antes. Lo que no aciertan a comprender es que ninguno de nosotros muestre el más mínimo interés por ir a misa los domingos pero, después de muchas tentativas infructuosas, nos han dejado por imposibles y se preocupan más por Susana, que dicen que es aún recuperable, y Elena encantada de poder estar libre los días festivos.

Tampoco han conseguido que todos los primos nos llevemos bien, pese a que han puesto todo su empeño en conseguirlo. Fernando no traga que Íñigo dirija el cotarro a su antojo por ser el único que tiene estudios superiores, Íñigo no soporta a Elena porque dice que es una cabeza de chorlito y que así le ha pasado lo que ha pasado y Elena compite con Paola para ver quién es más mona y pesca antes un cliente rico que la mantenga. Y yo con el único que me llevo bien es con Íñigo, que me entiende y me deja ir a mi bola. Además, sabe que el negocio me importa porque, de momento y tal y como andan las cosas, tengo claro que es el que nos está dando de comer a todos, aunque, claro está, si pudiera me quedaba todo el día en casa de la abuela haciendo mis cosas. Algo a lo que he llegado sin tener que pensar mucho es que para mí es una chorrada todo eso de independizarse, porque yo no necesito más y me encuentro bien donde estoy, y si Fernando y Elena andan buscando cómo hacerlo, allá ellos. Pero no me parece bien que dejen a mamá sola en esa casa tan grande, ni a papá, que pienso que (aunque no diga nada) nos necesita, aunque sea para meterse con lo que hacemos o lo que dejamos de hacer, y para sentir que no es un completo fracaso como padre pese a que a veces diga lo contrario. Lo de Íñigo es distinto, porque creo que ha cazado o más bien le ha cazado una chica bastante mona y, aunque dice que no le hace del todo tilín, estoy convencido de que acabará levantando el vuelo y construyendo su nido, o su tipi, o su cabaña, o a saber por dónde les da, que para eso cada pareja es un mundo. Espero que le vaya mejor que a mí en estos asuntos, porque yo sé que tampoco ha sido muy comprendido en su casa, a pesar de que ser un empollón. Eso ha facilitado que no estuvieran todo el día detrás de él pero, a decir verdad, siempre es mejor que te hagan mucho caso cuando eres pequeño, aunque sea para regañarte. Claro que ser un hermano mediano cuando el mayor es del mismo sexo, y después viene una chica ideal, luego él tan apagadito como una vela después de un cumpleaños, y la benjamina es un bombón a la que poner lazos (aunque con bastantes problemas cognitivos) es tener el pasaporte sacado en su casa para que pasen de él cinco pueblos, salvo que seas un cafre de cuidado y tengan que meterte en vereda. Pero no es el caso, más bien en su vida ha roto un plato, pues ni es el preferido de nadie de la familia ni tampoco la oveja negra.

Estoy pensando en buscar algún curso que no sea oficial (por el tema ese de los títulos) que me guste y donde se enseñe de manera diferente o, más bien, de la forma anárquica y multitarea, que es como yo lo hago, pero no sé si me vendrá mejor hacerlo *online* y así no tener que verme las caras con nadie, o ir algún sitio para poder conocer a alguien que pueda interesarse por mí. También pienso que sería bueno que me fuera de vacaciones con Íñigo y, tal vez, con su chica si llegan a buen puerto, para que me dé el aire, como ha dicho la abuela. No sé qué haría tanto tiempo sin mis ordenadores, porque aunque encuentre otros por ahí, no están programados como a mí me gusta y tampoco es plan de andar a cuestas con un portátil, pero me atrae la idea de ver mundo. Sería estupendo irnos a algún sitio de aventuras, como cuando soñábamos de pequeños y devorábamos los libros de Julio Verne e imaginábamos cómo construir un cohete para ir a Saturno o cómo dar la vuelta al mundo en menos de treinta días y viendo los cinco continentes. Creo que aquellos momentos fueron los mejores de mi infancia, además de los que vivimos con Marcelo el portero cuando nos enseñaba cosas y nos proponía retos para descubrir otras muchas más. Hace cuatro años tuvo dos gemelas pelirrojas de genio endemoniado con las que anda como loco. Aunque diga que como sigan berreando todo el día, peleándose como dos monas y negándose a todo lo que les propone las va a vender al primero que aparezca por su puerta, todos sabemos que es un padrazo de tomo y lomo, y que no las cambiaría por nada en el mundo, ni siquiera por un pequeñín patoso, sabihondo y entrometido como yo fui. Flora me ha dicho que por qué no me animo a darles clase para que hagan los deberes un ratito solas y les dejen tranquilos, o al menos las mantenga un poco en silencio con mis cuentos e historias de imaginación desbordante y monstruos peludos. Ha pasado mucho tiempo y ya no soy aquel niño que se creía que el oficio de los magos servía principalmente para apagar las estrellas, pero me lo estoy pensando, porque sé que les hace mucha ilusión y, en el fondo, a mí también y vete a saber si son sobredotadas y a lo mejor necesitan alguien como yo que las entienda. Lo bueno es que en este caso lo van a tener más fácil con su padre que yo con el mío, y que ahora hay muchas más cosas para los niños especiales y distintos con altas capacidades intelectuales, aunque aún queda mucho por hacer.

DESDE FUERA

Rosa *(abuela)*

La de vueltas que da la vida. Si ya me decía mi Eusebio, que en gloria esté, que la vida es un tango y que hay que apechugar con lo que trae, porque luego se da la vuelta la tortilla y lo que era de una manera se convierte en otra, y hay que estar al quite. Quién nos iba a decir que el que iba a estar más centrado es Miguel: ahí lo tienes con sus cosas que le hacen más raro que un perro verde, pero trabajando como el que más y trayendo los cuartos a casa. Y luego el pobrecillo es de los que menos piden. Con tal de estar ahí dale que te pego a sus cacharros, pues ya es feliz o, al menos, está conforme con la vida que le ha tocado, y siendo así, todos tan contentos, que buenos disgustos nos ha dado. Pero después de la tempestad viene la calma y ha sido un acierto que se venga a vivir conmigo, porque yo le dejo su espacio y me ocupo de que tenga la ropa limpia, que coma caliente y que tenga alguien que de vez en cuando le haga ver con claridad y sin gritos ni malas formas, y él buena compañía me hace, que desde que murió Eusebio se me caían las paredes de la casa. Lo que peor llevo es verle tan solo, y mira que he traído a capítulo a Íñigo para que lo saque a donde sea, porque tanto tiempo metido en casa como un viejo no es para sus años y, además, si no, ¿dónde va a encontrar una mujer que le importe y se ocupe de él? Que digo yo que alguna sobredotada tiene que haber por ahí, o al menos un alma de cántaro que se dé cuenta que es un geniecillo chiflado pero de un corazón de oro como pocos va a encontrar. Yo con tal de verlo colocado y con un futuro, ya me conformo y me puedo morir tranquila.

Íñigo *(primo)*

Parece que las cosas se van tranquilizando desde que volvió Álvaro y todo lo que se montó con la vuelta al redil de Elena tras el nacimiento de Susana. Hay que ser tonta de remate para dejarse embaucar por el primero que pasa, que ahora resulta que hasta estaba casado con otra. En fin, por lo menos cuento con el buenazo de mi primo Miguel, que (no sé si porque es sobredotado o porque siempre ha estado en la luna) no se ha dado cuenta de que soy homosexual y que Magda es una amiga de las de toda la vida que me sirve para cubrir el expediente, pero nada más, porque no me atrae ni un poquito siquiera. Como la abuela no está para muchos trotes, lo mejor es no levantar sospechas, y decirle que lo de Magda no cuaja porque somos de carácter incompatible, porque de lo contrario es capaz de querer casarnos. Cuando ya pase el tiempo y encuentre a alguien con tener relaciones estables, seguro que al primero que se lo digo es a Miguel, porque pienso que es quien mejor puede entenderlo y seguro que me apoya en todo. Estoy todo el rato rodeado de chicas babosas, invitándome constantemente a hacer chorradas, que si vente a casa de mis padres que no están este fin de semana, que si vámonos a esquiar, que si... Menos mal que siempre que he tenido tres días libres me he ido con el equipo de rugby y que además he podido contar con Miguel para hablar de mis cosas, porque de lo contrario me habría vuelto loco de veras y no creo que mis padres hubieran estado por la labor de pagarme un psicólogo.

Lo único que le falta a Miguel es el ojo clínico en las relaciones interpersonales, porque en lo demás es un lince. Si no fuera por él, con el desastre que tenemos en la droguería, nos habíamos ido a pique hace mucho tiempo y a ver entonces dónde nos hubiéramos metido. A Miguel si le razonas las cosas, no eres autoritario y valoras lo que te dice, lo tienes comiendo de tu mano y trabajando como el que más. A veces le he dicho que abusan de él y que la tienda se limpia por turnos y al que no le guste que le den morcilla, porque el abuelo dejó dicho que el que mandaba era yo, que para eso tengo estudios y bien que me ha costado sacarlos.

Álvaro *(primo)*

Estoy hasta las narices de la dichosa droguería. Vale que metí la pata dejando los estudios, pero ¿qué culpa tengo yo de no valer para eso? Peor es lo de Miguel, que es un discapacitado con todas las letras. Bien lo dice mucha gente, que la sobredotación es una discapacidad que a veces se quita y otras sigues igual de imbécil. Él se cree Bill Gates, todo el día debajo del ala de la abuela, y claro, con las que ha hecho no ha escarmentado, mientras a mí para una que he hecho ya estoy crucificado para los restos y todo el día muriéndome de aburrimiento en el dichoso almacén, que no se enteran que tengo que vivir y eso es para tirarse por una ventana. Digo yo que mejor es ser listo, al menos me he mantenido tres años, y no tengo la culpa de que la cultura ahora esté por los suelos por el dichoso IVA, y que nada más lean cuatro frikis, como el retrasado de Miguel. Ya nadie va al teatro, y lo que te queda después del representante, la producción y todo eso son cuatro perras asquerosas que ni para comer te dan. Es todo una completa mierda, pero en cuanto pueda los dejo tirados y me da igual lo que hagan, aunque tengo que estar bien seguro e ir cogiendo dinero sin que se den cuenta porque lo que no pienso hacer es volver otra vez con las orejas gachas. Claro, que con Miguel cerca, no es nada fácil. Parece que no se entera de nada y no sé cómo lo hace, pero es capaz de atender hasta cuatro cosas a la vez. Yo pensaba que eso era cosa de chicas, pero a saber lo que es este. Pienso que a las personas como él las tenían que tener encerradas en hospitales y sitios así, porque luego se desmandan y hasta tienen que meterlas en la cárcel.

Fernando *(hermano)*

Ya sé que tengo que poner de mi parte, pero no es nada fácil estar todo el día aquí encerrado, y todo por mi mala suerte. Sé que no voy a volver a jugar, pero algo tiene que haber para mí, aunque sea como entrenador de fútbol para niños pequeños. Bien lo tengo dicho, pero ellos dicen que no hay nada de lo mío y que donde estoy bien controlado es trabajando aquí. Qué control ni qué leches, ya le he dicho al psicólogo que si no me da el aire, entonces sí que me pudro y puedo hacer una barbaridad de las gordas. El único que parece entenderme es Miguel, y mira que yo le he hecho la vida imposible cuando éramos pequeños, pero parece que no me lo tiene en cuenta. Me está haciendo un listado de todos los colegios de la provincia para que les ofrezca mis servicios como entrenador. Dice que no pida mucho y que les dé alguna clase extraescolar de deportes gratis, porque como no tengo estudios y sí mucha fama, así lo comido por lo servido. La verdad, no sé cómo pudieron pensar que era un retrasado mental, porque tiene una inteligencia y una capacidad de buscar soluciones y resolver problemas que muchos de nosotros no tenemos. A mí siempre me ha costado estudiar porque no lograba entender hasta el final lo que leía. Pero lo suyo sí que ha sido una pena: si hubiéramos sabido que era tan listo (o, como dicen, sobredotado), a lo mejor nos lo habríamos tomado de otra manera y no le hubiéramos dado tanta caña, porque al final va a ser quien nos saque las castañas del fuego a todos.

Elena *(hermana)*

A ver si me dejan en paz y hacer las cosas a mi manera. Si no terminé los estudios fue porque no me dio la gana, y Susana es una niña preciosa, ya quisieran ellos tener una cría así. Al menos, lo que me he llevado bien mío que es, y si no han salido las cosas como pensaba, ya vendrán mejores. Yo no soy una espora ni una rata de biblioteca como el pirado de mi hermano Miguel, que ahora dicen que es más inteligente que la media. ¡Vamos, si eso no es echarle imaginación! Hasta virgen debe ser, quién se le va a juntar con esas pintas de robot que tiene, de cables pelados, y esa manera de hablar, que no sabes si se ha comido cuatro libros y todavía no los ha digerido, o ha hecho un viaje en el tiempo al siglo diecinueve y se le ha quedado media cabeza allí. Yo a mi niña le tengo dicho que ni se le acerque, porque está muy malito, dice tonterías de las gordas y a saber lo que puede hacerle, porque estos tarados con el tiempo comienzan a coger unas manías horrorosas, y lo mismo les caes fenomenal un día, que al siguiente te apuñalan porque se lo piden los extraterrestres de Orión. Y si se piensan que voy a estar toda la vida despachando en este local lúgubre, lo llevan clarísimo. En cuanto pueda, le hecho el guante al primero que nos pueda dar una vida en condiciones a mi niña y a mí, y a vivir, que son dos días. No veas lo bien que me viene lo de Miguel para ligar, no hay nada como tener un hermano discapacitado para sacar tema de conversación. Eso sí, dejando claro que lo suyo ni se contagia ni es genético, que si no te espanta a los mejores partidos.

Paola *(prima)*

Me encanta trabajar en la droguería, es como un juego de cuando era pequeña y despachaba pastillas de jabón a mis muñecas. Además, Miguel me cuida y no deja que las clientas me engañen con el dinero, porque yo me pierdo con los cambios y las vueltas. Tampoco deja que me obliguen a estar limpiando todo el día por ser la más pequeña. Espero que no pase nada malo y que podamos abrir todos los días. Por mí trabajaría hasta los festivos, porque no se me ocurren muchas cosas para hacer cuando no trabajo y mis amigas no hacen cosas tan interesantes y divertidas. Lo que más me gusta es atender a los clientes guapos, y para eso me pongo mucho maquillaje, porque sé que les gusta casi tanto como mi pelo rubio, que no paro de cepillarme. Pero Miguel, cuando me ve muy pintada, dice que me quite esos potingues porque según él de esta manera nadie me va a respetar. No sé por qué no hace lo mismo con Elena. Tal vez porque es su hermana y quiere que encuentre un novio rico y guapo antes que yo. Sé que en el fondo me quiere mucho, como cuando éramos pequeños, pero cuando le veo me pongo triste, porque ya no me cuenta sus cosas, y cuando me dice algo sobre las cosas en que anda metido, no le entiendo nada.

Alicia *(madre)*

¡Ay, señor, cómo pasan los años! La de cosas que pueden suceder tan deprisa. Cuando vuelves la vista atrás, parece que todo ha pasado tan rápido como una tormenta de verano. Pero yo no me resigno a ser una vieja chocha, que es en lo que me estaba transformando con todo el problema de Miguel. Aunque después de saber lo que pasaba —y al menos, haber encontrado una solución intermedia que, desde luego, no es la mejor para él, pero al menos me lo deja colocado—, pues se me ha quitado un peso enorme de encima. Así que me he animado y como se me da bien, pues le he hecho caso a mi amiga Piluca y aquí ando, como decía la Santa de Ávila, «entre pucheros». Lo de Fernando y Elena también ha sido lo suyo, aunque no es lo mismo un problemón de cuatro años que de veinte, y además, ¿quién iba a esperar lo del mayor? Un mazazo que para qué, pero para él sí ha estado su padre, destrozado, pero al pie del cañón como debe ser. Con lo de la niña… en fin, un desliz, y contra eso no queda otra que aguantar. Quién lo iba a decir, la alegría de la casa es Susana, que me ayuda en todo. Vamos, que la he nombrado hasta pinche de cocina de honor. Lo que no me gusta ni un pelo es lo que le dice Elena sobre Miguel, porque ella es la primera que debería saber que es un trozo de pan bajado del cielo, y que en ningún caso se le pasa por la imaginación hacerle nada a nadie y menos a un niño.

Manolo *(padre)*

Los palos que da la vida, ya se sabe que es para sufrir y que cuando parece que vas a levantar cabeza, pues te la vuelve a jugar con una saña que para qué. Con lo buena persona que es Fernando, lo que le ha pasado es una injusticia de campeonato, y en sus mejores años, con un carrera impresionante

196

por delante. Estoy que muerdo desde entonces, porque no hay derecho a lo que nos ha tenido que pasar, y todo por no tener dinero e influencias que si no, una lesión así no tiene que ser para tanto. No sé si me saldrá (porque no es nada fácil hablar con él), pero tengo que decirle a Miguel que qué piensa de buscar un médico para Fernando en el extranjero porque, aunque su lesión es de las gordas, yo no me resigno a verle así toda la vida. Sé que él ha tirado hace tiempo la toalla, pero yo pienso buscar lo que sea. Lo que pasa es que se cruzó lo de la operación dichosa con el regreso de Elena y el parto, y no se puede estar a todo. En cuanto a Miguel, quién lo iba a decir, se portó como un campeón atendiendo a unos y otros. Hasta me da a mí que algo tuvo que hacer, porque eso de que aparecieran así como de la nada seis mil euros en la cartilla y él dijera que eran de una quiniela que había echado, pues no sé. Para mí, desde entonces ha ganado muchos puntos y mira que me metí con él de pequeño, pero nos lo han vuelto reformado del internado. ¿Y qué más da si es sobredotado o monje budista? Lo importante es que se ocupe de su familia, que tenga un trabajo decente y que no se meta en jaleos. Está claro que parece más lumbreras de lo que hubiéramos podido sospechar, pero de eso no se come, y con eso hay que vivir y hacer todo lo posible para que a los tuyos no les falte de nada. Ahora por lo menos la pequeña de la casa parece más centrada y, como es muy lista, no parece que vaya a dar muchos problemas.

Carmen *(tía)*

¡Qué duro es ser madre! Estás todo el día al pie del cañón y solo consigues sacar la mitad adelante y con un esfuerzo tremendo. Menos mal que Patricia es un primor (e igualita a mí) y ya vive su vida, Íñigo ya tiene su carreraza y el día menos pensado me hace abuela, pero lo de Álvaro es un castigo divino, al final va a ser más manta que Miguel, que ya es decir. Lo de Paola quién lo iba a sospechar, si toda la vida ha sido una niña de anuncio. Bueno, peor lo tiene mi hermana Alicia con la desgracia que tiene encima el mayor, parece que no se va a librar de los dichosos psicólogos en toda la vida. La niña, una fresca, eso es lo que es y el pequeño, un friki de esos, que cualquier día explota, con las ideas raras que gasta y todo lo que tiene en la cabeza y ya tenemos tragedia griega, sin comerlo ni beberlo. Yo voy mucho por casa de mi madre, porque no me ha gustado ni un pelo que Miguel se haya ido a vivir allí teniendo su casa, donde hace falta y de donde (que yo sepa) no lo han echado. Pues nada, tiene que complicarle la vida a una pobre mujer que no está para esos trotes y más desde que murió mi padre, que ha dado un bajón considerable. Y hay que ver cómo tiene su habitación el dichoso tarado, llena de papelotes por todas partes. Habría que tirarle la mitad, porque va a provocar un incendio, aunque muchísimo peor es lo del taller ese, que habría que desmantelarlo. Ya debe ser hasta delito lo que hace ahí con todos esos enchufes, que cualquier día revienta la casa. Y que conste que él con su vida puede hacer lo que le salga de las narices, porque a mí me importa un rábano, pero en casa de mis padres, eso sí que no y si el muy listo se cree que se va a quedar con ella, pues eso habrá que verlo. Yo ya tengo pensado que, hasta que consigamos un buen partido para Paola, a lo mejor es un buen lugar para que aprenda a vivir sola cuando, dentro de muchos años, haya muerto mi madre. Además, está claro que ella (la pobrecita) es la que más lo necesita y el zángano de Miguel que se busque la vida y si además es sobredotado como dicen, seguro que no le resulta nada difícil vivir en otro sitio y ocuparse de sus cosas, que ya va siendo hora con los añazos que tiene.

Marcelo *(antiguo portero)*

Me encanta el cambio que dio Miguel. Menos mal que en el último colegio supieron entenderle, aunque es una pena que haya sido demasiado tarde y no se ha podido aprovechar todo el talento que tiene. Es una lástima que no se saque un título de lo que sea, porque en este país, si no vas con un papel oficial por delante, olvídate de encontrar un buen trabajo y, si no, que me lo digan a mí, que no pude convalidar los títulos que traje de Argentina, y lo máximo que he conseguido es el trabajo de supervisor de seguridad de un garaje, y eso casi por enchufe. Algo alivia que, como ahora se les da todo a los niños y no se permite que estén aburridos un minuto, me sale trabajo de mago todos los fines de semana, bien sea en cumpleaños y celebraciones, o en centros culturales, Con eso me sale un buen pico para ir tirando. Desde que llegaron las duendecillas, todos son gastos, y ayudas bien pocas, que pienso yo que los pañales, las papillas y la leche tendrían que estar subvencionados. Y menos mal que ya las tengo medio criadas, pero entre las gafas y los zapatos, o me busco otro trabajo más o no llegamos a fin de mes, y eso que Flora también hace lo que puede como cajera en un supermercado, pero claro, a tiempo parcial.

Tengo a Miguel medio convencido para que me eche una mano con las tareas escolares de las niñas, a ver si le coge el gustillo a eso de enseñar y se busca un futuro dando clases particulares. Para eso no le van a pedir título y a él con lo que sabe, con lo que le gustan los niños y con la buena disposición que tiene, seguro que se le da bien. Flora dice que en cuanto tenga un poco de seguridad en sus relaciones con los demás, se abra y no piense que todo el mundo va a hacerle daño y encuentre algo donde pueda realizarse, va a dar un cambio impresionante y que ahí encuentra pareja seguro. Yo no lo tengo tan claro, porque ser sobredotado no es nada fácil, y creo que también le vendría bien relacionarse con otras personas parecidas a él, con las que poder hablar el mismo lenguaje y que le dieran la oportunidad de ser como es realmente. Porque, por mucho que se acomode, nunca será feliz hasta que pueda vivir como la persona que es.

ENLACES

¿Cómo es un adulto sobredotado de veinticuatro años de edad?

Muchas veces, asociamos «sobredotado» a persona de éxito o triunfador, porque sabemos que algunas estrellas de cine, personajes que salen en la televisión o deportistas famosos han sido diagnosticadas como tales. Pero si una pequeñísima parte de la población llega a conseguir estos logros (donde la casualidad es un factor a tomar en consideración, y menos del 3% de la población en general es sobredotada) podemos concluir que es la excepción y no la regla el porcentaje de personas sobredotadas adultas que consigue éxito en cualquiera de las etapas de la vida. Es cierto que las personas sobredotadas se caracterizan por tener todos los componentes cognitivos para convertirse en personas con alta probabilidad de conseguir grandes cosas en la vida y ser felices, pero hay *handicaps* muy difíciles de superar, como los desajustes que muestran en su perfil emocional, junto con el rechazo a su naturaleza por la sociedad (y en especial por el ambiente educativo), unidos a un fracaso escolar que caracteriza a la mayoría de las personas de altas capacidades que no son diagnosticadas o enseñadas atendiendo a los rasgos diferenciadores de su personalidad.

El adulto sobredotado es tímido, introspectivo, suspicaz en consonancia con las veces que ha sido defraudado, hipersensible a cualquier menoscabo que pueda sufrir por parte de las personas que le rodean y, desgraciadamente, aunque en apariencia puede parecer conformista con la realidad que le toca vivir, es tremendamente exigente, crítico consigo mismo y con los demás y muestra desajustes emocionales entre lo que quiere hacer, lo que se le permite realizar y los medios que tiene para conseguirlo. Normalmente, los trabajos a los que se ve abocado (si es que los consigue) están muy por debajo de las expectativas intelectuales que posee y los intereses que muestra. La rutina y metodología de los trabajos, en su mayoría de baja cualificación, le parecen tediosas y trata de buscar refugio con cierta tendencia al aislamiento en aficiones donde poder expandir sus talentos. Los campos profesionales donde inciden sus habilidades se circunscriben a los siguientes sectores, y vienen determinados tanto por la presencia de talentos específicos, como por las habilidades y competencias que ha ejercitado durante su infancia y adolescencia: el sector tecnológico con notable presencia en el informático, en especial, el que se circunscribe a la creación de videojuegos, aplicaciones y programas informáticos para distintos dispositivos; el terreno artístico y, con mayor presencia, el pictórico, cinematográfico, musical y literario; y, por último, los campos de nueva aparición, donde el factor creativo es determinante, como el diseño de moda, la gastronomía y la creación y captura de distintas tendencias.

A mayor nivel de sobredotación, mayor es el grado de divergencia o capacidad de sobresalir en varios sectores, o la capacidad de progresar en un mismo sector de diferentes formas. Aunque no es más sobredotado por lo excéntrica que es su productividad en los sectores mencionados, sino por la capacidad de gestionarlos de manera eficiente e introduciendo innovaciones que, cuando se consoliden, supongan avances importantes para la mayoría de las personas que trabajan en esos sectores y para la sociedad en general.

Un desincentivo clave en la progresión profesional que les garantice un crecimiento equilibrado respecto de sus iniciativas laborales es la dificultad para comunicar y transmitir lo que quiere y lo que siente. El sobredotado conoce cómo es su interlocutor y, en ocasiones, goza de una percepción intuitiva que le permite calar hasta lo más hondo en sus intenciones. Pero es incapaz (aunque encuentre el momento y espacios oportunos) de mantener una conversación fructífera para las dos partes donde resulte posible llegar a entenderse en profundidad cuando se trata de temas subjetivos. Es decir, como sabemos, cuenta con habilidades para defender alianzas y acuerdos, pero no para saber comportarse como aliado o para conocer cómo conseguir tratar con las veleidades e imperfecciones de un carácter que define a una persona que no es de altas capacidades. Por eso es difícil para él comenzar a plantearse vivir en exclusividad con otra persona, tener que escucharla y atender sus demandas aunque él no siempre las entienda, o darse cuenta de que la única forma de vencer el fantasma de la soledad es aprendiendo a confiar, a dejarse llevar y a escuchar al corazón por encima de la cabeza. También es cierto que esta desconfianza con la que ha forjado su carácter, y que le sirve para evitar que le duelan los ataques que le tachan de inadaptado, ha forjado en su interior una coraza que necesita romper para comenzar a mostrar sus emociones y no confundir la ira con la tristeza, el amor con la admiración, la necesidad con el deseo, el odio con la rabia o la vanidad con el orgullo. Además, y en idéntica medida, tiene que aprender a ver lo que existe debajo de las palabras, a distinguir cuando un no es un «a lo mejor» o «tal vez», y cuando es tan rotundo que nada ni nadie puede levantar su contundencia. Y muchas veces, las vueltas que da su excesiva lógica cuando no le han enseñado cómo parar de pensar o de primar los pensamientos negativos sobre los positivos, impiden que pueda considerar y entrar a valorar por qué a una persona le puede gustar cómo es sin tener ningún interés disfrazado que oculte esta apetencia. No se puede olvidar que la pertenencia a entornos más cerrados y cuajados de prejuicios y tabúes frente a la pertenencia a grupos más abiertos, liberales e incentivadores de cambio puede modificar en gran medida la capacidad de atreverse a romper el cascarón y volar, así como la predisposición a asumir las propias equivocaciones, a entender que otros también pueden equivocarse y que no existen verdades absolutas, porque cualquier persona está por encima de cualquier idea.

Al sobredotado no solo le cuesta independizarse e irse de su propia casa donde, pese a todo y por regla general, se encuentra cuando menos acomodado y cuando más resignado a su suerte de incomprendido, sino también independizarse de su propio criterio de confrontación constante y saber que ceder no tiene nada que ver con claudicar, y que intentar entender los criterios de los demás tampoco significa renegar de los propios u olvidar las exigencias de su propia naturaleza. Muchos de ellos se plantean continuar o iniciar unos estudios que amparen sus intereses y donde se les permita desarrollar sus talentos, aunque pocos de ellos eligen una enseñanza reglada cuya consecución de títulos les podría servir para mejorar sus expectativas profesionales. El sobredotado no quiere saber nada de una clase de enseñanza que tanto le ha defraudado, prefiere métodos y sistemas alternativos que le llenen y le permitan aprender sin someterse al criterio de otros que validen si ha adquirido los contenidos necesarios para la obtención de un título o grado. Otros, incluso una gran mayoría, prefieren ir por libre y experimentar con conocimientos por sí mismos, negándose incluso a compartirlos con sus familiares más allegados pues piensan que, por su gran capacidad, van a ser (una vez más) perseguidos, envidiados y ninguneados.

Todos los rasgos apuntados con anterioridad se producen siempre y cuando el *síndrome de Pigmalión negativo* no haya destruido por completo su personalidad y les haya abocado a vivir una vida que no se corresponde con la suya porque, en este caso, pueden existir problemas psicológicos de gran importancia que cuando menos les dificulten la mayoría de las veces ser autónomos y resolutivos, o cuando no atraviesen una grave depresión que les impida enfrentarse a las circunstancias cotidianas de la vida.

Para finalizar este apartado, es preciso considerar un pequeño grupo de personas de altas capacidades, sobredotadas, que en este tramo de sus vidas no quieren ni trabajar ni estudiar y pretenden mantenerse en esta situación y a costa de sus familiares el mayor tiempo posible de sus vidas. En este supuesto, la familia, y de forma consensuada entre la mayoría de sus miembros, tendrán que intervenir y establecer las consecuencias de estos hechos, además de exigir un comportamiento que no dificulte la convivencia en las familias y obligarles a que cumplan una serie de horarios y cometidos como premisa para poder seguirlos manteniendo.

¿Cómo establecer y fortalecer lazos de convivencia con un adulto sobredotado de veinticuatro años de edad?

En primer lugar, es preciso conocer en profundidad el patrón anímico predominante del que partimos. No es lo mismo entablar una amistad con una persona sobredotada acosada en la escuela, quemada y que no ha sido atendida debidamente, que acercarse a otra que ha sido diagnosticada y tratada, aunque tarde, y este hecho le permite ser autónoma y tener unas perspectivas reales de progreso en el ámbito social y laboral.

Lo más importante es saber que estas personas, tan meticulosas para decidir, necesitan conocer en profundidad y para ello no les valen los cauces tradicionales, ni tan siquiera el tiempo que un capacitado puede considerar como adecuado o normal, porque los sobredotados son muy indecisos y suelen darle cien vueltas a las cosas, hasta que se encuentran absolutamente convencidos de lo que van a hacer. Los sobredotados difícilmente asumen los errores propios y menos los ajenos, que siempre tienden a ver con una mala intención que no siempre existe. Por este motivo, es bueno intentar que relativicen, que coloquen cada cosa en su sitio y que no dejen que la observación de los detalles les impida ver el conjunto de lo que sucede. Es bueno que comiencen a entender las cosas en el contexto y situación en que se producen, a comprobar que la suma de dos opiniones no siempre tiene que dar una tercera, y que las cosas no siempre suceden según lo previsto, pese a que se ponga todo el empeño posible en que así sea.

En el ámbito laboral, precisan contar con unas estrategias de intervención en cuanto a habilidades sociales se refiere, que les permitan establecer una comunicación que no solo se oriente a realizar el trabajo con normalidad, sino también a conseguir que abra puertas de contacto con grupos sociales donde el objetivo no solo sea ser admitido, sino desarrollar un caldo de cultivo propicio para los afectos y las amistades. También es más importante que nunca (para evitar el aislamiento y la falta de interés en cultivar amigos) contar con el apoyo de asociaciones donde encuentre grupos de adultos que realicen actividades, talleres y viajes en su tiempo libre, con el propósito de reivindicar y establecer una interacción con personas de similares capacidades que resulte provechosa para todos. Hay medidas que favorecen la reinserción laboral y que posibilitan la ausencia de conflictos jerárquicos con sus superiores y de rencillas con sus compañeros de trabajo, como pueden ser otorgarles funciones y competencias laborales que les permitan abstraerse y recluirse con facilidad en su mundo, no obligarles a un diálogo que en ocasiones puede ser de sordos y no pretender que se parezcan a otras personas o que rindan como los demás. Además, suelen obtener mejores resultados en aquellos cometidos en los que no existe contacto directo con el público. El cálculo es una herramienta de trabajo importante, es preciso organizar y prever para proveer, no se siguen rutinas prefijadas ni existe un ritmo de trabajo preexistente y no hay que llevar un atuendo que se ajuste a una estética o patrones de conducta determinados. Por el contrario, los trabajos en los que no existe la posibilidad de pensamiento crítico y que se basan en el ejercicio continuado de unas prácticas no enriquecedoras son los más desaconsejados para su naturaleza, así como aquellos donde son determinantes los convencionalismos sociales, o es obligatorio llevar una indumentaria.

El entorno de la familia de origen no puede ni debe ser postergado en este momento, porque lo necesitan como referente donde satisfacer sus dudas y hacer frente a la incertidumbre que les depara un mundo que no está adaptado ni para las altas capacidades ni mucho menos para cualquier diferencia y que, realmente, vive apalancado en unos modelos de convivencia que no siempre satisfacen las necesidades de la mayoría de los miembros que lo componen. Sin lugar a dudas, es conveniente apoyarles en la producción de bienes, elementos y enseres, donde la inventiva es predominante. También es positivo dotarles de los medios necesarios para que los desarrollen y los patenten, así como que creen obras científicas que puedan ser registradas, pues este baluarte les advierte de su valor, hace crecer su autotestima, mejora el concepto que tienen sobre su propio talento y esfuerzo, y les abre la puerta a perspectivas profesionales que es preciso valorar para conocer si les son beneficiosas. Asimismo, es oportuno que cuenten con espacios propios donde gestionar sus talentos y refugiarse para crear y realizar actividades que no se encuentran dentro de las competencias de su entorno laboral, pero que les oxigenan la mente y les dan el ánimo necesario para trabajar, incluso en aquellas disciplinas que no les agradan.

Siempre que sea posible, es extremadamente enriquecedor para ellos que amplíen su formación en el extranjero mediante cursos que no existen en nuestro país y que atienden a sus peculiares formas de aprendizaje y de interacción social. De esta manera, conseguirán con mayor probabilidad una aceptación social que, de otra forma, les resultará negada por sus presuntas excentricidades o incapacidad de seguir el ritmo normal de una enseñanza reglada, y su identidad se reforzará menguando la probabilidad de sufrir desajustes como consecuencia de los vaivenes emocionales que comportan sus capacidades.

En cuanto al terreno afectivo, no es cierto que las personas sobredotadas tengan mejores resultados con aquellas que son de su misma naturaleza. Tal vez porque, aunque parezca paradójico, la intensidad de sus afectos y odios puede resultar excesivamente explosiva, o porque la persona sobredotada no busca una igual que la entienda, sino aquel que esté a muerte por ella, aunque no encaje en absoluto en lo que podía esperar. Su excesiva hipersensibilidad y fragilidad es lo que más atrae a otras personas aunque, muchas veces, la fuerza y rotundidad de su carácter puede abocar las relaciones afectivas al fracaso, o incluso a la incapacidad para saber mostrar lo que siente o aceptar los sentimientos que otras personas puedan tener hacia ellas.

CAPÍTULO OCTAVO
TREINTA Y SEIS AÑOS

He vuelto al psicólogo para hablar con alguien
porque, si no, hay días que no digo nada.
Juego y juego con la Play y escribo en foros sobre cosas que ni sé.

a) No encuentro a nadie con quien estar. Conozco a muy poca gente
y me agobia bastante su falta de iniciativas.
Hace tiempo que dejé de inventar.

b) Hace tiempo que vendí mi empresa.
Escribo libros y doy conferencias en la universidad.
Disfruto mucho de mis tres hijos pequeños.

DESDE DENTRO

La nevera está vacía y me temo que así continuará hasta que mi madre me traiga algo. No me gusta ir a comprar y no me organizo, por más que lo intento, con los alimentos que tengo que comer cada día. Sobreviviría con leche y cereales, lo malo es que la leche se estropea con mucha facilidad. Lo mismo me sucede con las cuchillas de afeitar, por eso me he dejado barba. Al menos así los años no me dicen el tiempo que ha pasado desde que vivo en esta casa, un quinto interior sin ascensor donde la luz es un bien preciado que viene de cuatro bombillas peladas colgadas del techo y dos lámparas, una de pie y otra para mi mesilla.

Desde que murió la abuela y se vendió su casa para repartir el dinero entre todos sus nietos, no tengo otro sitio donde vivir como adulto independiente. Siempre podría volver a casa de mi madre, porque a mi padre y su nueva pareja sé que les molesto, pero yo quiero vivir mi vida o, al menos, tener una vida que se parezca a algo que esté destinado para mí. Lo de la droguería no salió bien, y ahí no pueden decir que no pusiera todo mi empeño, pero mi primo Álvaro se pasó de la raya robándonos y quebramos. Al que mejor le ha ido es a mi primo Íñigo, aunque me choca que se haya casado con Luis, un arquitecto mallorquín que sale mucho en la televisión, en programas que no veo. Antes me encantaba ver documentales, pero ahora quiero tener la televisión encendida muy bajo todo el tiempo, y me da igual qué estén echando. Nada más es por tener la sensación de que alguien puede que cuente algo interesante, que ha venido a visitarme porque quiere algo de mí, aunque no sea bueno, cualquier persona que haga adelantar las horas de un tiempo que se me hace eterno. Mi psicólogo dice que debería comprar una mascota para que aprenda a vivir con mi soledad. Pero si no sé ni puedo cuidar de mí, ¿cómo lo voy a hacer de otro? Lo máximo que sobrevive en este erial junto conmigo es un cactus, al que a principios del mes de junio le salen dos flores rojas (como dos borbotones de sangre) y se mueren cuando está para acabar el mes.

Trabajo de reponedor en una gran superficie. Se me da muy bien colocar los envases y las cajas, llevar los cartones a los contenedores y apilar los residuos para después reciclarlos según su composición. Mis jefes están muy contentos conmigo porque dicen que soy rápido, no exijo ni protesto y nunca pido días libres. La verdad es que no tengo ningún motivo para solicitarlos y de vacaciones me puedo ir en noviembre sin ningún problema. Cuando trabajo no pienso, dejo la mente en blanco.

Es como si te hubieran quitado las pilas y no te das cuenta de lo que sucede alrededor. Todo está pautado según un protocolo preciso y yo lo sigo para acabar y volver a este agujero. Cierro la puerta, cojo el mando y cuando salen las primeras imágenes enciendo la otra pantalla del ordenador. Leo toda la prensa nacional e internacional. Aunque no tengo ningún interés en demostrarlo en ninguna academia (como si fuera un mono de circo) me desenvuelvo bastante bien en diez idiomas. El último que he aprendido es el tailandés, y me recuerda bastante al hebreo, con algunos signos que (paradójicamente) se parecen al árabe. Tengo libros por todas partes, me gusta tenerlos cerca y oler su tinta. También ver su título y recordar qué hacía yo o quién era cuando leía estos libros, porque hace tiempo que solo leo lo que se encuadra dentro de la pantalla del ordenador y me da pereza abrirlos. Muy de tarde en tarde suena el móvil. Suelen ser compañías telefónicas o empresas que ofrecen servicios que no me interesan. Insisten mucho, aunque no les hagas caso. Yo guardo estos contactos con el nombre de «no coger» y una combinación de cifras y letras a su lado. A veces me sorprendo riéndome de la repetición de llamadas.

Los viernes siempre llama mi madre para ver qué planes tengo para el fin de semana, contarme la agenda cultural de la ciudad para que me anime y vaya a algún espectáculo, saber si tengo amigos y qué hago con ellos, y preguntarme si puede venir a visitarme el domingo. Está tan sola como yo y parecemos dos náufragos de la vida. Papá se fue de su lado sin decir tan solo una palabra. Me pareció de lo más ruin, vil y cobarde, y desde entonces, solo hablamos en las Navidades y en nuestros respectivos cumpleaños. La chica con la que se fue tiene solo treinta años y están esperando un bebé. Mamá se quedó triste, pero resignada, porque dice que allá su conciencia y que ella tiene la suya muy tranquila, aunque a mí a veces me gustaría retorcerles el cuello porque pienso que las cosas no se hacen así, y sé que si a mí me hacen algo parecido, me vuelvo loco de veras. Vamos, que de la impresión no sabría qué hacer durante mucho tiempo, seguro que más de una vida entera.

Las mujeres me gustan, aunque no estoy seguro de que sean de fiar. Son más retorcidas que los hombres y no sabes lo que realmente están pensando, muchas veces solo quieren que les des hijos y se ponen como locas en cuanto les suena eso del reloj biológico. Sé de un par de ellas que me miran con insistencia cuando voy a trabajar, pero yo no les digo nada porque no se me ocurre otra cosa.

No me preocupa el dinero. Tengo más del que puedo gastar, así que lo voy acumulando en la cartilla hasta que mi madre decide dónde colocarlo. Me da igual lo que haga. Dice que tengo que pensar en mi futuro y que un día me casaré o me pondré enfermo, y entonces sí que lo voy a necesitar. Estoy harto de los «por si acaso» y de lo que pasará mañana, porque si hoy no sucede nada de interés, lo que me espera mañana es sin lugar a duda parecido o peor y prefiero darme de narices con ello cuando tenga que venir. Por eso tampoco me importa la moda, ni si el amarillo combina o deja de hacerlo con el verde. Me pongo cualquier cosa con tal de que esté limpia y, en cuanto me la quito, al cesto, y al final de la semana, a la lavadora, aunque no siempre compro detergente. Al menos, eso se me quedó de casa de mi abuela. Bueno, eso y la necesidad de tener cerca un buen olor. Los buenos olores no vienen de los ambientadores, sino de las frutas frescas como los limones y manzanas, de las flores como la lavanda y la rosa, del café recién tostado y del pan cuando pasa por el microondas. También de las maderas como el sándalo y el incienso, de las especias como la pimienta y la vainilla, de las hierbas como el romero y el tomillo. Cuando me falta un olor que necesito por alguna razón determinada, busco dónde encontrarlo, porque si no se me caen las paredes encima. Los olores son el trampolín de los sentidos para dar a las sensaciones una forma amable. Por eso no es lo mismo un dolor de cabeza cuando huele a jazmines que cuando no, ni tampoco es igual el cansancio del día cuando en el ambiente huele a menta que cuando no huele a nada. Los olores me dicen que la abuela está cerca y vela por mí. También dan nombre a muchas cosas y ayudan a entender los jeroglíficos complicados de las palabras de los prospectos y de los recibos que hay que pagar, a seguir un horario y no llegar a trabajar tarde y empujan para que te levantes por las mañanas cuando no tienes ni pizca de ganas de hacerlo.

Marcelo y Flora se han ido a vivir a Tucumán con las pequeñas Marta y María, porque aquí con la crisis andaban muy justos. Allí les han hecho una buena oferta de trabajo en una empresa constructora: a él (que resulta que es licenciado en leyes) como abogado y a su mujer de secretaria en el mismo despacho. El día que se fueron llovió y olía a tierra mojada y a agua que se ha lavado la cara. Las niñas llevaban puestos dos impermeables rojos con lunares negros que les regalé y parecían dos mariquitas saltarinas. Siempre que abro un grifo recuerdo ese momento y me da un poco de pena. Todos los meses me mandan una carta. No les gusta la informática, ni siquiera para verse a través de una pantalla. Dicen que se habla más adentro y se piensa mejor lo que se escribe en el papel, y que eso queda en el recuerdo como el señuelo de una vida realmente vivida. Pienso en si allí harán espectáculos de magia y atraparán alguna estrella para mandármela dentro de una caja, y así no tendré que ocuparme de cambiar las bombillas cuando se funden, como el otro día, que lo hicieron tres casi a la vez y por poco me quedo a oscuras.

Hace tiempo que dejé de inventar cosas porque realmente la gente solo quería aprovecharse de mí. Les interesaba robármelas y no pagarme por utilizarlas, así que algunas de las que hablé, las he patentado para que no puedan aprovecharse de ellas, y otras muchas duermen el sueño de los justos dentro de mi memoria. Es una verdadera lástima, porque sé que podrían dar dinero para todos. Pero la mayoría de las personas, en cuanto pertenecen a una entidad, se creen con el sagrado derecho de explotar a las personas que se encuentran a su alrededor y saben que son independientes. Piensan que, como están solas, no tendrán otra opción que claudicar, o que las podrán engatusar con la remota probabilidad de que pertenezcan a su organización y, de esta manera, quitarles lo que les pertenece. También se creen más listas que nadie y que tienen el derecho de pisotearte a su antojo. Para ellas no existe la máxima «dos esfuerzos que se suman multiplican ingresos y resultados», *win to win*, sino que su eslogan es: «Yo no tengo nada, porque no sé nada ni cómo conseguirlo, y voy a buscar un pringado al que quitárselo porque seguro que se encuentra enfrascado en sus inventos y se lo puedo arrebatar sin que se dé cuenta». Intenté mostrar mis creaciones, hacer alianzas, buscar dónde exponer resultados en conferencias a las que solo van los ejecutivos de grandes multinacionales a mirarse el ombligo y no decir nada, y también los hijos de algunos divulgadores que nada valen porque nada han aportado hasta ahora al común de la ciencia, de la técnica y las artes. También traté de contactar con empresas tan vacías como las externalidades de sus servicios, las franquicias en serie, el marketing teledirigido y la capacidad de conseguir crecer a costa del sudor de otros, y la respuesta siempre fue la misma: «dánoslo y veremos» y, si no, nada. Y así, desde luego, prefiero la nada, porque yo soy el que tengo algo.

A veces, cuando me levanto por las mañanas, siento muy dentro (como lo hace el eco cuando la voz se amplifica) el grito de muchos que podrían verse beneficiados por mis inventos, pero no cuento con los cauces para poder acceder a ellos, y lo que tengo claro es que no me voy a dejar ordeñar, aunque el precio sea que mis creaciones no se conozcan. Mi psicólogo dice que conoce a muchísimas personas sobredotadas a las que les sucede lo mismo que a mí y me pide que todas las invenciones de las que hable las patente, y todas las ideas que tenga las registre, para que así nadie pueda quedarse con lo que no es suyo y, si lo hace, caiga el peso de la ley sobre él. Yo le respondo que ya lo hago, y que ni se imagina la cantidad de libros que se copian a lo largo de los años y se vuelven a editar con otro nombre y, claro, con sustanciosos rendimientos. Y, como ejemplo, le enseño uno sobre la memoria que se publicó hace pocos años y que, encima, el pobre pringado al que le copiaron la obra se llama Salomón, como el de las minas y el templo de Jerusalén. Me llevo bien con mi psicólogo, aunque sé que soy su paciente y que, por eso, mientras dure mi terapia no podemos ser amigos. Al menos, puedo contar lo que me pasa por dentro y sentir que alguien me escucha sin juzgarme. Sé que tengo que dar el paso de apuntarme a algún taller o curso para conocer gente, pero todavía no me siento preparado.

Tampoco me gusta el deporte porque soy muy patoso, pero he cogido la saludable costumbre de dar paseos de una hora todos los días. Cuando lo hago, sí que estoy yo con todo mi potencial, tal vez porque la combinatoria de sonidos y colores me dan los olores que necesito para descubrir en las cosas lo que estas pueden darme, y para percibir que, aunque lo que suceda siempre me superará, yo siempre puedo decidir el peso que quiero darle en mi vida. Cuando camino, siento que mi cuerpo y mi mente hablan en lenguajes que desconozco, pero que me sientan bien y me abren la puerta a distintos horizontes como, por ejemplo, pedalear en bicicleta. Ya me he comprado una estática y, de cuando en cuando, me hago unos kilómetros, sobre todo de noche, cuando quiero darles las buenas noches a Marcelo y su familia. Y salgo a la terraza del piso donde vivo, y que no es muy mío porque estoy de alquiler, para buscar una estrella y mandarle toda la luz que me entra por los ojos cuando no ven ni miran y están como los de las estatuas de cristal reflejando la frágil impronta de las manos que los acarician. No hay muchas estrellas en esta ciudad. A lo mejor es que las noches son demasiado densas porque están preocupadas por tantas casas donde falta algo, donde se espera a alguien que no llega, donde el frío y el calor de las estaciones pasan página pero no cambian nada. Anoche mi sobrina Susana me trajo un telescopio. Esta chiquilla no sabemos a quién ha salido, porque siempre tiene ideas geniales. Dice que así puedo llegar antes adonde me esperan y encontrar lo que busco. Y yo le he respondido que, muchas veces, lo que tenemos más cerca es lo que nos devuelve le fe en lo que hemos creído. Y la fe no es otra cosa que contar cuántas luciérnagas se apagan en la noche, para luego encender velas con las que honrar su ausencia y también buscar con la ayuda de un principito alguien que encienda las farolas cuando los magos despistados se han olvidado de hacerlo.

DESDE FUERA

Tania Bartolomé (*reponedora Supermercados Luz Blanca*)

Me vuelve loca mi nuevo compañero de trabajo, con ese aire entre misterioso y suficiente que lo hace tan atrayente. Claro, no me hace ni caso porque seguro que las tiene a montones, y una es lo que es, y con estas pintas pues por supuesto que no se fija en mí. Ya no sé qué hacer para llamar su atención y conseguir que se venga con todos a desayunar después del trabajo, porque nunca queda con nadie. Es como si tuviera mucho que hacer, espero que sea otro trabajo y no ilusionarme, como siempre, con un casado devoto de su esposa o (no sé si es peor) con un separado rodeado de chiquillos gritones, de comeduras de tarro y de deudas. La verdad es que me gusta a rabiar y no sé cómo lo hace, pero tiene un aire alternativo que engancha. Parece muy culto, de esos que devoran revistas para estar a la última en tendencias, y no he visto a nadie a quien le combinen tan bien unas bermudas con una americana, y sin llevar nada más debajo de esta. Además, ¿a quién se le ocurre ponerse una chaqueta trabajando de reponedor? Yo creo que lo hace para provocar y hacerse el estupendo. A mí me llama por mi apellido, como si no conociera mi nombre o fuera de otra época, al estilo medieval, y mira que se lo he repetido, pero nada. «Señorita Bartolomé, ¿qué pasillo le toca a usted?, «Señorita Bartolomé, coloque los envases en el lineal cuarto, que luego van los míos…» ¡Anda la osa!, si así y de usted no recuerdo que me llame nadie, parece que está hablando con una ministra y que estamos haciendo algo realmente importante, y todo eso con un vozarrón que te deja como hipnotizada, como si hubieras metido la cabeza dentro de una campana cuando está repicando. A mí me deja muerta del todo y eso lo hace con todas, bien sé que también a Jennifer la trae por el camino de la amargura, pero nada, habrá que pensar cómo atacarle porque desde luego no parece que sea él quien vaya a dar el primer paso, y el segundo seguro que también le cuesta mogollón. Lo difícil va a ser cómo entrarle, porque parece don perfecto, todo lo hace bien y de la manera pautada, como si fuera un robot de esos, y no hay manera de saber nada de él, no suelta prenda ni se le escapa una. Vamos, que parece que siempre va flotando en el aire. La verdad, no sé cómo lo hago, pero siempre me gustan los tíos más difíciles, que hay que cazarles con lazo. Lo que tengo claro es que este no escapa, por mucho que se vaya desparramando por los lados como el contenido de un bote mal cerrado. Y vaya que si lo cato, con o sin adherencias familiares, porque me ha hecho tilín desde el primer día que lo vi. Venía con un aire como perdido porque era su primer día de trabajo. Pero no preguntó nada, solo observar y hacer. Mirar con esos ojazos que tiene, que parece que te desnudan por dentro, y callar. Hizo su cometido sin muchos fallos y huyó al acabar el turno como si fuera la Cenicienta. Vamos, como si le persiguieran las llamas de un incendio. Como para no echarse a temblar de emoción y de deseo, porque además gasta una percha de armario ropero. Cierto que le sobran un par de kilitos y que debe ser un «fofisano» de esos, pero en cuanto coma lo que tiene que comer (que de eso ya me ocuparé yo), seguro que me coge pintas de modelo. ¡Ay, tengo unas ganas de abrir el melón y quedar con él para lo que sea! Me lo imagino bailando o yendo al campo o de compras al supermercado, y tengo que atar a la loca de mi imaginación con cinco llaves, tres cerrojos y un candado, porque seguro que me pierdo, vaya que sí.

Susana *(sobrina)*

Mi tío Miguel es un loco estupendo y no sabe que es el que mejor vive, sin dar cuentas a nadie y teniendo cantidad de tiempo para hacer lo que le viene en gana. Si no ha estudiado, no es para hacer un drama, que tal y como están las cosas tampoco sirve para mucho hincar los codos. No sé por qué mi madre le tiene tanta tirria, si no hace daño a nadie y siempre puedes contar con él. Claro, que para eso tienes que tomarle en cuenta, respetarle, no utilizarle ni pretender que sea como tú quieres. Yo siempre la he visto como muy interesada y egoísta, duele decirlo de una madre, pero es lo que hay. Como cuando me envió al internado sin consultarme, porque se había casado con un político estupendo y, claro, no estaba para las tonterías de una niña crecida y caprichosa. Y mira que la abuela le suplicó quedarse conmigo, pero no quiso porque no entraba en sus planes que no me tuvieran controlada unas manos expertas para que no diera problemas, además, estaba lo de los estudios y el bilingüismo. Vamos, unas chorradas de campeonato, yo lo que necesitaba era una familia y adoro a mi abuela, pero nada, ahí me dejó tirada como un pañuelo usado en el maldito colegio. Menos mal ya que se le han bajado los humos y aires de grandeza ahora que su marido está en la cárcel por tráfico de influencias y no sé cuántos delitos más, ella está implicada en esa investigación judicial, y sin un duro, y ha tenido que ponerse a trabajar en una cafetería. Espero que siente la cabeza, aunque cuesta decir esto (cuando tendría que ser al revés), pero yo ahora estoy muy contenta compartiendo piso con otras estudiantes y con mi novio Hugo, y no quiero saber de ella más que lo necesario. Para mí, mi familia son la abuela, Fernando y su mujer Mari Carmen y, por supuesto, Miguel. Del abuelo, poco sé desde que dio la espantada, así que, si no me quiere, yo no voy a ir detrás de él.

Miguel es como una caja de sorpresas, pero de las buenas: nunca sabes qué te vas a encontrar, pero siempre está ahí cuando lo necesitas. Tiene como un sexto sentido para saber lo que te pasa y hacerte saber que puedes contar con él. No es de muchas palabras, y las que utiliza tienen varios significados ocultos que tienes que descifrar, como si se tratara de un mensaje codificado. Me acuerdo de que cuando cumplí trece años me regaló un libro precioso de Julio Verne titulado *La jangada* (que no es muy conocido), donde explica cómo un código de diferentes letras te puede llevar a desvelar el mensaje que se encuentra oculto detrás de unas extrañas combinaciones de grafemas que parecen no tener sentido. Es apasionante, me encantó porque, de alguna manera, es una explicación de cómo es Miguel. Muchas piezas que parece que no encajan, pero un corazón de oro que late por los demás y que, en cierto modo, descifra cómo colocar cada trozo desmadejado de su personalidad para encontrar a la persona que realmente es. Desde entonces, le entiendo mejor y conectamos mucho. Sé que no viene con frecuencia a verme porque la gente le agobia, ya que no sabe cómo interactuar con ella la mayoría de las veces, y le angustian los sonidos incómodos y los convencionalismos y fórmulas de cortesía que no le llevan a ninguna parte. Pero también sé que, aunque es de pocas palabras, está ahí para cualquier cosa. No entiendo cómo no se lanza a buscar una chica que realmente le quiera como es y se preocupe de darle todo lo que necesita. Si yo supiera que alguna que merezca la pena se encuentra interesada en él, seguro que les daba un buen empujón. Además, sé que es un romántico empedernido y un poeta con una gran sensibilidad, seguro que trata a cada mujer como una reina. Es una pena que esté tan solo y que no haya tenido suerte. Bueno, en esta familia todos luchamos contra el mal fario y, al final, salimos adelante. Como Fernando, que ahora está de entrenador en un gran equipo de fútbol y es la mar de feliz con Mari Carmen, una pediatra estupenda, y hasta hace poco nadie daba un duro por él. Pienso que la vida te da lo que tú le das y que las personas como Miguel, tan diferentes y esforzadas, están llenas por dentro de cosas buenas que buscan un lugar donde ser depositadas para germinar la tierra y crecer. También, que todos aquellos que les dificultan su crecimiento, al final encuentran la horma de su zapato y se convierten en unos desgraciados, porque persiguiendo cómo fastidiarles la vida, descuidan la suya propia y están tan vacíos por dentro que nada pueden dar. Y ya se sabe que todo lo que no se da, se pierde.

Alicia *(madre)*

Qué mayor me estoy haciendo, hasta parezco ya una abuela rezongona a punto de perder la cabeza pero, aunque sea solo por Miguel y Susana, tengo que tirar para adelante, porque a Fernando ya lo tengo colocado y más feliz que unas castañuelas. Elena, ¡vaya por Dios!, una cabeza loca que ni sé cómo va a terminar esta niña, y mira que lo he intentado todo. Luego está lo de Manolo, que a la vejez, viruelas. Me ha hecho un daño tremendo, pero tengo que ser fuerte para apoyar a los que me quedan en el nido para que empiecen a volar de una vez por todas. Si es que siempre los más listos son los más frágiles, se aprovechan de ellos porque son unos buenazos de tomo y lomo y, claro, hay que empujarles para que encuentren su propio camino. Lo que no entiendo es cómo es posible que su padre se haya desentendido así de Miguel. Cierto es que no ha sido el preferido y que no se han entendido nunca, porque parece que estaban hechos de fábrica con dos programas incompatibles, pero a un hijo no se le abandona a su suerte por nada del mundo. Ya puede tener años o dar problemas o estar enfermo o ser un energúmeno, o hasta convertirse en un terrorista e ingresar en prisión (que no es el caso), pero un hijo, que es la respuesta que te la vida a tu propia muerte, eso es sagrado y está por encima de todas las cosas, aunque en el pecado lleva la penitencia, porque Miguel es un diamante en bruto. No sabe ni quiere mentir, nunca ha hecho daño a sabiendas a nadie, ni se le pasa por la cabeza devolver todos los golpes que la vida le ha dado, y eso que son de cuidado, pues anda, que con lo sobredotado que es, es triste tener un trabajo que no le aporta nada, sin iniciativas ni inquietudes, sin posibilidad real de mejorar su suerte con otra profesión que se acomode más a sus talentos. Porque, claro, lo de estudiar no puede ser. Y mira que si se empeña puede saber más de cualquier cosa que ninguno, pero los exámenes dice que son como ferias de ganado y que él es no es ningún buey para que lo vendan al mejor postor, y que muchas de las personas que le examinan no tienen ni la más mínima idea ni los suficientes conocimientos para ponerse a su altura, así que, según él, para el circo los payasos.

¡Ay, este hijo mío! No sé qué va a ser de él, y eso que parece que con el nuevo psicólogo va a las mil maravillas. A ver si le convence de que se acomode un poco a este mundo (aunque sea de otro planeta y tenga sus cosas), pero si siquiera me sacara un papelillo oficial con esos idiomas que sabe, seguro que encontraba otro trabajo mejor. Y no lo digo solo por el dinero, sino porque sea más creativo y donde él pueda poner en juego todos los talentos que tiene dentro. Y otra es que encuentre una pareja que le guste. A mí, con lo que he vivido y después de lo su primo Íñigo, me da igual que sea chico o chica, lo importante es que se ocupe de él y le haga feliz y, si pueden, que me den nietos, que Fernando y Mari Carmen no sé qué están esperando para hacerlo. Yo sé que a mí no me queda mucho tiempo de vida, y más desde la última analítica que me hicieron, de donde no se puede sacar nada bueno, pero yo no me quiero ir de este mundo sin tener a los míos colocados, sobre todo a Miguel, con su familia y su trabajo y, por qué no decirlo, también con sus inventos, que en algún sitio sabrán darle el valor que tienen y reconocer que un sobredotado como Miguel es un activo importante y no un pasivo que lleva a la quiebra.

Mateo Miralles *(psicólogo)*

Hacer terapia a pacientes sobredotados es agotador. Te metes en la vorágine de una montaña rusa donde todo es vértigo, velocidad, viento racheado en la cara, empujones de realidad, sucesiones de imprevistos. Tienes la sensación de ir a rastras y al final sientes que te llevas más de lo que les has dado. Cuando te hablan de este mundo en la facultad y en los estudios complementarios que haces después, no tienes ni idea de a lo que te vas a enfrentar. No hay dos sobredotados iguales y, aunque con los años (y los embates carniceros de una sociedad que les condena sin apenas conocerlos), algunos están tan deteriorados que parecen heridas abiertas que tiene la vida cuando el miedo carcome sus ansias de seguir perpetuándose, siempre tienen algún cable suelto que te permite conectarlos. Pero si el devenir del tiempo mancha y duele a los que estamos hechos para sus horas, cuánto más cruel puede ser para los que viven el pasado y el presente en una sola unidad, como si no hubiera futuro ni importara el precio que hay que pagar por abrir los ojos cada mañana.

Miguel todavía es recuperable, porque no le ha golpeado hasta los tuétanos la experiencia del desamor que da sentido, forma y contenido a lo que es y a lo que hace. Si eso hubiera sucedido, con todo lo que ha pasado con su detección y atención tardía, no sé qué iba a ser de él, ni tengo idea de dónde iba a agarrarse para no caer en la desesperación. Tiene que abrirse más y conseguir expresar al menos un poco de lo que siente y de lo que quiere, y también, aprender a escuchar lo que otros le dicen y los motivos que tienen para hacerlo. Pero es complicado, con lo difícil que le resulta soltar una parrafada, y eso porque no se siente seguro de ser comprendido y está harto de someterse a juicios sumarios sobre lo que habla. En consulta, siempre se vacía de oquedades y eso es lo más difícil, dar lo que no se tiene, pero esto es así porque yo le he dado la confianza para hacerlo y sabe que yo estoy aquí para ayudarle y que realmente me importa lo que está sucediendo. Pero hay un mundo fuera que tiene que saber quién es el verdadero Miguel, alguien que le espera para construir un hogar con él, un trabajo que seguro se acomodará más a sus intereses y expectativas, y tiene que luchar por él con todas sus fuerzas y su inteligencia.

ENLACES

¿Cómo es un adulto sobredotado de treinta y seis años?

Lo que más llama la atención es que la asincronía entre su edad física y mental, unida a los problemas que presenta la mayoría de sobredotados para relacionarse con el resto de población que no es de altas capacidades, produce que sus relaciones sociales se encuentren bastantes mermadas e impacten de manera negativa en el entorno laboral y afectivo. Por ello, es frecuente que en España no ocupen puestos de relevancia en las universidades, por naturaleza endogámicas y caldo de cultivo de grupos de interés, tendencias políticas y sagas familiares, ni tampoco en la administración pública, porque es harto improbable que se sometan a las exigencias que las oposiciones y concursos demandan, ni en el entorno laboral privado, porque su cualificación profesional puede que no se encuentre avalada por una titulación suficiente para lograr una inserción laboral apropiada, ni tampoco cuentan con las redes de contactos convenientes para acceder a estos puestos.

También es cierto que su individualismo, espíritu crítico y ganas de competir para ganar en todo y contra todos tampoco les hacen muy aptos para la convivencia con personas de altas capacidades, puesto que la lucha de egos suele llevar a confrontaciones innecesarias y de todo punto destructivas. Por esta razón, suelen encontrarse también bastante solos y carentes de una red de amistades que les apoye en los momentos difíciles, siendo los familiares más cercanos los que tratan por todos los medios de conseguir que se relacionen, que expresen lo que sienten y que sean autónomos y responsables de su propia vida. Las personas de estas características, por regla general, también son un tanto desorganizadas para los avatares de la vida cotidiana, como ir a la compra, organizar una nevera o despensa, establecer cuándo y cómo limpiar las dependencias de una casa, o atender a los mínimos suministros de un hogar, como comprar papel higiénico o tener al día las facturas. No es que no les importe el dinero, sino que no conocen cuál es el valor real que representa en el mundo que les ha tocado vivir. Unos gastan sin control y, muchas veces, en cosas innecesarias con un marcado carácter intelectual, mientras que otros escatiman hasta lo más necesario, acuciados por las premisas de su pesimismo recalcitrante. Tampoco es que sean despreocupados y no les importe vivir rodeados de suciedad por no coger una escoba: se encuentran tan metidos en su rico mundo interior, que no siempre pueden ver más allá de sus narices y, en ocasiones, puede parecer que no atienden a estas cuestiones porque no quieren o para que se ocupen otros, y esto no siempre es así. Lo más probable es que no tengan ni idea de cómo hacerlo, y les cuesta coger rutinas, porque para ellos son tan lejanas como para una persona capacitada tener que levantarse todas las mañanas y jugar tres partidas de ajedrez, o para una persona discapacitada profunda hacer su propia cama. El sobredotado no es un vago para todo lo que no tiene tintes intelectuales o creativos, sino que no está dotado para poder realizar ciertas tareas con la misma capacidad de las personas que no tienen esta condición, ni para interiorizar las pautas sobre las que se sustenta su ejecución como las más normales de su vida. Cierto es que tiene que tomar las riendas de su existencia y ocuparse de estas tareas, pero no por ello debemos pretender que las realicen con la misma perfección que otras personas no sobredotadas. Cuando construya su modelo de familia, es necesario que su pareja conozca que la convivencia con una persona de estas características no siempre es sencilla y que tendrá que enfrentarse a desincentivos como estos, que no suelen tener las personas capacitadas. A cambio, disfrutará de una relación auténtica y sin dobleces, porque cuando el sobredotado entrega su corazón a otra persona, después de darle muchas vueltas a la cabeza y de poner cientos de obstáculos fruto de su portentosa lógica, esta entrega suele ser para siempre, y con una lealtad y compromiso con los que otras personas no cuentan.

Los adultos sobredotados de esta edad también han afinado su ojo clínico, y suelen ser muy analíticos, perspicaces y certeros considerando los aspectos que se circunscriben a otras personas, su entorno y situaciones, aunque no se puede decir lo mismo respecto de las propias. Es frecuente que no consigan relacionarse de manera apropiada con los demás y que, por ello, estos tiendan a engañarles y a apropiarse de los frutos de sus talentos. También es posible que sean foco de constantes críticas por lo que hacen y que alimenten envidias sin pretenderlo, o que susciten opiniones controvertidas donde su intervención es bastante escasa. Esto se produce porque el sobredotado, con esta edad, vive la vida tal cual le viene y sin preocuparse de lo que piensen o hagan los demás. Está pasado de vueltas, sin encontrar lo que le satisface y, por ello, va a por todas con su forma de ser e ignora olímpicamente a los que no le aceptan. No le importa no contar con nadie en los malos momentos si el precio que tiene que pagar es tragar con algo que no le convence o mostrar lo que no siente o que, al menos, no siente con la intensidad suficiente para que a él le resulte relevante. Por esta razón, brillan con luz propia aun en los escenarios más oscuros y pueden llegar a atraer a personas que, sin conocerles, quedan deslumbradas por sus inquietudes, por la imagen de misterio que se cierne sobre ellos o por la capacidad que tienen de ocultar su propia personalidad.

Otro de los rasgos del sobredotado es su capacidad para la introspección y, en estas edades, su yo interior conecta más y mejor con sus propias inquietudes. Son capaces de resumir lo más relevante que ha sucedido en sus vidas y extraer de ello lo que necesitan para continuar adelante. Esta veta de optimismo suele menguar la tendencia a la producción de desajustes psicológicos, así como reducir la desesperación que les suele corroer. La mayoría de ellos cuentan o han contado con personas en su vida que luchan por sacarlos adelante, y es entonces cuando reconocen su importancia y valor. Ahora están preparados para comprender en profundidad el esfuerzo titánico que realizan tantas madres y padres coraje de niños sobredotados que luchan intrépidamente por lo que es justo y les pertenece sin lugar a dudas, que no es otra cosa que sus hijos sean educados según la condición con la que cuentan para que desarrollen todo su potencial y que la sociedad reconozca su talento no solo en beneficio de ellos, sino también de la mayoría de la población. También es cuando comienzan a darse cuenta de la importancia de su talento, de los frutos que producen y de cómo la sociedad que les ha apartado del lugar que les corresponde ahora pretende quedarse de forma abusiva con sus creaciones. Por todo ello, es frecuente que tiendan a disiparse, a atar su imaginación y curiosidad, a cruzarse de brazos y a preferir morir de aburrimiento antes que fraguar invenciones de las que otras personas podrían reivindicar su autoría.

¿Cómo vincularse con una persona sobredotada de treinta y seis años de edad?

Las premisas fundamentales para cualquier acercamiento fructífero son: la naturalidad, veracidad, tenacidad y mente abierta para sostener a veces un diálogo de sordos que, en ocasiones, parece no llegar a buen puerto, pero que cala siempre más hondo de lo que pensamos.

Las personas sobredotadas de estas edades pueden llegar a exasperar con su insistencia de probar y comprobar todos los extremos que se tratan en una conversación. A veces tienden a esconder datos relevantes de su personalidad, por el miedo (que les acompañará toda la vida) a mostrarse como son y, en ocasiones, son un jeroglífico de misterios que es preciso desvelar. El arma más poderosa para conseguir que se rindan a nuestros encantos (y no solamente en el terreno afectivo) es el sentido del humor unido a dosis extraordinarias de paciencia. Relativizar las cosas que no siempre son importantes, buscar puntos en común, aunque a veces parezca que no se vislumbran por ninguna parte, conseguir ganar su confianza dando más que pidiendo son objetivos prioritarios que no se deben perder de vista a la hora de entablar cualquier tipo de relación con ellos. Es cierto que no siempre resulta fácil lidiar con sus faltas de puntualidad (que no implican faltas de compromiso), con su atuendo no siempre acorde con los convencionalismos sociales y a veces desaliñado, con su capacidad de desorganización y de agrupar conceptos por rasgos variopintos, con su pensamiento acelerado y retórico y con sus veleidades intelectuales. Pero, generalmente, no tienen nada que ocultar y, salvo personalidades pervertidas, suelen ser bastante transparentes: lo que hay, en algún momento se verá, aunque el momento que nos encontremos no resulte necesariamente el más oportuno. Lo poco que dicen suele ser lo que es, y no pretenden apropiarse de ningún fruto de nuestro esfuerzo, porque les interesan más los suyos y es común que si se preocupan por nosotros lo hagan para siempre.

Suelen odiar los dobles sentidos que tienden a tergiversar la realidad, el disimulo, la puñalada trapera como medio de ascender, el gregarismo siguiendo a un líder que induce a hacer lo que no se quiere, la pasividad de los que no tienen nada que hacer y ni tan siquiera son capaces de pensar, la cuadrícula de las personas que no viven de acuerdo con lo que sienten, los convencionalismos sociales, el qué dirán y los juegos de sombras y caretas donde nada parece lo que es. Como resulta frecuente que muchos de ellos hayan sufrido en sus carnes las zarpas de estas lacras, las detestan con todas sus fuerzas y, cuando sienten que alguna persona puede estar inmersa en alguno de estos estúpidos juegos de poder, entienden que ha perdido todo su valor para entablar cualquier tipo de relación, tanto ahora como en el futuro. Porque las personas de altas capacidades, además de contar con una memoria prodigiosa (y más para las experiencias negativas), se encuentran muchas veces incapaces de perdonar, porque no entienden la injusticia de estas prácticas sin resarcir el daño cometido, y en estas edades, y con la perspectiva del tiempo vivido, se suelen hacer más radicales. Una forma de conseguir su perdón cuando se ha metido la pata en las relaciones que entablamos con ellos (aunque nos parezca que no tiene tanta importancia) es reconocer de inmediato el daño hecho hablándolo con ellos y contestando a las innumerables preguntas que nos puedan realizar, proponerles vías de solución para consensuar con ellos cuál es la mejor de las maneras de resarcir el daño producido, e intentar paliar la impronta emocional causada reforzando lazos de afecto y cercanía. También es importante hacerles ver que cualquiera puede equivocarse y que, incluso cuando ellos lo hagan, contarán con nuestra comprensión porque para nosotros resulta más importante su cercanía y lo que son que cualquier cosa que nos puedan hacer. Y llegados a este punto, no podemos descartar que nos pongan a prueba hasta estar seguros de que cuentan con nosotros, que busquen referentes para confirmar la opinión que tienen sobre nosotros y que se muestren excesivamente cautos y expectantes ante cualquier cosa que provenga de nosotros.

Ahora es preciso señalar que las formas rotundas con las que se expresan los sobredotados, y que denotan su carácter vital intenso, son solo el armazón con el que hacen valer la debilidad de su talante por naturaleza frágil y necesitado de aprobación para construir los peldaños de una relación sólida. Por eso, tonos y voces que pueden parecer agresivos solo son apasionados, y contenidos radicales son solo el punto de partida para, mediante un debate intenso, construir un marco de opinión (después de darle más de mil vueltas a la lógica), donde es preciso entender que lo que se dice al final puede estar más cerca de la conclusión definitiva que cualquiera de las premisas anteriores. Por eso, los sobredotados aceptan con facilidad patrones similares de comportamiento. Cuando han llegado a esta edad, y conocen las dificultades pasadas y el rechazo sufrido, es difícil que no hayan entendido que de poco vale esconder lo que se es, y son conscientes de que esto de pocas maneras va a alterar la percepción que los demás tienen de ellos. Por esta razón, les importa más la postura de aceptación o rechazo que tomamos con ellos que las formas que adoptamos.

Los sobredotados son conscientes de la existencia de personas vacías y superficiales y que, independientemente de su cociente intelectual, siempre van a hallar una vía para tacharles de poseer una personalidad estrambótica e incomprensible según los cánones de los convencionalismos sociales. Estas personas son, en cierto modo, ejemplos que les dan la medida de la gente que no quieren en su vida. Adoptar con ellos posturas poco comprensivas con su carácter nos hará perder cualquier posibilidad de diálogo. Este patrón de rechazo le servirá para saber lo que no quiere cuando busca un afecto duradero que le permita abandonar su tendencia hacia una soledad obstinada, y le dotará de los márgenes de actuación adecuados, conociendo qué puede ganar y qué puede perder cuando se encuentra a punto de vincularse afectivamente con otras personas. En este punto, es preciso puntualizar que le costará saber lo que quiere realmente de la persona con la que proyecta comprometerse, y le aterrorizarán conceptos como «para siempre» o «hasta que la muerte nos separe», porque los considera demasiado rotundos y carentes de toda lógica. Por eso, la persona que quiera ganar su corazón necesita saber que no va a conseguir cambiarle y que, por mucho que la quiera, siempre será fiel a unos principios de autenticidad, sinceridad y lealtad con la concepción vital que tiene. Tendrá que aceptar incluso cosas que no puede comprender, y darse cuenta de que se embarca en una convivencia de gran desgaste, donde no siempre se compartirán las mismas palabras aunque el lenguaje sea el mismo, y donde es preciso establecer equivalencias con términos que si se valoran con significados equívocos pueden conducir al desastre.

CAPÍTULO NOVENO
CINCUENTA Y OCHO AÑOS

Me duele tanto el cuerpo, y hasta en lugares cuyo nombre
no conozco, que a veces me siento como una marioneta
cuando acaba una función de teatro.

a) Soy incapaz de hablar con mi pareja.
No tiene nada que decirme que resulte interesante y no la soporto.
Dejé el trabajo y he vuelto al psicólogo.

b) Acabo de recoger el décimo premio a mi trayectoria profesional.
He desarrollado un nuevo lenguaje de programación
que contempla la realidad aumentada.
Tengo una nueva pareja con la que viajo por todo el mundo.

DESDE DENTRO

Que se vaya de casa de una puñetera vez, ya se lo he dicho por activa y por pasiva, y ella venga, que dale, que si soy un maltratador psicológico y que me va a denunciar en cualquier momento para que la policía me saque del piso, hay que tener cara dura. Aunque la casa la compramos entre los dos pagando las mensualidades de un hipoteca asfixiante, lo cierto es que soy yo el que más he puesto en este agujero de extrarradio, donde hasta para comprar una mísera barra de pan es preciso coger un medio de transporte. Y, claro, con eso de que íbamos a tener hijos (aunque yo siempre he puesto medios para que eso no suceda) pues había que irse al fin del mundo, a un lugar donde es cierto que se ven muchos árboles, pero también que no hay un dichoso banco para sentarse ni un bar donde tomar una cerveza. Total, tanto esfuerzo y tanto sacrificio por unos supuestos descendientes para que no pare de malgastar el dinero y siempre me esté pidiendo cosas inútiles que no sirven para nada, como un centenar de bolsos y vestidos, reformas continuas en la cocina (que casi parece Versalles), comida para tirar en dosis industriales, y luego no sea capaz de estar callada y con la boca cerrada durante una mísera media hora. ¿Tan difícil resulta entender que yo necesito tiempos y espacios sin esa cháchara de cotorra, que no para de repetir cosas carentes de todo interés, para estar conmigo, pensar, respirar y al menos no volverme completamente loco?

Ahora que he dejado el trabajo, porque estaba harto de funcionar como un robot sin sentir ni padecer, me echa en cara que no busque uno nuevo y ¿dónde quiere que lo encuentre con mi edad, sin estudios y mis inquietudes? Ya se han encargado personas como ella de desgarrarme por dentro hasta no saber quién soy. ¿A dónde pretende que vaya, si el cuerpo ya no me da para estar mucho tiempo de pie, las manos las tengo destrozadas de los anteriores empleos y la cabeza me duele hasta decir basta de lo hastiada que la tengo de repetir siempre las mismas rutinas como si fuera un mono adiestrado? Mira que me lo repitieron una y cien veces mi sobrina Susana y su marido Hugo: no te vayas con ella, porque no te quiere y solo te necesita para exponerte como un trofeo de feria en la estantería de sus logros, ella busca lo que pueda sacarte y, cuando lo consiga, te partirá el corazón, ¿no ves que no le importa nada de lo que haces y está empeñada en convertirte en quien no eres? Pues bien merecido lo tengo, y ahora sí que no sé cómo rayos voy a salir de esta, porque ¿dónde me meto yo a mis años si tengo que abandonar la casa? Desde luego, no pienso ir a vivir con mi prima Paola, la pobre, que aunque tiene pocas luces, me da todo lo que tiene, pero yo no creo que tal como soy pueda vivir en un pueblo que no llega a doscientos habitantes. Yo necesito saber que tengo muchos medios y maneras de desplazarme, aunque no vaya a ningún sitio, que si me apetece puedo comprar una tableta de chocolate en siete sitios cercanos, aunque no me guste el chocolate y no vaya a comprarlo nunca, porque si no me entra por dentro una angustia verde con sabor a medicamento que destroza mis nervios. En momentos como estos, echo tanto de menos a mi madre y a la abuela, porque ellas sí sabían lo que había que hacer en cada momento y yo ni llegado el día del fin del mundo conocería que todo se ha terminado, aunque cayeran rayos de punta del cielo y tocaran la trompeta cientos de ángeles.

Siempre me ha costado decidirme, ir para adelante sin el temor de no estar tomando la mejor de las decisiones, afrontar y acostumbrarme a cambios e imprevistos, tener que transformarme según la vida me va sorprendiendo y, sobre todo, ser capaz de salir de cualquier atolladero por mis propios medios. Me gustaría desaparecer sin dolor ni prisa y sin causar daño en el recuerdo de nadie, como si nunca hubiera existido, y solo me frena de este trance ser consciente de que les importo a algunas personas, como a mi amigo Marcelo o a mi primo Íñigo, que siempre me han mostrado un afecto verdadero e incondicional. Cambiar de país no me seduce, porque no podría cambiar de piel ni tampoco difuminar las cicatrices, ni hacer desaparecer las arrugas, ni mucho menos borrar de la mirada las decepciones que se han enfocado en su horizonte como los cristales de un espejo roto en mil pedazos. Qué distinta es la vida cuando aún te queda tiempo para averiguar cómo soportar los embates del destino, y cómo te ha de calar la lluvia de muchas primaveras para secarte el calor de los veranos que han aguantado el metálico desgaste de los inviernos, con la cara roja de los vientos y la carne amarilla y agrietada de los fríos. A veces, pienso que el reflejo de la luz de los amaneceres cuando te inunda a través de las rendijas de las persianas preconiza en el iris la cantidad de años que se vivirán y (como los círculos de los troncos de los árboles) escribe en los márgenes de los almanaques cuánto te queda hasta el anochecer.

Siempre me han parecido poco honestas las personas que solo te quieren por lo que les puedes dar, y he caído de lleno en la trampa de la vanidad, del sentirse único y especial, para dar de bruces con la cruda realidad, que no es otra que descubrir que no conoces a la persona que se acuesta contigo. Cómo iba a sospechar que Tania no era la persona para mí, que yo esperaba, si yo no solo le he sido fiel y leal hasta de pensamiento, sino que he hecho todo lo posible para que ella fuera feliz, viviera conforme con sus gustos y donde quería, y hasta he intentado cambiar algunos hábitos que pudieran incomodarla, como dejar todo tirado por medio o comer pipas en el salón. Me he esforzado con diálogos que parecían de otro planeta, he aguantado películas absurdas sobre personas que solo se preocupan por su físico, también he renunciado a mi música por sus ruidos, a mi silencio por su parloteo incesante y aburrido, a la lenta mansedumbre de los días por el alocado y atropellado rumbo de sus quehaceres. Y me lo paga diciendo que soy un parásito que solo sirvo para dar pena y manipular a las demás personas a mi antojo, que no soy capaz de hacer sentir a una mujer y que para eso ha perdido sus mejores años y que, encima, por mi culpa no ha tenido ningún hijo, cuando era la mayor ilusión de su vida. Hijos, la respuesta que da la vida a la muerte cuando la cita para encontrarse en un juicio donde no se sabe si los acusados son los deseos o las pasiones, los anhelos o las frustraciones, los miedos o los desengaños. ¿Cómo podría dar a alguien el peso de mi suerte y condenarle a pasar por lo que yo he pasado, por lo que paso cada una de las veces en las que la soledad se ceba con mis frustraciones, con la necesidad de que todo cambie para que nada pueda volver a ser como al principio cuando yo no era el contenedor de un recuerdo, ni uno de los últimos individuos de una especie en extinción?

Dicen que los sobredotados no existimos, que nos diluimos lentamente hasta desaparecer consumidos por la indefinición de nuestras rarezas, que cualquiera puede ser uno de nosotros y dejar de serlo al mismo tiempo, como si la coincidencia en un mismo cielo del sol y la luna pudiera apagar la singularidad de nuestro cuerpo, las protuberancias que desbaratan nuestra estética o el peso que determina fuerzas de propulsión ignotas. Yo no quiero ser como nadie, pero tengo el derecho a reivindicar lo que soy, a perpetuar con mi presencia el nombre de los desesperados que buscan un trozo de tierra sobre el que plantar sus huellas, un hueco en algún terreno donde poder descansar sin ser atacados. Tampoco deseo ser la sombra de alguien, siempre a expensas de que el otro apague la luz para poder desaparecer, como le sucede a mi prima Patricia que, de tanto vivir detrás de una persona, nunca ha tenido una voz con la que sustentar la palabra, ni un momento donde justificar el cansancio, ni un segundo para adelantar o retrasar un reloj y así poder llegar a una cita prefijada de antemano. A veces, cuando salgo a la calle (lo que no sucede todos los días), me sorprendo mirando dentro de las papeleras y los cubos de basura buscando los papeles de esta gran obra de teatro que es el mundo y tratando de atisbar si alguno de ellos está escrito a mi medida, con nombre y apellidos. Otras veces, cuando me quedo solo entre estas cuatro paredes, cierro los ojos y trato de ver en el vaho (cuando la escarcha se queda sobre los vidrios de la ventana) si alguna de las estrellas que viaja por la noche ha errado también su camino, y con el despiste se ha desprendido del cielo y anda buscando el calor de una casa que le pertenezca y a la que pueda llamar definitivamente suya.

Tania para poco en casa y coincidimos menos todavía. Sé que sale casi todas las noches con personas que no la quieren ni la mitad que yo, y que me es infiel con varias de ellas. Luego, cuando regresa, tiene la desfachatez de acostarse en mi cama, como si nada hubiera pasado y yo fuera ese retrasado del que habló varias veces mi expediente académico cuando estudiaba y era mucho más joven. Se levanta a la mañana siguiente y pretende que hagamos juntos las tareas de la casa como si no hubiera hecho nada malo y ella estuviera por encima del bien y del mal y se queja si yo no la he perdonado y la contemplo huraño, como si nunca la hubiera conocido ni supiera tan siquiera cómo es. Parece que no tengo derecho a nada y que ella es quien tiene competencias para desposeerme de todo lo que me queda, hasta de las ganas de que algún día me libre de ella, recupere mi espacio y el pulso de un tiempo que tal vez me pertenezca con la misma intensidad con la que lo hace un bumerán cuando regresa.

Mi cuñada Mari Carmen dice que no entiende cómo he llegado a esta situación y cómo es posible que no haya pedido ayuda antes, que todavía tengo una familia que se preocupa por mí y que no va a permitir que Tania me destroce como un guiñapo ni que se valga de su mala fe para que haga una locura y me ingresen en un centro de salud. He dejado de salir a pasear, la bicicleta estática hace tiempo que la vendió Tania porque decía que era un trasto inútil que afeaba la decoración del salón y que solo servía para recordarme que estoy como un tonel porque no me muevo y he descuidado mi forma física por pura desidia. Esto para nada es cierto porque, aunque estoy un poco por encima de mi peso, subo y bajo pisos con normalidad, y hasta soy capaz de ganar a quien me proponga en una competición donde haya que resistir para vencer. Aunque lo que sí es cierto es que no me gusta el Miguel que veo en el espejo cuando me afeito por las mañanas, y que mi piel echa de menos hasta la barba desaliñada que lucía antes de que Tania se adueñara de mi vida. Hay días en que, si por mí fuera, no saldría de la cama, en los que todo me da igual y tengo la sensación plomiza de estar en una exposición de obras de arte que se encuentran adheridas al suelo, al techo y las paredes. Por eso, tengo que deslizarme como un fantasma temblando como el pábilo de una vela encendida, intentando buscar una salida que no aparece señalizada por ninguna parte. El nuevo psicólogo al que voy —porque el que me gustaba tanto y me trataba antes del desastre de convivir con Tania, se jubiló—, es de pocas palabras y grandes distancias. No me siento cómodo con él pero, como tampoco me puedo pagar uno mejor, me tengo que conformar con lo que hay.

No tengo muchos amigos, aunque a veces le pego un toque a Emilio para echar una partida de ajedrez o él me llama a mí cuando está tan desesperado por cruzar cuatro palabras con alguien como él, que es capaz hasta de coger el móvil y luchar como un náufrago por el bote salvavidas que le lleve a la isla desierta más cercana, y que no es otra que la de mi presencia taciturna. Le conocí en unos talleres de fotografía de una asociación para sobredotados. La materia podría resultar atrayente, pero quien la impartía la hacía soporífera. Así que nos fuimos yendo los alumnos uno tras otro sin dar explicaciones y con la desazón de haber perdido un tiempo que no siempre va al ritmo al que suceden las cosas, y menos al que nosotros los sobredotados llevamos en nuestras mochilas. Emilio tiene dos años más que yo y vive con su madre, porque es absolutamente incapaz de seguir un horario de comidas, lavar su propia ropa o hacerse cargo de una casa, con lo que eso representa. Trabaja en una imprenta, es uno de los mayores especialistas en heráldica del país, y está tan obsesionado con la procedencia de determinados blasones y estandartes, que incluso viaja al extranjero para documentarse sobre ellos. También es un genio en el ajedrez, aunque juega poco contra personas porque dice que no le emocionan y que prefiere batallar contra una máquina donde el crujir de cerebros es más evidente. Solo lo hace cuando se muere por hablar con alguien y como estrategia que apoye una conversación, pues también es bastante tímido y cuesta que suelte prenda. A Tania no le gusta demasiado, tal vez porque conserva una poblada y descuidada barba, o porque no hace caso a sus insinuaciones, ya que para él, a la mujer de su amigo ni tocarla con el pensamiento. Cuando intuye que va a venir a casa, ella se queda como un buitre, expectante a lo que pueda surgir, pero como no entiende muchas veces de lo que habla, no le queda otra que batirse en retirada con un gran gesto de fastidio. En la neblina del campo de batalla construido sobre el tablero, donde las defensas sicilianas y los enroques se suceden, es donde veo más la luz al final del túnel y donde pongo todas mis energías para intentar tomar la iniciativa y ganar la partida, aunque (la mayoría de las veces) conseguir tablas es lo máximo a lo que puedo aspirar, porque Emilio se afana en la lucha como si cada partida tuviera lugar en el último de sus días y para él fuera vital no perder. Mi amigo es muy bueno en todo lo que se propone, lo conoce hasta límites insospechados y es capaz de concentrarse hasta unos niveles a los que yo ahora no llego, con tanta dispersión de pensamiento y nervios que me atenazan, confunden e impiden conocer y afrontar qué es lo que tengo que hacer para librarme de una vez por todas de Tania.

Tengo claro que, pase lo que pase cuando resuelva este problemón de convivencia, nunca más voy a vivir con alguien, y menos con alguna persona que se sienta atraída por mi talento pero no por mi persona, y que esté convencida de que no se puede ser feliz siendo sobredotado y conforme a la naturaleza y circunstancias sobre las que se asienta nuestra personalidad. El sexo para mí ha dejado de ser prioritario, después de años de sufrir la voracidad de Tania, que con nada se conforma, tal vez, porque desconoce lo que quiere y es incapaz de darse cuenta de que si otra persona desea algo distinto a lo que le apetece a ella, eso no tiene por qué ser malo o estar vetado. No lo echo de menos, aunque sé lo que tengo que hacer si me apetece, sin necesidad de dar cuentas de nadie ni de pedir nada a cambio. Hace tiempo que me cuestiono eso de que el sexo y el amor van unidos, tal vez porque no he encontrado a nadie con quien experimentar una realidad que desgraciadamente para mí se hace terriblemente lejana.

DESDE FUERA

Tania *(pareja de Miguel)*

Quién me mandaría a mí estar con alguien tan retorcido, cruel, desagradecido y vago como Miguel. Con todo lo que he hecho por él, hasta intentar hacer de él una persona y no el pingajo anormal que es. Tanto misterio y tanta magia para embaucar a una pobre mujer como yo, hacerla su esclava y volverla loca con unas comeduras de tarro propias de alguien insoportable. Si ya me lo decía mi pobre madre, que ese es un cantamañanas que no tiene donde caerse muerto, que es un «perroflauta» de esos que vivirá a tu costa como un piojo, que como te descuides, acabas en el arroyo. Y ahí casi estoy, porque me mato a trabajar dentro y fuera de casa, y el señor no levanta el dedo. Si por él fuera, vestiríamos con harapos, comeríamos mondas y viviríamos como cucarachas, sin tan siquiera ver la luz del día. Nada, que ahora tiene nervios y eso le impide trabajar como el hombre que se supone que es, vamos, que hasta ha tenido las santas narices de irse del único empleo donde lo soportaban. Es tan inútil que ni siquiera ha sido capaz de darme un hijo y dice que no quiere, cuando lo que pasa es que no puede, que ni para eso vale. Bien engañada me ha tenido, «mira, que ahora no, mira, que aún no, mira, que no lo veo claro». Y, como una tonta, pensando que llegaría el momento, que le haría ilusión, pero ¿cómo va a tener ilusiones un cacho de carne con ojos? ¿Cómo he podido estar tan confundida, si a este tarado lo único que le llena es juntarse con otros de su misma especie y compartir pulgas? Porque ni palabras tiene para comunicarse como un ser humano civilizado y decir lo que siente y lo que padece, suponiendo que, con lo vegetal que es, sienta algo.

Ahora hasta quiere quitarme el piso, con lo que me ha costado transformarlo y convertirlo en un lugar decente. Si por él fuera, no tendríamos ni muebles ni cortinas ni tan solo un microondas para calentar la leche. ¡Pues lo lleva claro! Pienso luchar con uñas y dientes hasta ponerlo de patitas en la calle y que se busque la vida o que acabe en un contenedor, porque semejante despojo a dónde va ir. Mi abogado me dice que, en cuanto mueva un dedo, vamos a por él y es pan comido. Con los diagnósticos de desequilibrado o sobredotado que le hicieron en la infancia, tenemos todos los puntos para que lo recluyan y lo ingresen en un lugar donde van los locos y me lo quiten de encima, porque con echarlo no me vale, que seguro que me acosa, me persigue y, con lo violento que es, hasta me agrede si se le presenta la menor ocasión. Y bien que he intentado que nos llevemos bien y que, al menos, tengamos una relación abierta para lo que surja, pero dejándome vivir mi vida. Pero este hombre además es de un carca y un vetusto como para vomitar, pues ¿no pretende tenerme en exclusividad, prohibirme que me divierta con otras personas e impedir que salga y haga lo que me sale de las narices? Pienso que las personas como él deberían llevar una acotación de peligrosidad asociada a su acta de nacimiento y, así, las que no lo somos y contamos con cordura y normalidad, podríamos estar avisadas con la constancia pública de que una persona tiene una clara propensión a padecer estas taras, como consecuencia de poseer una personalidad determinada.

Paola *(prima)*

Miguel sabe mejor que nadie que yo no soy muy lista, pero eso no quiere decir que no tenga cabeza y, al menos, con un poco de sensatez y sin tantos estudios se puede salir adelante y vivir bastante bien o, por lo menos, tranquilo, que es lo más grande que existe en este mundo. Yo siempre he ido al remolque de mis hermanos y de mis primos, que han hecho un poco conmigo lo que les ha venido en gana, pero no se lo echo en cara, porque bastante han tenido con la vida que les ha tocado vivir y yo, al final, he tenido una gran suerte. Mi Roberto no me dio grandes lujos, ni tampoco me prometió una vida que no podía darme, pero desde que me trajo al pueblo y me dijo «tú para casa, yo para el campo, y a respetarse», no hemos tenido ni un disgusto, y a mí la verdad que no me ha faltado de nada. Bueno, sí, unos hijos, pero tampoco me veía yo preparada para eso, y como no vinieron, tampoco fue cosa de romperse la cabeza, y aquí la vida pasa despacito y sin grandes sobresaltos, porque no hay mucho que hacer, y ni falta que hace para ser felices.

Me gustaría que Miguel viniera a vivir conmigo, porque nos podríamos hacer compañía y vivir sin grandes aprietos. De la casa ya me ocuparía yo, que de sobra sé que las personas como él no pueden estar para eso porque tienen la cabeza en otra cosa. Yo me siento muy sola desde que murió Roberto, y no soy mucho de comadrear con las vecinas, las mojigangas de la iglesia no van conmigo, y menos los círculos de beatas con su falsa caridad, los viajes y los talleres. Pues bueno, los dos sabemos que mi cabeza no da para mucho y ahora con la edad menos y que, aunque seamos de la misma quinta, yo tengo la cabeza más averiada que él. Además, a mí no me parece ni medio bien lo que hace esa mujer con él, si hasta le ha perdido el respeto, que dónde se ha visto eso. Si fuera más echado para adelante, como mi difunto, ya le habría cantado las verdades.

Las personas como Miguel son mucho de aguantar carros y carretas, hasta que un día no pueden más y explotan y se arma la marimorena. Hasta he pensado que Miguel podría tener aquí un taller como el que montó en la casa de la abuela para sus cosas, con esas ideas de genio loco con las que, en el fondo, nos tenía fascinados a todos. Ya me encargaría yo de buscarle a alguien de sus mismos gustos para alegrarle la vida, y quién sabe, a lo mejor ahora le salía bien. Me gustaría que me diera esa oportunidad de ayudarle, porque bien que quiero hacerlo y con el paso del tiempo me he dado cuenta de lo mucho que me protegía cuando era pequeña y me sentía diminuta y perdida porque no podía hacer muchas cosas que se esperaban de mí y a las que yo no llegaba. Ojalá que se lo piense, que no es tan horrible vivir en un pueblo, tenemos internet y electricidad todo el día y, además, te traen a la puerta todo lo que necesites. Pienso que las personas como yo estamos al margen de la sociedad, pero esta nos protege porque no tiene nada que quitarnos, mientras que las personas como Miguel (que también están fuera) son unos proscritos por la envidia que suscitan, y que para nada es justa, porque ellos no han pedido nacer así. También que hay que romper el círculo, aunque duela, para salir a flote y hay que intentarlo cuantas veces sea necesario, porque Miguel tiene que saber que solo uno mismo si quiere puede ser dueño de su destino y decidir hasta dónde quiere llegar en sus relaciones con los demás, y qué es lo que quiere que la vida le traiga porque esta solo es un mensajero de nuestros deseos.

La abuela Rosa, cuando ya estaba muy enferma, me llamó un día y me pidió que cuidara de Miguel. A mí me pareció un despropósito y pensé que se le había ido la cabeza, porque yo siempre he sido la que he recibido más atenciones de toda la familia. Pero ella lo que quería decirme es que las personas sobredotadas tienen una cabeza en consonancia con un corazón enorme, pero que no siempre se comunican cabeza y corazón, o no conocen el lenguaje correcto para hacerlo y que, por esta razón, son más vulnerables, sensibles y manipulables por personas sin escrúpulos a las que les gusta hacer daño de manera gratuita. Estas diferencias también les hacen darle vueltas a la cabeza sin motivo, buscar donde no siempre hay, procurar apagar las estrellas cuando amanece, aunque no se acuerden de cambiar una simple bombilla de una lámpara que se ha fundido, pretender encontrar un trabajo acorde con sus expectativas y sueños, sin tomar en consideración que hay que respetar unas reglas de juego, y que esas pasan inexcusablemente por tener unos títulos académicos y, sobre todo, perdonar a quien no merece ni ser perdonado no considerado. Creo que dentro de dos semanas hay puente, y voy a ver si consigo que venga un par de días a mi casa para poder hablar de nuestras cosas. Y si puede ser, que por favor no venga su mujer, porque la gente que hace tanto daño donde más duele, en mi casa no es bien recibida ni lo será nunca. Yo le haré saber a Miguel que puede contar conmigo para cualquier cosa pues, aunque no siempre le entiendo, hago todo lo posible por comprender las razones de su existencia. Yo no pienso hacerle daño en ningún caso, porque las personas como yo nos parecemos a las que son como él en que somos incapaces de causar cualquier mal de manera intencionada.

Emilio *(amigo)*

Buen tío Miguel, le veo azul en campo de gules aunque no acierto a comprender qué hace con Tania. Para mí, las mujeres son un completo enigma, y yo no necesito tener una fija para satisfacer mis necesidades, que yo sé que para que salga una buena, cien son babosas. Pero tengo la suerte de contar con mi madre, que sabe mejor que nadie lo que me conviene y que como dice ella, maldita la necesidad que tengo de marcharme a vivir a otra casa, con lo bien que estamos los dos viviendo juntos. Ella me lo hace todo y no se mete en mis cosas, porque salgo y entro cuando me da la gana y siempre con dinero en los bolsillos. Para eso sabe cómo administrar lo que gano y para mí ocuparme de esas cosas es un tostón impresionante y me impide dedicarme de lo que me gusta. No hay nada más apasionante que los escudos de un árbol genealógico y eso no lo cambio por ningún paseo cursi con una chica llena de maquillaje como una puerta, que luego te conduce a que te saquen las entrañas y que te obliguen a comprometerte, con lo bien que está uno y haciendo lo que le da la gana en cualquier momento. Cuando me diagnosticaron la sobredotación, estaba yo ya estaba bastante crecidito, y mi madre era la única con la que podía contar, así que me volqué en ella, porque nadie me entendía, ni sabía lo que sufría, ni le importaba lo que me pasaba, hasta me quedé calvo a los dieciocho años y con una úlcera que me trae por la calle de la amargura cuando me da por ponerle el turbo a la cabeza. Por eso, ella me buscó un trabajo fácil para que pudiera dedicar mi tiempo a lo que me viniera en gana sin tener la presión de tanta gente juzgando lo que soy y lo que hago, me espantó a algunas mosconas que me tenían bastante confundido y hasta me apoyó para profundizar en mis archivos, mis libros, mis flores de lis y mis alfiles. Le debo más que la vida y no pienso darle ningún disgusto, porque no sabría qué hacer si le pasara algo. A ella le gusta Miguel, aunque me lo pone como ejemplo de pardillo por lo que le está haciendo su pareja Tania, y me recuerda la inmensa suerte que tengo al estar con ella libre de cualquier peligro que me pueda causar daño.

Miguel es una persona con la que puedes contar en cualquier momento y esta incondicionalidad es uno de sus mayores encantos, junto con su capacidad para resistir lo que le echen encima. Parece que puede con todo, aunque su talón de Aquiles es su búsqueda incesante de lo que es más justo. Y también, de lo que es mejor hacer cuando se ha perdido hasta la esperanza, y sabe encontrar salidas para todo, incluso cuando está tan hecho polvo que nada le convence y parece que hasta las palabras hay que sacárselas con un sacacorchos. Una cosa es una persona que habla poco porque no le da la gana de hacerlo y otra completamente distinta es quien calla porque le han destrozado el corazón una y otra vez, como si en la vida no hubiera sitio para esa persona y hubiera llegado a este planeta por una equivocación malvada. A mí me da buenos resultados ser un cactus con muchos pinchos y, de esta manera, evito que se me acerque gente indeseable, y la que puede ser deseada, si tiene que llegar, llegará y si no yo no me rompo la cabeza por eso, porque estoy muy a gusto con mi vida. Miguel debería ser más fuerte y plantarle cara a la vida para que cuando el viento le golpee de frente no le haga daño. Pero si no atacas con el caballo y el alfil en el ajedrez y en lo que no se juega en un tablero, no tienes nada que hacer, porque hay reyes de todo y príncipes de nada que te dan jaque mate en un abrir y cerrar de ojos y, antes que canta un gallo, te dejan fuera de combate.

Mari Carmen *(cuñada)*

Me pregunto cómo los sobredotados pueden ser tan catetos para las cosas sencillas de la vida. Que si uno paga algo, es de uno, y los demás que no convienen, ahuecando el ala y, si se ponen bravos, pues se va a la policía o al menos se habla con la familia y se ve qué hacer. Mi cuñado no nos ha contado nada de la situación tan desastrosa en la que se encuentra viviendo, y eso manda narices, porque siempre nos hemos ocupado de él como familia que somos y lo hemos tenido en cuenta en las decisiones importantes. Además de que chupó hospital por un tubo en la última operación de Fernando cuando nadie ni de dentro ni de fuera de la familia nos echó un cable. Mucho «pobrecito» y «otra vez la maldita lesión», pero luego venían solo un ratito por la tarde y a correr. Mientras que él, al pie del cañón noche sí y noche también para que yo descansara. Eso no se me va a olvidar por muchos años que pasen, que yo como médico bien sé lo que son los hospitales, te dejan los nervios que ya no sabes si son tuyos o de quién son. Cuando lo de la adopción del crío (que salió mal porque la gente no dice la verdad en la mayoría de las ocasiones), bien que nos sacaron el dinero y, total, para nada, pero Miguel estuvo encima de nosotros para que no nos viniéramos abajo y dio muchas vueltas para intentar encontrar una solución. Así que sobredotado, negro zulú o extraterrestre, para nosotros Miguel es lo máximo y siempre va a tener un plato o dos en esta casa, y al que me lo toque, le doblo el alma. Pues ¿no anda esa mujer suya intentando quitarle el piso, cuando está claro que no tiene nada más? Y buena sangre que le ha costado, porque él no está hecho para ese trabajo de pacotilla donde ha estado y todo para satisfacer los caprichos de esa pécora. Con lo sencillo que es él, le bastaba con algo más corriente y no andar con esos berenjenales y, mucho menos, con alguien que está claro que nunca le ha querido. Es bien triste decirlo, pero es la verdad, que a él lo ha timado hasta el tuétano, ha ido a sacarle hasta las entrañas y ahora, si te he visto no me acuerdo y ahí te quedas tirado.

Pienso que las personas como él no están hechas para darse cuenta de la calaña de esta tipeja, ni de otras que halagan su vanidad para que hagan oídos sordos a la opinión de su familia, y se dejen seducir por la falsa idea de que comprenden su naturaleza y les van a apoyar en todo lo que hagan. Los sobredotados emocionalmente son como niños grandes noblotes sin un gramo de maldad y viviendo en el país de nunca jamás. Si bajaran un poco los pies a la tierra, se darían cuenta de que las personas no viven en el mundo de las ideas de Platón, que muchas pretenden vivir a costa de los demás, y otras tantas quedarse con lo que no es suyo pisoteando a quien haya que pisotear. ¡Ay, mi caballero andante medieval! Siempre persiguiendo el Santo Grial cuya bebida le conceda la vida eterna y le permita vivir en un mundo donde la justicia tenga, además de un nombre, un sitio, y va y se encuentra con una serpiente embaucadora que lo único que ha hecho es distraerlo de sus sueños, obligarle a satisfacer todos sus deseos y venderle un amor de feria que nada tiene que ver con el verdadero. A mí me gustan más las personas como Fernando, y no es porque sea él, sino porque saben lo que hay y lo que no, no persiguen ideales, sino que buscan vivir lo mejor que pueden con las realidades que les han tocado en suerte y siempre ven claro en las personas que se les acercan para averiguar los intereses que traen consigo. Dicen que es soso, parado y con tres luces. Pues bueno, tampoco necesitamos más para estar tranquilos y felices sin darle cien vueltas a la cabeza intentando averiguar cosas que ni nos van ni nos vienen, y que pueden complicarnos bastante la vida, hasta el punto de no dejarnos vivir en paz. Y ahí tienes a Miguel, con un cerebro que se le desparrama por las costuras e incapaz de saber cómo cocinar una tortilla francesa, qué hacer para coser un botón, domiciliar una factura en el banco o dejarle las cosas claras a una sinvergüenza que viene a lo que viene, mientras que los no sobredotados sabemos de sobra de qué va una alimaña de su catadura. El sábado pasado nos la encontramos cenando en un restaurante con otro hombre y ni rastro de Miguel. Así que fui por su cuello, ni el sensato de Fernando pudo hacer nada para frenarme, y que ni se le ocurra a nadie decir que no tengo razón. El otro pobre en casa comiendo a saber qué y esta mujer flirteando con otro, como si Miguel no existiera. Fui hasta su mesa y le dije que tuviera cuidado, porque se iba a encontrar con lo que no esperaba, y que este es el único genio despistado que tenemos en la familia, pero que también contamos con gentuza como ella, así que avisada quedaba y que se olvidara del piso porque íbamos a ayudar a Miguel a echarla a patadas.

ENLACES

¿Cómo es un adulto sobredotado
de cincuenta y ocho años de edad?

Las personas sobredotadas de esta edad que no han podido o sabido hacer frente a las asincronías existentes entre su edad física y mental suelen tener bastantes problemas para hacer valer su estatus, para no ser pisoteadas y mantener relaciones interpersonales que sean equilibradas y donde se las respete. Por esta razón (y dentro de la esfera de las relaciones de pareja) si caen en manos de personas desalmadas, se pueden aprovechar con facilidad de ellas o, cuando menos, menospreciarlas y aumentar sus rasgos depresivos, a la par que menguar de manera considerable su autoestima. Es cierto que en esta edad cercana a la de jubilación, en cuanto a la vida laboral, se hace más patente para la persona de altas capacidades (que difícilmente ha desarrollado unas competencias profesionales que le permitan realizarse conforme a su naturaleza y talentos), que no consigue una satisfacción que le permita seguir de manera saludable con una rutina de horarios y responsabilidades. Por ello, muchos sobredotados o abandonan los trabajos que realizan o tienden a escaparse de buena parte de las exigencias que les requieren, mientras que otros intentan, al menos, desarrollar actividades artísticas que les compensen de las frustraciones que a diario sufren en su horario de trabajo.

Con el fin de evitar desajustes y problemas emocionales, es imprescindible un apoyo de la familia y un fortalecimiento de vías de comunicación, donde se trate de lograr que el sobredotado, hastiado por una vida que rara vez le corresponde y defraudado por encontrar pocas personas con las que compartir intereses y experiencias, pueda, cuando menos, desarrollar algunos aspectos de su carácter. En esta etapa de la vida, la persona de altas capacidades ya no lucha por hacerse entender, ni por intentar ser organizada si no ha adquirido con anterioridad estos patrones, ni siquiera por buscar nuevos alicientes, puesto que se ha acomodado a una vida que no entiende y de la cual ve pocas salidas. El hecho manifiesto de que las cosas no discurren como esperaba le lleva a plantarles cara con una resistencia pasiva, que muestra encerrándose en su torre de marfil. Por este motivo, no protesta cuando sufre agravios o es tratado injustamente y difícilmente trata de vengarse, puesto que, además, tiene ocupada su cabeza en cómo soportar lo que se le viene encima, y estas cuestiones menoscaban el pequeño mundo que se ha creado para sobrevivir. También intenta conservar lo poco que ha logrado como garantía para un futuro que se le antoja cada vez más negro y desafortunado. A esta edad, suelen haber desaparecido los anclajes que tenía con su familia de origen y que, en cierta medida, suplían sus carencias, atenuaban el impacto de sus dolores emocionales y paliaban su búsqueda incesante de razones sin conseguir un objetivo satisfactorio. No encontrar una pareja adecuada, no haberse planteado el hecho de tener unos hijos a los que transmitir un legado (no solo emocional sino también cultural) o no contar con familiares de su misma generación que respondan con él y por él, suelen ser factores que le abocan al contacto con personas de sensibilidad limitada o tóxicas, que empeoran más si cabe el perfil de riesgo emocional al que se encuentra abocado. En este punto, es preciso anotar que su timidez e introversión se refuerzan, así como decrece su interés para abrirse a nuevas experiencias y conocimientos, aumenta su perfil maniático y la sensación de que todo se encuentra en su contra, y es común que no disciernan de manera adecuada entre aquellas personas que tratan de favorecerlos y aquellas que pretenden justo lo contrario.

El sobredotado no sabe pedir ayuda cuando la necesita, ni siquiera a las personas de su confianza, a las que no duda en favorecer, incluso aunque no se lo pidan y de manera desproporcionada, pues con esta generosidad desaforada, en cierta medida, se siente útil y capaz de hacer valer competencias y talentos. Este tipo de personas no dan para que luego les den, sino para mostrarse a sí mismos de lo que son capaces, así como para reforzar su perfil de lo que es bueno, justo y conveniente frente a una sociedad injusta con ellos y que trata de hacerlos desaparecer o difuminar sus perfiles para que no se pueda apreciar su verdadera naturaleza. En estas edades, refuerzan su empatía con las personas más débiles o perseguidas por cualquier causa, así como con otros sobredotados que también se encuentran minusvalorados o incomprendidos. Es frecuente que apoyen de manera incondicional a otros miembros de su familia de generaciones más jóvenes y, a través de ellos, traten en cierta medida de vivir existencias que no han disfrutado y se involucran en tratar de recordar experiencias positivas anteriores, sin que lo consigan la mayoría de las veces. En situaciones conflictivas tienden a dejarse llevar y a aguantar más de la cuenta, pero también a no aceptar ni entender ninguna razón que la persona con la que confrontan les dé, porque para ellos solo existe un camino o solución justa, y lo demás que no se ajusta a sus esquemas mentales, ni tan siquiera tiene que ser puesto sobre el tapete.

Durante esta etapa es frecuente también que hayan renunciado de manera definitiva a desarrollar talentos, a buscar nuevas formas de realización, a cultivar intereses y aficiones nuevos, puesto que su curiosidad decrece de manera significativa por la gran dispersión de pensamiento a la que se enfrentan y por las situaciones combativas que viven y que no solo les roban energías, sino también la paz interior indispensable para realizar cualquier labor creativa. Es cierto que ahora el sobredotado se vuelve vago y necesita que se le saque de su letargo para que se haga dueño de su vida, pero no es menos cierto que pedir sin dar suele producir resultados catastróficos en la mayoría de las ocasiones, y más para las personas que cuentan con un acendrado y maximalista sentido de lo que es justo y de lo que no lo es. Otro reducido número de personas de esta naturaleza pueden —aunque parezca contradictorio, pero así lo es la naturaleza humana cuando se han sobrepasado con creces los límites de lo soportable— adoptar conductas combativas e incluso destructivas, según las cuales no les importa lo que pueda suceder, con tal de acabar con situaciones insoportables y de las que no ven cómo salir. Es decir, su pasividad (en ocasiones depresiva) salta por los aires, como si se tratara de una explosión descontrolada e iracunda, cuando se les presiona. Hasta tal extremo, que son totalmente incapaces de controlar su comportamiento. También es verdad que se agrava su perfil miedoso y timorato ante las consecuencias que puedan acaecer después de una lucha desequilibrada (por la carencia de recursos emocionales adecuados para hacerles frente), pero no es menos cierto que, a veces, llegan a un punto de desesperación tan hondo, que poco les importan las consecuencias que pueda acarrear su conducta, no miden resultados y, en ocasiones, empeoran, aún más si cabe, la situación adversa a la que se encuentran sometidos. El sobredotado se siente culpable de todo, aunque no lo sea, incluso de hechos con los que poco ha tenido que ver y donde su influencia colateral es mínima. Por esta razón, cuando no consigue afrontar con tranquilidad cualquier cúmulo de vicisitudes o, cuando menos, pasar de ellas, después del combate tiende a sentirse mal consigo mismo, y no solo porque rara vez consigue lo que pretende (que no es otra cosa que se le deje tranquilo y mantener su posición de partida), sino porque, en el fondo, cree que su contendiente tiene más razón y motivos que a él se le escapan, o le apena que el otro pueda sentirse mal después de la confrontación.

¿Cómo vincularse con un adulto sobredotado de cincuenta y ocho años de edad?

Las claves son insistencia, comprensión, paciencia y empuje. Insistencia para que aprenda a confiar y valore que, a lo mejor, no se le quiere hacer daño como ha sucedido otras veces. Comprensión para entender que no siempre ofende queriendo y que, muchas veces, su conducta pasiva e indolente viene propiciada por una inhibición de su proactividad o por encontrarse gestando una depresión. Paciencia porque hay que escuchar lo que no dice, puesto que en estas edades para ellos la comunicación deja de ser una prioridad y resulta frecuente que rechacen a la mínima de cambio cualquier diálogo que no satisface sus expectativas o intereses. El tiempo es la medida de todas las cosas y darles su espacio el cauce adecuado para que retomen cierto interés en contar lo que quieren y lo que sienten. Y empuje, no invasivo, para hacerles ver que tienen que hacerse dueños de su vida, desarrollar unas pautas de convivencia que, aunque amparen sus diferencias, les permitan un grado de independencia y de recursos para enfrentarse a actividades cotidianas y necesarias, como llevar una casa o desarrollar competencias profesionales, aunque no siempre satisfagan nuestras apetencias.

Es necesario devolverles la proactividad de los primeros años de vida y el gusto por emprender nuevas actividades, y buscar personas honestas que les acompañen en este trayecto de sus vidas, pero esto es francamente difícil, pues se encuentran ampliamente defraudados por todo tipo de experiencias adversas donde no solo han perdido, sino que también se han dado cuenta de que las personas sobredotadas (y con menos habilidad en estrategias y tácticas sociales) tienen más probabilidad de salir mal paradas en cualquier situación que genere conflicto. También resulta conveniente formarse e informarse de manera amplia en lo que es y significa una persona sobredotada para poder entender mejor los rasgos de unas personas que, en la mayoría de las ocasiones, se hallan en esta etapa de la vida a nivel emocional muy susceptibles, y cuya aguda *hiperestesia* les hace sentir con mayor dolor los embates de una suerte que no siempre han buscado. De esta manera, se puede pensar que este malestar exacerbado por continuas heridas que no se curan es un detonante para evidenciar su mutismo o su incapacidad para decir lo que quieren o sienten en un momento determinado o bien que en ocasiones está en el origen de unos accesos de cólera de los que al poco tiempo se sienten arrepentidos. Para que se abran de nuevo a la vida, es preciso que cuenten con entornos, ambientes, circunstancias y personas que les den una oportunidad de mostrar su rica personalidad sin prejuicios ni tabúes. Por este motivo, a veces es conveniente un cambio de aires, e incluso de país de forma temporal o permanente, que les permita comenzar de nuevo sin la amenaza continua de un ataque. También es preciso reforzar vínculos familiares pasando página de conflictos sucedidos en anteriores etapas de la vida y contar con su perfil empático para reforzar su autoestima, aunque, claro está, poniendo unos límites para que no se generen situaciones injustas donde parezca que estamos aprovechándonos de su compañía. De esta forma, una cosa es que cuide temporalmente a los sobrinos cuando sus padres salen por la noche, y otra bien distinta, atribuirle estas funciones de manera permanente, con el pretexto de un mal entendido cariño. Y si se hace de esta segunda forma, sin lugar a dudas es un trabajo y, como tal, merece un salario o una compensación económica similar a la de otras personas que ejercen estas funciones. Y, desde luego, es totalmente contraproducente aprovecharse de ellos en aras de un cariño mal enfocado, y pretender retribuirles con compañía o cercanía. Otra cosa distinta es un intercambio de favores, al estilo de un banco de tiempo pero, en este caso, tienen que estar claras las condiciones de este servicio y la persona sobredotada tiene que estar de acuerdo con ellas, sin presiones ni chantajes emocionales que vicien el consentimiento que da.

Si de verdad nos interesa una persona de estas características, es clave detectar las ocasiones en las que precisa nuestra presencia. No se trata de suplirle en aquellas actividades que le desagradan, sino de buscar razones para que se involucre en ellas y le beneficien. Tampoco de hacerle listas de personas tóxicas, pero sí de enseñarles cómo detectarlas o cómo enfrentarse a situaciones en las que su integridad moral se halla comprometida. Hay que alimentar en ellas en esta edad su necesidad de volver a equivocarse una y cien veces, y saber qué hacer después de haber cometido un error de cualquier índole, como fórmula para intentar mejorar su situación tanto personal como profesional, así como dejarles claro que un error no justifica la desaparición de una amistad verdadera, ni que es el fin del mundo, porque las cosas no salen a la primera perfectas. En esta etapa vuelven en cierto modo a la niñez y es cierto que ahora no realizan actividades que no les salgan perfectas a la primera, pues esta vara de la excelencia les impide abordar nuevas empresas o cometidos. Es decir, ahora ni siquiera lo intentan, y es más necesario que nunca dotarles de actividades novedosas que enriquezcan su personalidad y les aporten recursos para que se den cuenta de lo que son y de lo que valen. Buscar su opinión, pedirles consejo al que no vincularemos necesariamente decisiones posteriores, pedirles en cierta manera «prestado» su ojo clínico, significa abrir puertas de comunicación y concertación donde hacen valer sus competencias. Así conocen que valoramos su talento, así como sus personas, y que nos resulta grata su compañía y criterio. Estar pendientes de su estado de ánimo y vivencias sin intromisiones en su intimidad, presentarles personas que pensamos que puedan resultar compatibles y desarrollar una amistad, dotarles de un horizonte temporal donde se relativicen las cosas que no tienen importancia y se amplifiquen las que sí la tienen, como emprender cualquier actividad novedosa, son iniciativas que tienen que ser tomadas en consideración. Ahora bien, no debemos crear dependencias emocionales que les impidan el grado de libertad necesario para crecer. Por este motivo, es necesario trabar una red de familiares y amigos con los que pueda contar de manera incondicional, sin que alguna parte de estos se muestren como insustituibles o imprescindibles cuando el sobredotado tenga que enfrentarse a vacíos emocionales, dudas, controversias y demás avatares en los que se encuentra implicada cualquier persona a lo largo de su vida. También cuando se enfrenta a sus propios demonios internos, como cuando tienen que concertar asuntos con otras personas, dialogar y buscar fórmulas de consenso o, simplemente, hacer valer sus iniciativas.

CAPÍTULO DÉCIMO
SETENTA Y CUATRO AÑOS

He vuelto a tener todo lo que poseo entre las cuatro paredes
de una habitación y a compartirla con alguien
a quien no estoy seguro de conocer.

a) Hace tiempo que estoy solo, o quizá lo he estado siempre.
Me duele hasta dentro la vida o tal vez sé desde el principio
que muero tan deprisa como pienso en la muerte.

b) Me encanta disfrutar de mis nietos y enseñarles todo lo que sé.
Estoy estudiando filosofía, practico yoga
y soy mentor de algunos jóvenes empresarios.

DESDE DENTRO

Parece que vuelvo a estar interno aunque, en esta ocasión, no es porque me haya portado mal o no quiera estudiar, sino porque soy un viejo incordio que no quiere molestar a nadie y mejor estar aquí que en otro piso de alquiler sin tener tan siquiera quién me haga la comida o sepa cómo quitar las manchas de la condenada ropa. Tania al final consiguió lo que quería y me quitó el piso sin que yo consiguiera nada a cambio. Tanta lucha para que al final se valiera de un informe psicológico de mi infancia para aducir que yo la torturaba y no sé cuántas tropelías más, que desde luego no son verdad. Mi cuñada Mari Carmen y hasta Marcelo desde Argentina lucharon con uñas y dientes para probar que la interesada era ella, que yo no había hecho nada malo y que me estaba destrozando la vida, pero claro, ella es mujer, y eso vaya que si cuenta. Hasta se quedó con mis libros por el mero placer de hacerme daño, porque está claro que ella no los quería para nada, si no distingue una obra de teatro de un poema.

Después de aquello, intenté irme a vivir al pueblo de Paola, pero no podía con la sensación de agobio que lo llenaba todo, con la imposibilidad de ir a un concierto (aunque luego al final no asistiera), con su biblioteca de cuarenta libros y la ausencia de tiendas con escaparates donde se refleja la luz del sol. Y lo peor, los vecinos, que no paraban de meter las narices donde nadie les llamaba, y ese afán incesante de enterarse de todo lo que hacía. Como si tuviera algo de particular el que no pisara la iglesia o que solo me gustara pasear al amanecer y al atardecer o que prefiriera la fruta verde. Aguanté por mi prima, porque hizo todo lo posible para que me aclimatara, pero en cuanto ella falleció y cumplí sus últimas voluntades, yo era incapaz de vivir en un lugar así y cogí mis cosas y me largué como llegué, sin hacer mucho ruido. Fue entonces cuando lo del accidente de coche de Marcelo y la única vez que cogí un avión para ir a su entierro. La gente que quieres no debería morir nunca o, al menos, hasta que el conocimiento se te nubla, porque es como si te amputaran en vida un trozo de lo que eres. Pensé quedarme con Flora y sus hijas allí, y ellas me lo pidieron de manera insistente, pero ese tampoco era mi sitio. Estoy en situación de ser más una carga que una ayuda, y además todo se me antojaba extraño, lejano, apartado de los paisajes que conozco, de las calles por las que ruedo (más que camino). Y además, tampoco me gusta ser una carga. Siempre he sido anárquico, despistado y bastante imprevisible, así que, unido a que nunca he contado con una conversación amena y la de los demás por regla general me suele aburrir bastante, son indicadores de que no soy apto para la convivencia y menos en casa ajena.

Para que no rezonguen (y no digan que soy un viejo insoportable) me vengo una vez al mes a comer a casa de Fernando y Mari Carmen que, ya que no han tenido hijos, por lo menos les hago un poco de compañía, ya que ellos, como me dicen, se tienen muy vistos. A quien no soporto es a la robamaridos de Verónica, porque lo que hizo en mi familia es de no perdonar, y mira que al final con mi padre me tragué el orgullo y fui a verle al hospital, porque en el fondo sabía que esa mujer le había confundido y que él a quien realmente quería era a mi madre. ¡Y anda que el destino no tiene narices! Tantas vueltas con que si yo era un retrasado, un inadaptado y un incordio de campeonato, y les nace el chiquillo con una de esas enfermedades raras, que ni habla el pobre y todo el día babeando en la silla de ruedas. Vamos, que si no quieres taza de caldo, toma dos. A mí Óscar lo único que me da es lástima, pero de ahí a considerarlo como mi hermano, pues de eso nada, que a mi madre y su memoria no se le falta ni con el pensamiento, y la verdad es que si creyera en algo, sería en la justicia divina. Solo mi sobrina Susana va a visitarles algunas tardes y les lleva cosas, porque además no tienen mucho dinero y lo están pasando bastante mal. Esta chiquilla sí que vale lo que no está escrito, por muy mujerona que se haya hecho y directiva de no sé qué multinacional, para mí siempre será la niña curiosa que (en el remotísimo caso de que hubiera querido tener hijos) me hubiera gustado tener. Gasta unos detalles que se hace querer, y así la tiene su marido Hugo como se merece, como una reina. Todavía me manda sorpresas, como ella dice, como si fuera un niño chico. Claro, que las personas como yo creo que no crecemos, sino que nos estiramos como el chicle y cuando ya estamos chupados nos tiran al suelo porque no servimos para nada.

A veces me pregunto a qué he venido yo a este mundo, porque mis compañeros de dominó —en esta residencia nadie juega al ajedrez— está claro que algo de provecho han hecho o, al menos, lo han intentado, porque les han dejado aquí, claro está. Basilio se dedicó a vender clavos y tornillos como un loco en su ferretería y a criar tres chiquillos, Juan a pintar paredes y a cuidar a su hermano paralítico y Roque a atender a su mujer con cáncer, mientras le echaba redaños a las obras como albañil. Pero yo, ¿para qué he nacido sino para ser un estorbo que siempre sobraba de todas partes, en ningún lugar encajaba, a la mayoría molestaba y a los que restaban de los anteriores grupos poco he podido ayudar, porque realmente no he tenido ni oficio ni beneficio ni cuerpo para aguantar tantos trotes (que me dejaban entontecido), ni alma para dejar de sentir tanto sufrimiento? Cierto es que poco lo he intentado y que pronto me he sentido a la deriva sin capitanear mi destino, pero nunca lo he tenido fácil, y menos aún he contado con una suerte que me permitiera unos años de descanso o, cuando menos, un intervalo donde poder hacer lo que me diera realmente la gana sin pedir perdón ni permiso. Sin sentir que le debía algo a alguien por ser distinto, y que esto no era otra cosa que amoldarme a los deseos de los demás o desaparecer, vivir la vida de otros o pagar el precio del aislamiento, aguantar lo que me cayera encima porque, en realidad, no tenía derecho a nada. Quizá esta creencia en mi incapacidad para afrontar la vida cotidiana es la que me ha llevado a este lugar y a perder mi casa. En el fondo, a cualquier lucha yo ya voy con la batalla perdida, con el convencimiento de que no puedo ganar y con la idea preconcebida de que la vida no tiene algo bueno reservado para mí, aunque sea en un rincón remoto de los pliegues de la piel.

Basilio, que además es mi compañero de habitación, dice que echo humo por la cabeza y que eso me quema por dentro y no me deja vivir tranquilo. Piensa que uno se puede acostumbrar a todo y sacar de cada cosa lo que mejor le conviene, y que con paciencia se puede conseguir todo. Yo no le respondo, porque cómo decirle que la medida de las cosas no está hecha del tamaño de mi lógica, que en los discursos las palabras y las ideas van a tal velocidad dentro de mi cerebro que muchas veces me siento completamente agotado después de haber navegado en solitario por tantas inquietudes y que, aunque hago todo lo posible por encontrar intereses comunes con mis compañeros de residencia, sus inquietudes me parecen tan lejanas como los planetas que se ven en el firmamento. No sé en qué lenguajes se cifran sus rutinas, me aterran sus pérdidas de memoria, que un día (espero que remoto) yo también tendré que afrontar. Me enervan sus cotidianas repeticiones de un pasado que supongo les fue tan feliz como a mí lo contrario y, sobre todo, me parecen fuera de lugar sus ansias de parar el reloj haciendo mil y una actividades cuando la muerte ya tiene escrita en su guadaña nuestra hora.

Muchas veces me quedo a solas mirando sin ver a través de los cristales de la ventana, esperando dejar de ser y sentir, propiciando que sea leve el trance y que me encuentre prevenido para su acometida. María José, una de las chicas de la limpieza, dice que tenga ánimo porque aún le queda mucha cuerda a mi reloj. Si por cuerda se entiende que no necesito tomar ni una pastilla y mi única medicina son las manzanas, que devoro a todas horas desde que era un niño, pues debe tener razón, pero si de lo que habla es de las ganas para ponerme en hora, pues la verdad es que por mí, parábamos el reloj. No estoy cansado ni harto como en otras etapas de mi vida, cuando rocé (y mucho) los síntomas de una depresión, sino que se descalza en mi interior una resignación blanda y gelatinosa, que aborrece la lentitud de la ley de gravedad y pugna por desparramarse y abarcar la mayoría del espacio que le es negado. Ahora, en la vejez, no es que me rinda, es que ni siquiera me muestro interesado en intervenir en eso que llaman las últimas boqueadas, y dejar al menos testimonio de que, en ciertos aspectos, los años no han pasado en balde, como si las dos esquinas del tiempo se pudieran doblar como una servilleta. Mi hermano Fernando dice que siempre he sido melodramático e intenso, como si estuviera continuamente sobreactuando en una función de teatro, y que no soy capaz de contentarme con las pequeñas cosas de la vida, que son las que dan más satisfacciones. Yo le contesto que qué culpa he tenido yo de soñar con las estrellas, si las he tenido en la palma de mi mano y se me han escapado.

Muchas noches en las que no puedo dormir, me acuerdo de los inventos que patenté cuando era joven y de que me robaron la autoría de muchos de ellos porque no pude seguir pagando sus anualidades, o conseguir que no se hicieran con ellos ninguneando mi nombre. Me acuerdo de aquellos de los que solo vienen a mi memoria algunas pinceladas y que podrían haber servido para que algunos tuvieran una vida más digna. Como el artilugio que diseñé para trabajar con las articulaciones de las personas sin movilidad y dotarlas de mayor elasticidad, lo que le hubiera servido a alguien como Óscar si aquella multinacional no hubiera interferido para que nadie lo conociera, pero es que esta farmacéutica es pionera en la elaboración de medicamentos contra la artrosis, la artritis y todas esas cosas. O esa *app* que (iluso de mí) realicé para facilitar la comunicación de las personas sordas y ciegas, y que no quiso desarrollar ninguna empresa informática, quizá porque no hay muchas personas de estas características o, tal vez, porque no era rentable económicamente y ningún patrocinador se mostró interesado en ella. A veces, pienso que tanto esfuerzo para nada, y otras veces pienso que, al menos, mis inventos me han servido para que conozca de lo que soy capaz y de lo que puedo llegar a crear si me lo propongo, porque ahora que me he dado cuenta de lo que supone y significa ser sobredotado, me siento orgulloso de haber nacido así. De jugar con olores y sabores, de tener más poros en la piel y papilas gustativas en la lengua, de ver a través de las cosas e imaginar cómo mejorarlas, de perderme en los vericuetos de la lógica y las palabras para recuperarme del absurdo de mi nacimiento. Porque no me imagino de otra forma, pensando de manera lineal en un universo limitado a lo cercano y lo contingente, girando la rueda de la noria del mundo como un borrico con anteojeras, que ni siquiera sabe lo que se encuentra moviendo, o haciendo lo que se espera de mí sin discutirlo ni razonarlo. Desde luego, no he nacido para las creencias y siempre se me ha vetado la esperanza, así que, al menos, cuando me extinga (independientemente de a dónde vaya mi conciencia), quedará el recuerdo de lo que pude haber sido y nunca me dejaron ser. Tal vez, retazos de mi forma de ver las cosas, de las frases que repito, los gestos que hago o los temores que traduzco en el rubor de mi piel, o en la pátina que dejan las lágrimas cuando inundan los ojos en los seres que alguna vez me han querido por lo que soy e independientemente de lo que he hecho o de lo que ha significado mi vida.

A través de los cristales de la ventana, miro sin ver cómo un árbol se desnuda de colores para adoptar los de la noche que se acerca y siento miedo con la contundencia con que lo hace él cuando presagia el hacha, y el sonido metálico de su presencia se acerca hasta dejar en el aliento dos gotas de rocío. Es entonces cuando Basilio me anima a que me acueste de una vez y no es porque esté la luz encendida, sino porque llevo apagada bajo la chaquetilla del pijama la seguridad de que tal vez mañana se me indulte del baile de leñadores que acechan el bosque con el frío de cada invierno. Y por más que lo intento, sé que esta noche tampoco podré dormir, porque del miedo, cuando nos golpea, no nos salva nada ni nadie. Ni tan siquiera el convencimiento de que somos más grandes que él, porque se cuela entre nuestras rendijas y suda nuestras fiebres. Si al mundo le despojaran del miedo, el hombre sería inmortal, independientemente de las carencias de su propia naturaleza, de la tortura de la mentira, de la precariedad de las condiciones de vida, del sobresalto de la incertidumbre y de las densas protuberancias de la soledad.

DESDE FUERA

Fernando *(hermano)*

Quién me iba a decir que al final de la vida me iba a llevar tan bien con Miguel, si hemos pasado más de media vida tirándonos de los pelos y cada uno por su lado, como si fuéramos enemigos acérrimos y, total, para que luego digan que los polos opuestos son los que más se tocan. Cierto es que nuestro pobre padre (que de la vida no sabía mucho) incentivó celos, envidias y discordias entre nosotros, todo porque yo fui el hijo que siempre quiso tener y Miguel el que no hubiera deseado en mil años. Claro que, cuando me lesioné y tuve que pasar tanto tiempo en el hospital, reflexionó y tuvo que darse cuenta de muchas cosas, como que los hijos no son un calco de nuestras esperanzas ni aquellos que tienen que redimirnos de nuestras frustraciones e infelicidades. O que no pretenden fastidiarnos cuando cuentan con una condición que no cumple con nuestras expectativas o que no tienen por qué seguir el camino que hemos trazado para ellos. Hablamos mucho de Miguel en ese trance, quizá porque cuando se detiene el incesante repiqueteo de la rutina, tienes el tiempo suficiente para averiguar aquello que es importante, lo que sirve, lo que perdura y no se puede comprar ni con dinero ni mercadeando con un falso cariño. A las personas se las quiere como son y no como nos gustaría que fueran, y a los hijos, ahí se dio cuenta, solo se les puede ver desde su propia perspectiva y no como el reflejo del espejo que proyecta una imagen preconcebida. Si supiera Miguel lo que lloró su padre cuando entendió que no se había portado como un buen padre con él. Claro, que perdido en su mundo de luces y sombras, casi no se dio cuenta y pasó como de puntillas por nosotros, bastante tenía con lidiar con un trabajo que no estaba hecho para su cabeza y con tantas vueltas en su mente con las que se liaba y desliaba de continuo, según comprendiera más o menos las contingencias que le tocaba vivir en cada momento.

Debe ser muy duro necesitar continuamente un intérprete para entender y ser entendido, y tener que ponerse un filtro como el de las gafas de sol para ver la realidad plana que ven los demás, y así contar con los mismos referentes, y no ser capaz de someterte a unas reglas de juego que te salvan en cierto modo de la precariedad de la vida y te dotan de recursos suficientes para intentar ser independiente. También, no admitir errores ni propios ni ajenos, estar obsesionado por la entelequia de la perfección, cuestionar todo lo que sucede, intentar razonar hasta el extremo (incluso lo que se siente) y ser incapaz de ponerse en los zapatos de las personas que tienes más cerca para intentar comprender por qué hacen determinadas cosas. Cuando apareció Verónica, los esquemas de nuestra familia se rompieron, y sé que Miguel nunca se lo ha perdonado a mi padre, aunque en las puertas de la muerte, al menos, se despidió de él. Por supuesto que no se hicieron bien las cosas y que nuestra madre fue la víctima indiscutible que tuvo que tragar con todo, aguantar lo inimaginable por el bien de sus hijos y no predisponerlos contra su padre. Pero, con el paso del tiempo, las cosas se ven con el tamiz que la luz deja en las fotografías antiguas, y se aprecian detalles donde los malos no son tan malos ni los buenos tan buenos y que, aunque estos detalles no pueden justificar de ninguna manera la actitud traicionera, baja y rastrera de mi padre, ayudan a entender sus razones, a pesar de que estas no sean válidas. El matrimonio de mis padres (pese a las apariencias y los convencionalismos, el afán por mirar hacia otro lado y la incapacidad de asumir la realidad) estaba roto desde hacía mucho tiempo, mucho antes de que apareciera Verónica en escena. En el desgaste de su relación había influido de forma determinante Miguel y las fórmulas encontradas que los dos progenitores tuvieron de asumir la cuestión de su sobredotación y los problemas que trajo, porque nadie consiguió detectarla cuando era niño, y ya de adolescente poco se pudo hacer para solventar los problemas emocionales que se fueron agravando con la incomprensión y no aceptación de su naturaleza. Manolo, mi padre, era un hombre primario, acomodaticio, de grandes manos y pequeñas entendederas, y un poco bastante egoísta, cierto es. Verónica era la típica ama de casa que solo busca un hombre que la proteja y a quien cuidar, incapaz de protestar por nada y aceptar lo que sea con tal de estar a la sombra de alguien que lleve los cuartos a casa y no la deje sola. Así que tuvo que suceder y ya está, como decía mi abuela Rosa: un roto para un descosido. Ahora bien, mi padre ni supo manejar bien la situación ni hacer las cosas como se debe, porque nunca debió dejar de lado a Miguel y Elena, como si no fueran lo bastante buenos para permanecer en su vida. Y a Elena, con lo que es, le dio un poco igual, pues bastante ha tenido con ir sorteando la cárcel después de las investigaciones que se realizaron sobre los distintos delitos que cometió su marido y además, es de natural despegado y va a la suya. Pero Miguel se sintió como perdido y, en cierto modo, sin raíces. También cargó con la rabia que no pudo o quiso expresar mi madre, con el juicio sumario al que sometió la conducta de mi padre, y con el asco y repugnancia que le suponía escuchar hasta el nombre de Verónica. Es una cosa mala de los sobredotados: siempre se arrogan la medida de todas las cosas, y eso no puede ser. Vale que tenía la razón mi madre, pero él era su hijo, vamos, hijo de los dos, y no siempre se puede juzgar sin conocer y hay que saber perdonar, porque no hay pecado sin penitencia y, si no, basta con mirar al pobre Óscar. Otra cosa que no entiendo es que no lo trague, como si hacerlo supusiera aceptar a Verónica y escupir (como dice) en la tumba de nuestra madre. El pobrecillo no tiene culpa de nada, y bastante tiene con lo que tiene, qué le cuesta a Miguel ocuparse, aunque solo sea, de ir a verlo alguna vez. Pero cuando un sobredotado tiene clara una cosa, no se baja del burro ni aunque le empujen, ni aunque el animal se muera, que ya es decir. Que digo yo que, si quiere, no se trate con Verónica, que a lo mejor es más mala de lo que yo me imagino, pero lo de Óscar, por caridad habría que acercarse más a él. Aunque Miguel dice que la caridad bien entendida empieza por uno mismo y que las cosas que no son, no serán jamás. Debe ser duro vivir con convicciones tan firmes y soportar su peso, sabiendo que con ellas quizás no vemos lo que sienten los demás.

Basilio *(compañero de habitación, Residencia El Estanque Dorado)*

Dicen que tengo mucha suerte de contar en el cuarto con Miguel, porque es que no se mueve, vamos, que a veces cuando se queda así, como catatónico, te da susto, no se vaya a morir delante de tus narices, sin que te des cuenta de nada. Es buena gente, no se mete donde no le llaman, respeta tus cosas y se preocupa de cómo te sientes. Ahora bien, tiene un vocabulario que parece sacado de las páginas de un libro antiguo y, en algunas ocasiones, tienes que seguirle la corriente, porque no tienes ni la más remota idea sobre lo que te está hablando. Sabemos que la vida no se ha portado nada bien con él, y que ha tenido una suerte bastante perra. Además, su talante ensimismado y taciturno de poco le ha servido para enfrentarse a los embates del destino y hacer valer sus derechos. Vamos, que si a mí me sucede lo de la desgraciada de la Tania, le rompo la cabeza, vaya que sí, y si tengo que ir a la cárcel, pues voy, que ahora no estamos en los tiempos del conde de Montecristo, que hasta tienen piscinas y pistas de atletismo y dan clases de teatro y todo. Lo ha dejado como un trapo, que casi ni persona era cuando llegó aquí, buena penita daba con ese aire de cervatillo desvalido un hombre tan hecho y derecho. Y siempre buscando la aprobación de los demás y temiendo no ser aceptado, porque tiene (según dice) la cosa rara de la sobredotación. ¡Qué tontería! Si eso ni se contagia ni te quita independencia, que yo ando desportillado con el Parkinson y me manejo estupendamente solo y, cuando veo que necesito ayuda, pues la pido, que para eso estamos todos, para echar un cable.

En esta residencia nos atienden muy bien, se come de vicio para lo que hay por ahí, vienen unas chicas (que están como un queso) para que hagamos sopas de letras y cosas así para que no se nos vaya la cabeza a los que la tenemos aún atornillada, y hasta nos traen cantantes los sábados para que bailemos, como en los tiempos de nuestra juventud. Y en verano, playa y viajar (los que quieran), a ver si convenzo a Miguel para que se venga, porque hay unas gachís la mar de potables y nosotros nos conservamos estupendamente, y nos queda un rato largo para el desguace. Yo creo que lo que le pasa a Miguel es que por comerse mucho la cabeza y eso no es nada bueno. Todo el día con las musarañas, lo que hay que hacer es poner los pies en la tierra, porque solo se vive cuatro cochinos días y a nuestra edad, dos y medio. Hay que exprimir la vida al máximo porque, si no, ¿para qué nos sirve andar todo el día amargados con lo que nos gustaría o podría ser? Al menos, esa cabeza le sirve para ganar todas las competiciones de dominó, y como yo voy con él, ya llevamos ganadas cuatro copas regionales y eso levanta la moral a cualquiera. Vamos, que no hay mal que por bien no venga y, al mal tiempo, qué mejor que una buena cara para restarle soplidos.

María José *(limpiadora Residencia El estanque dorado)*

Qué cosas hay que ver, hemos tenido residentes a los que se les iba la cabeza y atesoraban comida en la habitación, diciendo que íbamos derechitos a una nueva guerra e incluso algunos con Diógenes, que te lo ponían todo perdido de basura y había que llamar al psiquiatra. Pero nunca había visto a nadie que acumulara tantos libros y en tan poco espacio, ordenaditos, limpitos, que ni polvo tienen, y colocaditos como listos para un desfile. Cuando se lo dije a la directora, bajó a verlo y se quedó asombrada. Me ha dicho que es un sabio despistado, un erudito y hasta le compra libretas para que apunte lo que le gusta y le permite tener un ordenador con impresora, cuando ella siempre dice que esos trastos gastan mucha electricidad y que solo se permite enchufarlos en las zonas comunes. Claro, que Miguel es su ojito derecho porque, entre la buena fama que le da al centro con su planta (que es como de anuncio de televisión) y ese coco para ganar competiciones de lo que le echen, ya sea cartas o dominó, pues no es para menos. Aunque me da a mí que también le lleva el papeleo y que, desde entonces, tiene todo más organizado y por eso está todo el día pendiente de lo que puede necesitar. Aunque Miguel no es mucho de pedir y se conforma con cualquier cosa. Que alguien recibe una revista y después de leerla va a ir directa a la basura, pues ya está él detrás para recogerla y quedarse con algún artículo que le interese, quizá porque descataloguen un libro en alguna biblioteca y lo vayan a tirar, Si se entera de eso, anda lo que sea para ir por él.

Verónica *(segunda esposa de Manolo, padre)*

No sé qué narices se cree ese viejo inaguantable de Miguel, ni quién demonios le ha dado potestad para hacernos los desprecios que nos hace. Como es sobredotado, se cree de la pata del Cid Campeador, y mira que yo intento acercarme por su padre, que me lo pidió al final, si no lo había mandado a la mierda hace tiempo. Y cómo mira a Óscar, como si fuera un despojo, cuando lo que le pasa a él le podría suceder a cualquiera, e incluso peor. Que conste que yo no le deseo ningún mal, pero bien le vendría perder un poco esa cabeza de lumbreras para que se diera de narices con lo que es la vida y de lo horroroso que es necesitar durante toda tu vida a alguien para que hasta te rasque la espalda y te limpie el culo. Miguel es un desagradecido y un desgraciado, siempre ocupado en mirarse el ombligo y no darse cuenta de lo que les pasa por dentro a los demás. Fernando no es que nos adore, pero, por lo menos, un mínimo, que Óscar es su hermano. Al menos, Susana suple en cierta medida a la descastada de su madre, que ni aparece por aquí. Y que le quede claro a Miguel, que pese a todo lo que se cree, este es su hermano con todas las letras y que, si no le quiere, tampoco le hace falta, que todavía tiene una madre que puede tirar de él lo que haga falta y mucho más.

Quiero que quede claro que nunca le privé de su padre y que lo que hubo entre ellos fue por su culpa y por no ser un buen hijo, que casi lo mata a disgustos con esa estupidez de la sobredotación. Vamos, que yo se la hubiera quitado con un par de tortas antes de tirar todo el dinero que consumió con la voracidad de una piraña, que tuvo una niñez y adolescencia para volver loco a cualquiera, y no porque estuviera enfermo (que eso hubiera tenido un pase), sino por ser un excéntrico, un consentido y un enmadrado. Así estaba el pobre Manolo cuando llegó a mí, hecho una piltrafa por dentro y por fuera, que un hombre como él, cuando llega a su casa necesita que le dejen en paz, buena comida, mejor sexo y quitarle de encima preocupaciones. Cuando vino Óscar se lo dije, de esto me ocupo yo, que bastante has sufrido y por supuesto que he cumplido mi palabra. Nadie puede decir que le haya agobiado, aunque muchas veces no llegaba el dinero a casa y había que hacer malabarismos para comer. Le pese a quien le pese, Manolo y yo hemos sido felices, porque yo siempre supe estar en mi lugar y no pedir peras al olmo, que eso es la base de un matrimonio como debe ser, porque cuando alguien no sabe estar en el sitio que le corresponde, pasa lo que pasa.

ENLACES

¿Cómo es una persona sobredotada de setenta y cuatro años de edad?

Los sobredotados de estas edades suelen haberse resignado a su suerte de incomprendidos, y han aceptado que las cosas no van a cambiar y que difícilmente podrán vivir conforme a su naturaleza. Se sienten maltratados por una suerte que casi siempre les ha mostrado una de sus peores caras, han sufrido indefensión y falta de comprensión de su singularidad. Normalmente han sido apartados, postergados y perseguidos y, por esta razón, ahora se muestran cautos, precavidos, expectantes ante la nueva desgracia que les pueda sobrevenir. Por tanto, su talante es marcadamente pesimista e incluso negativo en algunas ocasiones aunque, por lo general, no tienen por qué ser depresivos, pues de esa tristeza originaria han trenzado una melancolía fantasiosa acerca de lo que podía haber sido su vida. También son tozudos, pertinaces y obsesivos, además de rígidos en su pensamiento y, a veces, bastante rencorosos (aunque no vengativos) por su acentuado sentido de la justicia, del deber y de lo que puede ser según las reglas, largo tiempo utilizadas, de su portentosa lógica. Quieren mantener su independencia a todo coste, pues son conocedores de su naturaleza atípica y no desean resultar una carga para las personas que les quieren y que, en el fondo, pretenden conservar, porque son las que les han soportado a lo largo del tiempo.

No suelen contar con buena autoestima, ni valorar lo que son ni lo que hacen, ni darse cuenta de la importancia que han podido tener en la vida de los demás y, como normalmente han fracasado en su vida laboral y sentimental, esta es la vara de medir que usan para las demás relaciones familiares y sociales en las que se hallan inmersos. Pues, en cierto modo, no entienden cómo pueden ser queridos y cómo ese afecto desinteresado está por encima de los rasgos de su conducta, en ocasiones desorganizada, compleja y llena de recovecos, donde algunos detalles adquieren un peso desorbitado y otros de mayor entidad apenas se toman en consideración. A veces pueden cultivar un perfil individualista y egoísta, no quieren ser ni ayudados ni apoyados en sus iniciativas, y esto puede resultar difícil de llevar. Si bien es cierto que no suelen sufrir demencias como consecuencia del exagerado ejercicio del intelecto que han realizado a lo largo de su vida, no es menos cierto que pueden padecer más achaques físicos que las personas de su edad y, en especial, si han llevado una vida sedentaria o han producido graves daños en su cuerpo distintas enfermedades psicosomáticas. Guardan una memoria certera y precisa, tanto a corto como a largo plazo y por eso no les gusta que traten de confundirlos tergiversando historias o acontecimientos que de sobra conocen. Y como esta es una táctica que se reproduce con gran celeridad entre muchas personas que se le acercan, suelen ser desconfiados y suspicaces (en ocasiones, en demasía). Muchas personas se han puesto en comunicación con ellos para apropiarse de sus creaciones, para engañarlas abusando de ellas y para confundirlas con perfiles hipócritas de oscuras intenciones. Por esta razón, suelen ser bastante descreídos y su perfil empático con los más débiles y desfavorecidos se encuentra atenuado por las experiencias desfavorables en este campo. En estos momentos de la vida, piensan que pocas cosas pueden sorprenderles y que se encuentran de vuelta de todo, por lo que suelen adoptar un perfil autosuficiente y soberbio que dificulta un poco que acepten que a veces pueden equivocarse, y que no pasa nada por ello.

También suelen incrementar la práctica de habilidades de tipo intelectual, donde buscan refugio a sus inquietudes, aumentando de manera considerable sus conocimientos, así como logrando que no se queden atrás en los progresos que realiza la ciencia y la técnica. Es frecuente que destaquen en competiciones y aficiones como las que se circunscriben a los juegos de mesa, en el aprendizaje de distintas lenguas —pues aunque su flexibilidad verbal ha decrecido, los mecanismos asociativos y experienciales de su mente han aumentado— y en la capacidad de manejar dispositivos informáticos de diferente naturaleza. Por este motivo y, salvo que hayan decidido dejarse morir, es frecuente que no se encuentren desactualizados respecto de las innovaciones y progresos que en estos años les toca vivir, y que puedan también digerir y mantener una posición crítica con cambios de naturaleza social, política y económica. Además, suelen mantener su capacidad de concertar voluntades, muchas veces en beneficio propio, de generar alianzas y de mantener un perfil seductor de amplio espectro con el que ganarse a los demás para que no interfieran de manera negativa en sus intereses o les permitan desarrollar su personalidad dentro de ciertos márgenes. Si bien es cierto que suelen ser más introspectivos que nunca, aunque pueda resultar paradójico también hacen lo imposible por cultivar relaciones sociales, incluso con personas que no les entienden y con las que poco tienen en común, con el propósito de cortarle las alas a la soledad y de lograr ser, en cierta medida, aceptados por los entornos sociales donde se encuentran inmersos. Necesitan meditar, reflexionar, hacer acopio de fuerzas y valor para adentrarse en la parte de la realidad que distinguen con su perfil agudamente hiperestésico y también para apreciar que no llegan a comprender la estructura, forma y particularidades de las cosas y las situaciones como las demás personas que no son sobredotadas. En estos momentos sin duda el sobredotado tiene sobrada conciencia de lo que significa ser como es y conoce las dificultades que las demás personas tienen para relacionarse con él. También aprecia el esfuerzo que tiene que realizar para concertar con personas capacitadas y discapacitadas. Aunque pueda parecer que no es así, no valora a las personas por su inteligencia o capacidad de raciocinio ni tampoco por su sensibilidad o bondad, sino por la integridad en sus decisiones o si se ajustan o no al concepto de justicia que ellos tienen y donde no suele caber ninguna equivocación. De la misma manera que no manejan el perdón consigo mismos, tampoco lo hacen con los demás y suelen extender y repartir culpas a quien no las tiene, a lo mejor por compartir la suerte de otros que a su juicio pueden haber obrado de manera injusta o causar daño a las personas que ellos más quieren.

En este punto el recuerdo de su madre suele ser su bien más preciado, puesto que ellas suelen haber luchado a brazo partido por sus hijos y para que se reconocieran sus derechos a ser educados y tratados como personas diferentes a las que no son sobredotadas. Y por tanto cualquier persona que les haya ofendido o dañado de cualquier manera posible y aunque no resulte significativo el mal causado, se convierte de manera automática en su enemigo más acérrimo, y esta condición puede extenderse paradójicamente y aunque resulte injusto a sus descendientes, que probablemente poco o nada tienen que ver en el asunto.

¿Cómo vincularse con una persona sobredotada de setenta y cuatro años de edad?

Lo más importante es que en ningún caso y bajo ninguna circunstancia pretenda darle lecciones de nada ni convencerle de que su sufrimiento no es tanto en comparación con otras personas que no han contado con su cabeza. Porque tener un gran cerebro no significa tener mayores posibilidades de desarrollarse en un país y en una sociedad que minusvalora hasta límites insospechados el talento, ni tampoco contar con la adecuada aceptación social que permita una integración oportuna, ni tan siquiera controlar unas emociones de manera que no desborden. Los sobredotados, de entrada, cuentan con menores facilidades en la vida, y además tienen que ganarse un lugar. Son como jugadores de baloncesto que, si a los demás nos puede parecer estupendo ser tan altos, hay que preguntarles a ellos sobre lo que opinan cuando tienen que viajar en cualquier medio de transporte, comprarse unos zapatos o elegir un hotel para dormir. Por ello, es también fundamental intentar entender que su talante (de por sí poco conciliador) puede agravarse por las experiencias negativas que ha acumulado a lo largo de su vida y por la valoración que han realizado sobre ellos y que no tiene por qué ser siempre la más ajustada a la realidad. Suelen ser ancianos gruñones, pero de buen corazón, y a los que cualquier intento por frecuentar su compañía y atenuar su soledad suele verse recompensado con creces pues, de la misma manera que pueden mantener enfados a lo largo del tiempo, también suelen ser muy efusivos con sus afectos y considerados con las personas que se preocupan por ellos. También se produce durante estos años una tendencia a reencontrarse con los fantasmas del pasado, con un agudo sentido crítico, un humor bastante ácido (y, en ocasiones, negro) y un análisis de la situación que, con la adecuada perspectiva, se puede estimar acentuadamente rigorista. Por ello, es oportuno intentar dotarles de nuevos objetivos y aficiones, de manera que puedan encauzar su pensamiento hacia metas positivas, donde el aprendizaje de nuevas disciplinas adquiera un papel prioritario, puesto que si conseguimos que su mente se centre en una evolución plasmada en aspectos objetivos, es menos probable que se abandone a la rutina de rumiar y darle vueltas a cosas que, por más que nos empeñemos, pueden no tener remedio, porque el tiempo ha pasado de un manera inexorable. De esta manera, se mejora también, y en consonancia, su aspecto emocional, puesto que es el más débil y puede que no hayan sido trabajadas de manera conveniente las asincronías existentes con el plano cognitivo a lo largo de la vida, y que haya padecido desarreglos como consecuencia de sentir de manera más acusada y de dotar a estos sentimientos de una profundidad, contundencia y ramificaciones más complejos.

No olvidemos que una cosa es el cociente intelectual, otra las emociones, otra bien distinta el uso adecuado de las inteligencias y otra, las capacidades o habilidades, y que todas ellas forman nuestra arquitectura mental y posibilitan un ejercicio adecuado de la propia personalidad. El sobredotado, en esta etapa de la vida, si bien es cierto que mantiene su cociente inicial con ligerísimas variaciones que no lo desposeen de las singularidades de su propia naturaleza, no es menos cierto que puede no haber desarrollado su inteligencia de manera correcta, o que su ejercicio se encuentra determinado por la oxidación celular, producto de los años cumplidos, o que la inadecuada gestión de sus emociones a lo largo del tiempo le produzca una visión un tanto distorsionada de lo que sucede a su alrededor. Por esto, debe atenderse (y, en ocasiones, con mayor prioridad) a su salud mental y dotarle de un entorno positivo con alicientes que le permitan expandir su marcado talante intelectual, puesto que de esta manera se consigue un envejecimiento más retardado, un menor impacto de las enfermedades propias de la vejez y, lo que es más importante, una mayor tranquilidad de ánimo para enfrentarse a la soledad. Puesto que ahora el impacto de su divergencia es más notorio y es más consciente de que pocas personas cuentan con una naturaleza similar a la suya, es preciso intentar que, cuando menos (y aunque siempre se va a sentir como una especie en peligro de extinción), se encuentre acompañado por alguien que trate de aceptarle, aunque no siempre pueda entenderle. Otra de las fórmulas válidas para tratar de vencer reticencias es insistir en que es necesario que se comuniquen, pues la ausencia de diálogo les puede inducir a cierta confusión mental, donde los límites de lo real y lo imaginario a veces se confunden y participan en una peligrosa danza. Es preciso que cuente cosas, que hable de lo que sea sin temor a ser juzgado ni rechazado, que se reúna con personas de su misma edad para compartir aficiones e intereses y, aunque pueda parecer que la vejez no es propia de estas cosas, estos años pueden ser adecuados para mantener una relación sentimental que les permita resarcirse de fracasos pasados, encontrar a alguien que les llene en plenitud, a quien puedan cuidar como solo ellos saben hacerlo y que les respete.

En estas dinámicas es preciso contar con la propia familia, pero también con vecinos y conocidos, hogares de jubilados, centros de la tercera edad, parroquias, universidades de adultos y demás entidades centradas en buscar lo mejor para nuestros mayores, para que se encuentren activos, sanos y felices. El trato con generaciones más jóvenes también es muy beneficioso para ellos y no suelen encontrar dificultad en enseñarles cómo hacer cosas, apoyarles en su trayectoria laboral y personal o, simplemente, escucharles como solo saben hacerlo aquellas personas que ya han cumplido unos años y no ha sido precisamente entendido el lenguaje que hablaban. Atendiendo a esta causa, si bien es cierto que pueden ser extremadamente exigentes con las personas de edades parecidas a la suya, no es menos cierto que con los más jóvenes pueden resultar más indulgentes que otras personas de su edad y comprender con mayor facilidad cómo se sienten cuando sus peticiones no son atendidas, no consiguen lo que pretenden, sufren buscando un camino que no siempre ven ni saben a donde les lleva, o tienen que adaptarse a las exigencias de un mundo adulto que muchas veces les sobrepasa. De esta manera, se puede acudir a ellos dentro de las familias como puente de comunicación entre adolescentes y sus padres, y les suele gustar involucrarse en batallas dialécticas donde el consenso, la retórica y la negociación son claves para no perder la paciencia, tirar la toalla y adoptar actitudes que pueden resultar de todo punto contraproducentes. También se puede contar con su intervención certera en funciones de asesoramiento y análisis, como mentores de jóvenes empresarios o emprendedores y como mediadores en conflictos donde las emociones juegan un papel secundario y los datos objetivos se posicionan como determinantes para resolver y decidir. Con el propósito de mostrarles a ellos su propia validez, y puesto que muchas veces la desconocen, es conveniente hacerles saber cómo su agudo ojo crítico sirve para elaborar el mejor de los presupuestos, decidir entre distintas cualidades o prestaciones de un objeto que se vaya a comprar o, simplemente, contar con una segunda opinión en el análisis de una situación que se pretenda valorar. Saber que contamos con su criterio y que lo tomamos en consideración a la hora de enfrentarnos a las diversas contingencias de la vida es una buena manera de poner en marcha sus habilidades, activar el enfoque positivo de su sobredotación, propiciar una gestión de las emociones más positiva y lograr que su personalidad se equilibre y se centre en experiencias que refuerzan su autoestima. Ahora bien, todas estas actividades tienen que realizarse no solo con las mejores intenciones, sino con un propósito cierto y determinado de solventar problemas o situaciones conflictivas reales, puesto que si el sobredotado se da cuenta de que hacemos teatro y de que no es cierta la necesidad de su intervención, es posible que se enfade de tal manera que después no habrá forma humana de explicarle que necesitamos su ayuda y, como piensa que le tomamos el pelo, será peor el remedio que la enfermedad.

CAPÍTULO UNDÉCIMO
OCHENTA Y SEIS AÑOS

He perdido visión, que era de lo poco bueno que siempre he tenido,
ya me empieza a fallar el olfato y tengo hipo continuamente,
así que presiento que es mi final.

a) Las luces y las sombras me arden por dentro abrazadas,
como lo están los agujeros negros en el espacio con los blancos.
Nada creo y, por tanto, nada espero.

b) He vivido tanto y me siento tan lleno,
que solo sé que me pueden suceder cosas buenas.
Me temo que pronto volverá comenzar otra aventura apasionante.

DESDE DENTRO

Hoy he necesitado ayuda para levantarme porque me pesa tanto el cuerpo como un saco de piedras y las piernas ya no me obedecen. Tanta medicina me tiene como aletargado, y menos mal que me he cerrado en banda y no he consentido que me trasladaran al hospital. Porque en esos sitios reparan cuerpos que todavía sirven para algo, mientras que el mío hace tiempo que ha caducado y siento que se comienza a deshacer, como si fuera un azucarillo en el café. Yo donde estoy bien es aquí y donde uno se encuentra conforme es donde tiene que morir, porque si no la muerte es tan cruel como innecesaria. Dejar de existir solo tiene sentido cuando estás preparado, cuando no te queda algo por hacer o un sitio mejor donde estar y cuando tienes un lugar que de cierta manera has hecho tuyo y te pertenece.

Me quedan pocos compañeros que conociera desde el principio aquí, y ninguno de los que jugaban conmigo al dominó. El último que se marchó fue Basilio, de un ataque al corazón y sin enterarse, hasta para eso tuvo suerte. Siempre buscando el lado positivo de las cosas, empujando a todo el mundo para que saliera adelante, preocupándose por los demás y sacándole a la vida el jugo, para acabar en un suspiro que ni sintió ni padeció y, aunque digan que es una muerte dulce, no es para mí. Yo quiero darme cuenta de todo, porque si he pagado el precio de existir en un mundo que no es a mi medida, también tengo el derecho a que me permitan valorar si ha merecido la pena, y eso solo puede suceder en el momento de hacer el equipaje y levar anclas. A lo mejor entonces siento la presencia o la necesidad de la luz o, tal vez, la constancia de que todo es una infinita oscuridad, o empiezo a contemplar el amarillo sabor de los dolores, como un témpano de hielo que quema por dentro, que desgasta el roce de las articulaciones, contrae el estómago y deshace los nudos de los nervios que te atenazan cuando no sabes ni tan siquiera qué callar porque lo has dicho todo. Me imagino lo que siente un globo (si estuviera vivo) cuando se hincha hasta superar el límite de sus posibilidades y entonces estalla, o cómo se deshace la consistencia de un caramelo cuando se chupa, o lo que representa para un copo de nieve estrellarse contra el alféizar de la chimenea.

Ayer por la tarde vino Adela, la hija de Susana, a leerme el periódico y a charlar un rato conmigo. Ya está en la universidad y su madre, jubilada. Quién me lo iba a decir, cuando me ayudaba a perseguir estrellas en las noches donde todo era oscuridad, una oscuridad que no venía del cielo y que tenía mucho que ver con el hambre. Hambre o necesidad, vacío o plenitud, espera o presencia, qué son las palabras sino el soporte de lo que te falta, o tal vez aquello que no puedes abarcar cuando cierras los puños y, por mucho que los aprietes, siempre tienes la sensación de que te falta algo, de una pérdida, de una cabeza de alfiler que te pincha en lo más hondo. No se quedó mucho rato, porque no sé quién le ha dicho que me canso con frecuencia y que no conviene que me fatigue. A mis años lo que tengo que hacer es cansarme mucho, que luego ya tendré tiempo para descansar o, al menos, para cambiar de ritmo y de compás en esta partitura que me ha tocado interpretar. Por lo menos me subyuga la música, y esa es la ventana que abrió el capellán Matías para intentar convencerme de que muera en la fe cristiana. Es curioso, esa fe que no hizo nada para salvarme de la incertidumbre de mi condición cuando era niño, de las dudas sobre mi futuro de joven y del hastío patriarca del aburrimiento en mi madurez, ahora me reclama para pasar el peaje de la eternidad con una carta de buena conducta. El bueno de Matías tiene poco rodaje en viejos condenados como yo, le deseo que no se convierta en el nuevo San Manuel Bueno mártir de este siglo, y que para él en su ignorancia haya todavía salvación. Cuando escuchamos juntos el Mesías de Haendel, parece que se le ilumina el rostro y que se transfigura. Luego hablamos de lo divino y lo humano y, aunque no me presiona, siempre mantiene la esperanza de que vuelva al redil y yo, por mucho que la memoria se me reblandezca como la mantequilla y a veces me sorprenda llorando sin saber por qué, la verdad es que no me veo como un borrego. Además, la lógica me sigue funcionando y mis últimas voluntades las tengo desde hace tiempo escritas y, desde luego, no pasan por un arrepentimiento que no siento sobre unas culpas difusas que no tengo claro si son tales. Sofía, la directora del centro, al menos cree en la libertad de conciencia y tiene muy limitados los márgenes de actuación de cada persona que se acerca a nosotros. Vamos, que es de las pocas personas íntegras y sinceras con las que he tenido la suerte de toparme. Ella no deja que nadie nos altere con discursos, ni que se intente apropiar de nuestros bienes, ni que nos atemorice gratuitamente. Es una mujer decente que solo pretende aliviarnos, en lo que resulte posible, de las contingencias de este trance facilitándonos todo lo que necesitamos, y nos guarda de los buitres, que son muchos.

Hace dos días me dijeron que había muerto Tania en un accidente de tráfico. Aunque fue una mala persona para mí, buen cuidado tuvieron en darme la noticia, que hasta pensé que era alguna otra persona que ha significado algo más en mi vida y no me la ha destrozado todo lo que ha querido y más. También me dijeron que tenía hecho testamento, donde pienso que se habrá arrepentido de todos los males que había dirigido contra mí, porque me deja en herencia el dichoso piso de la controversia. Vamos, tan loca como siempre, porque a quién se le ocurre poner como heredero a un tipo como yo, que ya tiene media pierna en el cementerio. ¿Y qué narices me viene a tocar el reconocimiento de sus culpas, si me arrancó media vida y condicionó mis relaciones con las mujeres hasta ahora? Que sí, mucha pena y tal, pero ¿quién me devuelve a mí el tiempo perdido, la posibilidad de disfrutar de las cosas que me arrebató y hasta la oportunidad de emprender una vida nueva? Si no llega a suceder lo del accidente, a lo mejor el suceso me pilla criando malvas y entonces de qué puñetas me sirve la herencia, si ni me hubiera enterado del acontecimiento. Ella, como siempre, a lo suyo, viva la tranquilidad de su conciencia y a los demás, que nos zurzan con hilo verde. Lo único bueno del asunto es que, al menos, lo va a disfrutar Adela, porque ella es quien (en conciencia) más lo necesita, y siempre se ha portado muy bien conmigo, incluso sin saber que le iba a tocar esta lotería. Además, seguro que le viene bien para independizarse y, como ya está pagada la hipoteca, no tiene que empeñarse hasta las cejas, que los tiempos no están para tirar el dinero y este país nuestro de charanga y pandereta va de mal en peor con tanto cacique suelto, tanto capitalista envenenado y tanta multinacional, que se están quedando con todo, y tanto político que va a lo suyo y todo lo demás le importa un pimiento. En fin, que esto es lo que hay, pero yo a Tania no la perdono ni en esta vida ni en cien a las que vaya, porque lo que me hizo no tiene nombre y me da igual lo escandalizado que traigo a Matías por no ser capaz de pasar página y olvidar, pero es que ni quiero ni puedo y por más que me lo propusiera, sucedería exactamente lo mismo.

Lo que me parte en dos es lo rápido que murió mi hermano Fernando, ni tiempo tuvimos para despedirnos. Yo no sé lo que pasó en esa clínica dichosa, que ya le tenía dicho que, para la hospitalización, como la sanidad pública no hay nada mejor en España, y para las otras cosas lo mejor es un médico de confianza de los de toda la vida y ya estamos apañados. Pero Mari Carmen, como todo el día nos están metiendo en la cabeza el dichoso miedo a enfermar y que para eso necesitamos un seguro, pues claro, no paró hasta conseguirlo. Y fue curioso porque, como quien dice, a los cuatro días de firmarlo le dio el dolor este difuso y raro y lo mandaron a urgencias, a la unidad de cuidados intensivos y de ahí no salió. Era puente, no había suficiente personal, no se le podían hacer pruebas hasta el lunes, había que esperar a que llegara no sé quién… vamos, que duró cuatro horas y a la familia ni nos dejaron verlo. Total, un viejo menos y a quién le extraña que a un viejo se le pare el corazón. Bueno, pues a mí sí, porque no soy tonto y sé atar cabos y si yo tuviera treinta años menos, al menos le habría acompañado, y vaya si me entero de lo que sucedió, porque mi cuñada (pese a ser médico) es de carácter más moderado, no sabe imponerse y con el dichoso corporativismo se encuentra en camino minado. Con lo que me he tirado de los pelos con Fernando y mira que lo echo de menos. Tengo la sensación de que se han arrancado demasiadas hojas de la historia de mi vida con su muerte y que ahora me siento más incompleto que nunca, casi tanto como si no hubiéramos tenido el problemón que tuvimos con la muerte de Caramelo y de la que no tenía culpa un chiquillo al que le obligan a tener una responsabilidad para la que, a lo mejor, no se encontraba preparado. No puedo decir lo mismo de mi hermana Elena, y mira que estuvimos unidos de niños, pero luego cambió bruscamente y para mal. Parecía que le molestábamos y que hasta mi sobredotación le resultaba un inconveniente para progresar en la vida, como ella decía. Tenía la obsesión de pisar cabezas para alcanzar una vida de lujo y despreocupación y, al final, esta vida es la que se la ha llevado por delante. Su asesinato dejó demasiados cabos sueltos y un descalabro tremendo en la existencia de Susana, que nunca ha entendido por qué jamás la quiso como una hija y la trató como si fuera un estorbo del que resulta oportuno desprenderse para vivir mejor. ¡Y pensar que de pequeña era tan dulce y adorable que hasta jugaba conmigo y con mi amigo imaginario Ideas! Pero de repente, de la noche a la mañana, como si se le hubiera indigestado la adolescencia, cambió hasta convertirse en una completa desconocida y comenzó a tratarme como si fuera un muñeco al que se le ha roto la cuerda y se deja abandonado en un rincón. Yo sé que un día, de buenas a primeras, Elena dejó de quererme como se arranca una flor por capricho, sin siquiera concederle la tregua de poder descansar en un jarrón y desde entonces ya nada volvió a ser igual, ni tan siquiera se acordó de mí cuando Tania me dejó en la calle, y eso que yo quiero a Susana como si fuera mi propia hija y la he ayudado en todo lo que he podido. Hace tiempo que dejó de preocuparme no haber sabido todo lo que hubiera necesitado sobre ella y que no me concediera la oportunidad de charlar con calma y saber qué nos había sucedido y por qué, sobre todo, por qué, que es la clave de todas las cosas. No entiendo cómo hay personas que pueden cambiar en tan corto espacio de tiempo sin que les des motivo para ello. Cuando era más joven, me volvía loco buscando porqués que la mayoría de las veces no existían, y estaba comiéndome el tarro meses y meses, hasta que tenía que darme por vencido, porque no existía solución para el problema y, de esta manera, claro, no se puede resolver. Con el transcurso de los años me di cuenta de que las personas capacitadas pueden llegar a ser tremendamente viscerales e ilógicas y que pocas veces llenan una lista completa de pros y contras cuando deciden sacar a alguien de su vida, o después de mucho tiempo se dan cuenta de que esa persona es un monstruo, cuando en realidad ni la conocen ni ha sucedido nada digno de mención que les haga tomar una decisión tan cruda.

Creo que cuando se acerca la muerte se acepta lo incongruente, lo inabarcable y lo carente de explicación, como lo es llegar a la plenitud para después no permanecer en este estado y tener que desaparecer. Las relaciones entre el todo y la nada son una dualidad donde no existen cables sueltos ni medias tintas y donde solo existe la meridiana constancia de que las líneas se componen de puntos y los puntos de los restos de las líneas. Me cuesta respirar, pero estoy cansado de la botella de oxígeno, que me hace sentir como un buzo en mi propio medio y recorta mi independencia, como si fuera una bandera sin mástil. Creo que la vista se me nubla y que sobre las pestañas vuelan mariposas que no paran de batir las alas, como si con ello abanicaran los párpados. En la boca empieza a extenderse una laguna de sed y me cuesta hilvanar las palabras para decir lo que pienso. Todo comienza a ser sentimiento sin sentidos, ideas como retazos que salen de una caja de fotografías cuando se cae al suelo y se desparrama su contenido. Metal y sal, moldes de municiones que no han sido disparadas, acero y grava se acuerdan de mi nombre y de la fecha de mi cumpleaños que un día colgaron como una cadena de mi cuello. Me gustaría, por una vez, que hubiera alguien aquí, conmigo, a mi lado, en mis zapatos, que me cogiera de la mano sin conmiseración ni lástima, en silencio.

De repente no sé, no siento, no soy.

DESDE FUERA

Matías Moltó *(capellán Residencia El Estanque Dorado)*

Acompañar a las personas ancianas en el tránsito de esta vida a la eterna es una de las tareas más duras que se me han encomendado. Porque enfrentarte a la muerte solo se puede hacer en paz cuando se tiene conciencia de que existe una vida nueva libre de dolor, de sufrimiento, de soledad. Para mí, la fe es el motor de mi existencia y sin ella ni comprendo, ni entiendo, ni tan siquiera soy. Por eso, desde niño sentí la vocación como una llamada clara y supe que lo mío era el sacerdocio, por muchos sacrificios que tuviera que hacer y por muchas cosas que tuviera que dejar en el camino. No me resultaron fáciles mis estudios en el seminario, porque Dios no ha llamado a su servicio a una mente privilegiada, pero con mucha constancia conseguí sacarlos adelante. Por otro lado, la catequesis a los niños pequeños y los trabajos en el huerto templaron mi carácter y dieron paz a mi espíritu. Ver crecer la semilla de la fe en un niño es una tarea apasionante y robaba horas al sueño para preparar mis enseñanzas y que estas fueran lo más atractivas posibles. Hablarles de un Dios que perdona siempre y del sacramento de la confesión resultaba para mí reconfortante. El regalo mayor que puede recibir un ser humano es conservar la fe, conocer que es hijo de Dios desde que recibe las aguas bautismales y pertenece a una Iglesia que es el rebaño elegido para la salvación. Pienso que una de las cosas más terribles que le puede suceder a una persona es no creer en nada, porque entonces no puede ser salvado de nuestra naturaleza caduca. El hombre está hecho para Dios, para ser acogido por Él en su infinita misericordia y ser perdonado de todos sus pecados, y para eso necesita el arrepentimiento y la contrición.

Hoy ha muerto un hombre bueno, Miguel, un ser humano torturado por una inteligencia gobernada por una razón soberbia que no amparaba que existen cosas a las que la mente humana no puede llegar. Cuando los hombres juegan a ser dioses, entonces están condenados a la infelicidad. No soy quien para apartarlo de la misericordia divina, pero ha muerto (por deseo propio) sin confesión y sin reconocer ninguno de los mandamientos de la religión católica, y todo por simple cabezonería. Le repetí muchas veces que (Dios me perdone) existía el supuesto de que Dios no existe y que es una patraña inventada por el hombre y, como él decía, gestionada por instituciones para comerciar con su miedo y robarle el poder de gobernarse a sí mismo. Pero, de la misma manera, también existe la posibilidad de que Dios existe, nos redime y nos salva. Pues bien, qué le costaba contemplar a la par estas dos ideas y confiar en el perdón divino, en el supuesto de que exista. Vamos, que si solo existen dos billetes de lotería y uno de los dos toca, lo lógico es comprar los dos para ganar. Bueno, pues Miguel decía que no podría amparar en su conocimiento la constancia de que el día y la noche existían al mismo tiempo, ni que el sufrimiento de los niños (aparte de ser inaceptable) contiene una causa que lo justifica, ni que el arrepentimiento que es sincero puede conducirnos a la vez a pecar, ni que la justicia de las cosas la determina exactamente igual su naturaleza y el criterio de un tercero que puede no coincidir en sus apreciaciones con esta. Porque si él tenía conocimiento y razón y estos producían ideas, estas eran las únicas que le proporcionaban los límites de la realidad y la conciencia o tener contacto con lo que es cierto, seguro y determinado. Y todo concepto del yo, todo material elaborado por la mente, pasaba por este ídolo de la razón y esta exigía como peaje de funcionamiento la existencia de la verdad, y para que algo fuera verdad tiene que ser comprobable, apreciable e incuestionable. Por tanto, no podía jugar a dos bandas, porque esto contravenía las reglas del juego y le arrojaba a un dilema irresoluble que le conducía a la confusión y al caos.

Decía que había aprendido a asumir sus propias imperfecciones, sus errores y hasta aquellas equivocaciones que aparecían agazapadas en los recovecos del intelecto y que resultaban tan difíciles de reconocer. Pero que, cuando detectaba el peso y trascendencia de lo que no era o de lo que podía no ser, le resultaba imposible, por más que lo intentara, amparar su figurada realidad porque, en este caso, cerraba los ojos a la posibilidad de que se le confirmara lo que era cierto, mientras esperaba conocer si otra cosa de la misma entidad podría resultar verdad. Le dolía por mí y en cierta manera por él, y decía que todo sería más fácil si no contara con esa cabeza privilegiada que le ha puesto en más de un aprieto a lo largo de su vida y le ha impedido encontrar la felicidad, pero él no podía considerar a la par la posibilidad de la existencia y de la no existencia de Dios. Y en conciencia, conocía que tenía que jugársela, aunque perdiera y se viera abocado a soportar el peso de su error durante toda la no existencia, que para él viene después de la muerte.

Mirándome muy fijamente, me dijo un día que él no creía en ningún dios, y que no era por capricho ni para escandalizar a un pobre cura como yo, ni para demostrar nada, ni porque se creyera superior a nadie, ni porque científicamente no fuera evidente su existencia, ni porque existiera tanto dolor en el mundo y nadie se ocupara realmente de averiguar sus causas y erradicarlo. Era una cuestión más íntima, desgarradora y personal: él no podía creer porque nunca había sentido que nadie creía en él en este mundo de verdad y sin cortapisas, y si así era, menos podía suceder más allá de los límites de la naturaleza humana. Tan demoledora afirmación me dejó abrumado y tuve que recogerme en oración para pedir consejo sobre cómo afrontar semejante drama, pero no supe llegar a ninguna conclusión que le salvara del trauma de haber nacido tan adelantado a su propia edad, siempre cuestionado, rechazado y en ocasiones perseguido. Le dije que, al menos, su madre y sus abuelos sí habían creído en él, pero me contestó que una cosa es querer y otra bien distinta creer. Se quiere hasta lo que nos perjudica y nos daña, se quiere como medida para superar la soledad, como forma de perpetuar una especie, como manera de compartir un pan bajo un mismo techo, como necesidad de acoplamiento, como fórmula para vencer el desasosiego de las propias inquietudes, como recurso para sentir el cálido bienestar de un sentimiento agradable, para que el tiempo no horade con sus huellas la percepción de lo que buscamos. Pero creer, como bien decía mi religión, es algo más, es todo sin duda, es asentir sin ver ni cuestionarse nada, es continuidad en la misma frecuencia, es igualdad y proximidad de dos que se conocen hasta más allá de los límites de la propia naturaleza, es ocupar hasta el último resquicio con la seguridad de que las cosas no se escapan ni desaparecen ni se transforman. Creer es inmutable y absoluto, infinito e indeterminado. Miguel estaba seguro de que, cuando menos, su madre y sus abuelos le habían querido con todo su corazón y habían puesto el máximo empeño en que nada malo le pasara y pudiera llegar a ser feliz, pero no podían creer en él porque no tenían ni idea de lo que es una persona sobredotada, de sus conflictos y límites, de sus agujeros y plenitudes, de sus contradicciones y certezas.

Sofía Linares (*directora Residencia El estanque dorado*)

A mí me gusta este trabajo porque estar con mis viejecitos y viejecitas, con toda la experiencia que tienen de la vida, todo lo que les ha pasado a los pobres hasta llegar aquí y el ánimo con el que, por lo general, asumen esta última etapa de sus vidas, la verdad es que llena mucho, aunque cansa un montón. Hay días en que llego a casa derrotada y para el arrastre, y menos mal que mi marido es un santo, que hasta cocina y pone la mesa que, si no, no sé qué iba a ser de mí. Hoy ha sido uno de esos días que me ha dejado aturullada, confundida y, en cierto modo, agradecida.

Yo soy una mujer de acción a la que no se le dan nada bien las palabras, pero intentaré explicarme con las pocas que manejo. Me siento en la obligación moral de velar por mis ancianos y sus intereses, que no los confundan, que hagan valer sus intenciones, que decidan cómo quieren morir y que no les obliguen a cosas que no quieren durante los últimos momentos de su vida. Y yo ni pido ni quiero ninguna recompensa a cambio, es mi trabajo y mi obligación que todos estén bien atendidos, que tengan una muerte digna y que puedan irse en paz, que no es poco, con todos los demonios internos que todos tenemos por dentro más los que nos echan por encima los demás. Cuando he dado orden para que desmantelen la habitación de Miguel Avellaneda y recojan sus cosas para dárselas a sus familiares, me han dicho que había dejado una carta para mí y eso no es muy frecuente, porque o desgraciadamente les pilla el toro antes del fallecimiento, o los que me tienen que decir algo me lo comunican antes personalmente, ya que yo siempre estoy accesible para ellos. Abrí la carta, el sobre era color cartón fuerte, de ese que no es fácil confundir con el de otras misivas que se envían por correo ordinario. Dentro olía a jazmines como los que había en el pueblo donde yo veraneaba cuando era pequeña, y todo era extraordinariamente sencillo, como los engranajes de una máquina recién engrasada. Y escrita en azul celeste una palabra: gracias. Debajo, una relación de libros que me dejaba y recomendaciones de lectura: «Para cuando necesite sentir la belleza, adéntrese en *Hojas de hierba*, de Whitman. Para cuando se confunda entre lo que dice y lo que piensa, acuda a *Mucho ruido y pocas nueces*, de William Shakespeare. Cuando no entienda hacia dónde va este dichoso país, lea la *España invertebrada*, de Ortega y Gasset». Y así, hasta treinta recomendaciones más. Ni una letra más sobre sus últimas voluntades. Nunca me había sucedido algo así, y no recuerdo que me haya calado tan hondo la muerte de un residente. Decían que era sobredotado, como si con esta etiqueta se pudiera resumir todo lo que tenía dentro. Vivió atormentado por su inteligencia pero, al menos, respaldado por la decencia de sus propias convicciones. Aquí nunca tuvo una palabra fuera de tono con nadie, ni una petición exagerada, ni tan siquiera le notamos un cambio de humor característico cuando se temía el fatal desenlace de un momento para otro. Parecía estar viviendo una vida prestada y que tenía que devolver en el momento más inesperado. Tal vez por eso, cuando leía en la sala común, todos respetaban su silencio y cuando había alguna celebración pedían que les dirigiera algunas palabras, que podían no ser las más hermosas, pero sin lugar a dudas irradiaban una vida exultante y pujante como la que muestra un recién nacido. No sé si alegrarme o entristecerme con su muerte. No sé si se ha librado de un cuerpo que no casaba con su mente o si al final hicieron las paces. Con él nada cabe saber ni esperar, por eso leeré los libros que me ha dejado y los guardaré como un tesoro. Tal vez en sus páginas encuentre respuesta a algunas preguntas que, como diminutos fotones, tiemblan en la luz de mi conocimiento.

Susana *(sobrina de Miguel)*

Cuando me han comunicado el fallecimiento de mi tío Miguel no me lo podía creer, si todavía conservaba una lucidez de pensamiento increíble y tampoco estaba tan mayor, hasta la nueva medicación le sentaba de mar de bien aunque se quejaba de que le lentificaba un poco el pensamiento, pero como a él el cerebro le iba rapidísimo, pues bueno, tampoco era para tanto. Para mí ha sido el padre que no conocí y cuando, de niña, mi madre me advirtió contra él (que nunca entenderé qué ventolera le dio, porque es un pedazo de pan, aunque a veces demasiado salado y contundente), despertó en mí la curiosidad de saber cómo son las personas sobredotadas. La verdad es que son las grandes desconocidas de nuestra sociedad y sería bueno que se realizara algo para otorgarles el papel que merecen. También me enseñó que lo diferente puede ser hermoso, aunque para llegar a su altura el camino no es nada fácil y muchas veces hay que poner toda la carne en el asador para intentar mantener un diálogo aceptable o, al menos, respetar su resignación ante cosas del todo injustas. Porque lo de Tania es de lo que no hay, lo que le ha hecho no tiene nombre y mira que hemos conseguido que Miguel no se entere de la última, pues entonces lo lleva a la tumba con un malestar que no es de recibo. Pues ¿no va el mal bicho y le deja en herencia el dichoso piso lleno de deudas, que desde que se separaron no ha pagado ni un IBI ni un recibo de la comunidad? Y ahora, claro, lo van a embargar y nosotros no tenemos dinero para pagar y quedarnos con él. Yo lo siento por mi hija Adela, porque ahí tenía un sitio para independizarse, aunque bueno, a su padre y a mí no nos importa que traiga al novio a vivir con nosotros y que ellos hagan su vida como les dé la gana, que para eso los tiempos han cambiado un montón. Pero lo siento más por Miguel, porque eso era ya la puntilla, y no entiendo cómo una persona puede ser tan mala, sin motivos para comportarse con tanto encono, despecho, mala baba y escarnio. Si ya de viejos vamos todos para el mismo pudridero, de qué vale ese odio tan salvaje, si allí nos vamos a encontrar todos. En fin, creo que lo mejor (y si no ha dicho nada en contra) es incinerar a Miguel. A ver si cuando esparza sus cenizas por el aire encuentra a su amigo Ideas, ese ser imaginario del que me hablaba y que le acompañó en los primeros años de su vida, cuando ni tan siquiera tenía conocimiento de lo que significa ser una persona sobredotada.

ENLACES

¿Cómo es una persona sobredotada de ochenta y seis años?

Los rasgos fundamentales son un especial descreimiento o imposibilidad de contemplar como cierta una vida futura (y más aún, dentro del plano religioso), de una trascendencia que los sana, salva y dota del perdón suficiente no solo para morir en paz, sino también para ser dignos de la felicidad en la vida eterna en la compañía de Dios. Exacerbada independencia de criterio, autosuficiencia, rechazo a todo lo que no sigue los cauces de una lógica, que en estos momentos se encuentra magnificada, y agudo ojo clínico son rasgos que nos ayudan a comprender los avatares de su personalidad, siempre que no sufran demencias o su entendimiento se encuentre disminuido como consecuencia de padecer enfermedades mentales propias de su edad o cuyos síntomas broten de nuevo. También en esta etapa se agudiza su carácter imperativo sobre los asuntos que son de su competencia, de manera que no acepta ni tan siquiera el intrusismo benevolente de aquellos que le quieren ayudar a poner en orden sus cosas, y no digamos si ya lo que esperan es lavar de pecados sus almas, ponerles en paz con Dios o lograr que acepten cualquier atisbo de trascendencia.

El sobredotado a menudo está hastiado de una vida que por regla general no ha cumplido sus expectativas y o bien no desea ni tan siquiera plantearse que puede volver a repetir la experiencia con sus mismas altas capacidades intelectuales y el sufrimiento que su posesión conlleva, o bien supone que ahora, cuando menos, cuenta con la experiencia de lo vivido y que, como esta está en su naturaleza, a lo mejor también la conserva para vidas posteriores. Por lo común también ansía, como muchos otros ancianos, pero de forma mucho más vehemente, desaparecer para dejar de padecer y soportar los recovecos de

293

su portentosa lógica, que en este momento se afana por justificar su descreimiento y desesperanza, al mismo tiempo que se niega a no acaparar los últimos momentos de la consciencia y tratarlos como una rueda de inquietudes que girará hasta que sus constantes vitales resulten imperceptibles.

Los sobredotados suelen ser más conscientes que los capacitados de su propia muerte porque a menudo comprenden mejor lo que significa y se enfrentan a ella sin el parapeto de la fe ni la tranquilidad de la esperanza. Solo lo que pueden experimentar mediante cualquier realidad que afecte a su naturaleza es considerado con un atisbo de certeza y esta búsqueda exacerbada de la objetividad matiza cualquier veleidad de los sentimientos a los que su hipersensibilidad les pueda conducir. Pues aunque la actividad de los órganos de los sentidos se encuentra reducida en esta etapa de la vida, no es menos cierto que su capacidad de trascender a las emociones se halla agudizada por su trayectoria vital, y este hecho les basta para apreciar la belleza, la justicia y la bondad. Su hiperestesia les conduce a buscar en su acervo experiencial los olores, colores y sabores a los que ya no pueden acceder por los años que cumplen y los achaques o enfermedades que los acercan al final de su vida y que les sirven en cierta medida para paliar la soledad aumentada de morir como se ha vivido, sin condiciones ni concesiones, y de no poder contar en los últimos días, y por regla general, con personas de su misma naturaleza que les alivien del trance y les proporcionen recursos para vivirlo sin miedo. Porque al sobredotado le cuesta reconocer que, como todo el mundo, siente verdadero pavor ante la muerte y le preocupa (y mucho, no como creen algunos) la situación de las personas que dejan en este mundo, tanto como cuánto va a sentir y de qué manera en este trance. El problema no es el dolor (del que podemos tener referencias) y, aunque resulte insoportable a nivel físico o emocional, es más fácil hallar un medio que lo mitigue. El quid de la cuestión estriba en cómo el cuerpo y la mente recogen el hecho de ir apagándose de manera inexorable. Esta bajada del telón es anterior o quizá posterior a esas luces que ven muchas personas que han regresado de la muerte. Por ejemplo, después de haber sufrido un ataque cardíaco, ven el final del túnel o experimentan ese repaso comprimido que la mente hace de los episodios más sobresalientes de nuestras vidas cuando sufrimos una situación de inminente peligro. Es decir, la conciencia de la muerte desvela el enigma de la vida o es la propia vida quien en lucha con la muerte la llama por su propio nombre y la doblega. O dicho de otra manera: cómo se siente ese despegarse de la propia piel a nivel cognitivo y emocional. Unos dicen que no es apreciable, otros, que en un segundo de lucidez el miedo es tan intenso que rebasa el perfil de cualquier sensación y algunos sostienen que la esperanza o confianza en un ser superior les permite desaparecer, alejándose de tales contingencias aunque, desde luego, nadie les libra de la sensación de ahogamiento, la lengua pastosa, el pulso frenado y el corazón que se resquebraja.

Por la propia arquitectura mental de las personas sobredotadas, estas, en el momento de la muerte, tienen mayor capacidad para apreciar las sensaciones que sufren y se dan cuenta con mayor intensidad de los síntomas que evidencian el abandono de la propia existencia. Las asincronías, sin lugar a dudas existentes y persistentes entre su plano cognitivo y emocional, acentúan la sensación de soledad, de no pertenecer a nada ni nadie, de divergencia, diferencia e inadaptación a un cuerpo cuya mente ya no le acompaña. Resultaría excesivo decir que estas personas sufran más con el proceso de la muerte, pero suele ser cierto que sienten más lo que sufren y de manera distinta a las que no lo son, porque no olvidemos que también en este momento entra en juego su aguda *hiperestesia* y el acendrado sentimiento de culpa que en algún rincón de su persona guardan, porque en cierto modo se acusan de su diferencia, como si esta fuera mala o tuvieran que ver algo en la adscripción a esta categoría desde su nacimiento.

Por otro lado, la cercanía de su final confiere a las personas sobredotadas mayores dificultades de comunicación que a las personas que no lo son, pues tienen que preparar su arquitectura mental con mayores factores de aceptación (y en ocasiones más complejos) y no suele resultar de su agrado dar explicaciones y menos sobre lo que creen, lo que esperan o lo que les atemoriza. Aunque pueda resultar contradictorio ansían la compañía de otros, pero no sus palabras, prefieren gozar de las últimas luces de su jardín interior con una introspección de gran calado, pero no dudan en señalar a personas determinadas como herederos o para que trasmitan su legado, e incluso les hacen partícipes de sus inquietudes. Son más desorganizados que nunca en las cosas cotidianas y no por falta de memoria, sino por desatención y descuido, porque no las consideran de primer orden en el marco de sus preocupaciones, pero eso no significa que no preparen con esmero sus pertenencias para que otros no tengan que hacerse cargo de ellas cuando llegue el momento final. También puede resultar sorprendente pero, pese a su descreimiento y su adoración a la razón, suelen admitir y frecuentar amistades con hombres y mujeres creyentes y que dentro de las distintas religiones ostentan figuras de autoridad. Eso es así porque no se sienten presionados por ellos, sino que utilizan su discurso como un dispositivo que justifica su creencia en contraposición al suyo propio, que también avala su descreimiento. En este juego intelectual, al que muchas personas sobredotadas se van habituando a lo largo de sus vidas, es frecuente que respeten la libertad de conciencia de sus contrincantes y, aunque cuenten con sólidos argumentos de peso para lograr dinamitar las creencias de los demás, no suelen hacerlo así, y los productos de su lógica solo se mantienen para afianzar los pilares de su propio descreimiento. Tal vez, porque al frágil y sensitivo sobredotado le duele en cierta medida no creer, pero es imposible que abandone su postura, puesto que su lógica y su razón no se lo permiten y porque son tan tozudos que difícilmente se bajan de un burro cuando se encuentran montados sobre él.

¿Cómo acompañar en la última etapa de su vida a una persona sobredotada de ochenta y seis años?

Lo más importante es respetar su espacio físico y mental y sus tiempos de aceptación de la realidad de que su fin se encuentra próximo, así como no juzgar ni tan siquiera valorar el comportamiento caprichoso y a veces tiránico que se da en esta etapa de sus vidas (y que refleja el recorte de habilidades de independencia), lo difícil que les resulta manifestar que necesitan ayuda o que alguien atienda sus necesidades emocionales, producto de la profunda soledad. Cualquier intromisión en su criterio no será aceptada como algo positivo, sino como una manipulación que pretende agriar el camino que solo con sus fuerzas e inteligencia él desea recorrer, y también como un reconocimiento a la incapacidad que de siempre él presupone que los demás contemplan sobre cómo es inhábil para gobernar su vida, o no lo hace de la manera correcta. Es preciso (aunque nos resulten chocantes) intentar entender sus últimas voluntades y respetarlas, a pesar de que no nos parezcan las más adecuadas, y ser capaces de trascender a este legado dándoles la mayor cantidad de afecto y procurando que no les falte nada de lo que les pudiera gustar. Disponibilidad para acoger sin preguntar, para poder comprender sus contradicciones y cambios de humor, para aguantar su incesante verborrea o sus silencios cuajados de incertidumbres sobre lo que le preocupa, le duele o asusta son medidas que no deben descuidarse en ningún momento durante esta etapa de sus vidas, y que deben ejercitarse por parte de todas las personas que se encuentren en su entorno.

Cuando transcurren varios días hasta que tiene lugar el fatal desenlace, es frecuente, más que en otras personas, que el anciano sobredotado muestre cambios bruscos de humor, aunque no de opinión, y que rechace cualquier compañía para inmediatamente después requerirla, porque esta contradicción se fundamenta en la lucha existente entre su cabeza donde la razón y los procesos de su intrincada lógica le demandan soledad para elaborar mentalmente los cambios que va a experimentar su cuerpo, y el corazón, donde emocionalmente se siente perdido y muerto de miedo, pues sabe tanto como siente que de la muerte no ha vuelto nadie, y además él tiene —o suele creer que tiene— la certeza en la mayoría de los casos que después de morir nada existe. Sus desafectos y afectos se manifiestan con mayor crudeza y no suele aceptar el perdón de las personas que le han causado daño o que simplemente no han aceptado sus diferencias, o de aquellas que, por el mero hecho de ser sobredotado, le han hecho la vida imposible. Se puede mostrar especialmente iracundo y violento contra cualquier forma de hipocresía o convencionalismo social de quienes pretenden acallar sus conciencias mostrándoles un acercamiento y afecto que muy pocas veces sienten y que, en la mayoría de las ocasiones, puede encerrar un interés oculto, como el que se pone de manifiesto por la herencia que pueda dejar. Con igual intensidad puede mostrar su aprecio a quienes han comprendido sus circunstancias aunque no siempre hayan entendido los rasgos de su naturaleza, y puede compartir algunas de sus experiencias y conocimientos con gran lujo de detalles para que luego puedan usarlas de manera productiva en sus vidas. Es preciso, por ello, contar con la presencia de las personas que aún viven y que han representado algo significativo y amable en sus vidas. También resulta oportuno proporcionarles el acercamiento de personas que, conocedoras de los procesos sobre los que se circunscribe la vida y la muerte, le ayuden a tomar la decisión sobre cómo quiere vivir su muerte: sacerdotes, médicos, gente que ha superado un coma, personas que se encuentran en cuidados paliativos etc., así como materiales escritos sobre quienes ya han cruzados las puertas de la existencia: libros, documentación de archivos, periódicos y revistas, material audiovisual. Esta intervención no tiene que resultar en ningún momento intrusiva puesto que él es quien, si se encuentra en pleno ejercicio de sus facultades mentales, debe posicionarse sobre qué hacer, y debe morir sabiendo que se han tomado en consideración sus últimas voluntades, ya que si cada uno es el que decide y resuelve su vida, también decide y resuelve cómo desea morir.

Días antes del deceso las personas mayores suelen sufrir una mejoría de sus dolencias o un achaque que produce una claridad mental acusada que les permite trabajar con el silencio y la palabra y prepararse, en cierta medida, para el final. Los sobredotados viven esta etapa con especial intensidad y es común que no se muestren muy habladores, pues necesitan ensamblar sus argumentos para afrontar el trance y en estos momentos es cuando agradecen que no se les deje solos. Si rechazan el consuelo de cualquier fe, no deben ser obligados ni coaccionados mediante los mecanismos del miedo a aceptar lo que no están dispuestos a hacer, o a adoptar un perfil creyente que va contra su conciencia por contentar a sus allegados, y se debe evitar cualquier chantaje emocional al respecto. Morir en paz es morir con dignidad y la tranquilidad de espíritu es clave para afrontar este trance. ¿De qué nos vale que para agradar dé su conformidad a determinados consuelos o se adscriba a las prácticas y preceptos de una religión que no ha profesado o que ha rechazado por ser incompatible con sus creencias o perfil cognitivo, si en su corazón posiblemente está contraviniendo los preceptos de dicha religión o la está rechazando de pleno? Sin lugar a dudas, comparto que la muerte duele a los allegados que sobreviven, a los que guardan un recuerdo y a los que la falta del finado provoca una necesidad, pero este dolor o sufrimiento (si el duelo se gestiona de manera adecuada) puede ser soportable, aceptado e integrado como una de las realidades inmutables de la vida. Pero sería bueno intentar apreciar —ya que no es posible medir ni preguntar a nadie que haya pasado por él— cuál es el dolor que sufre en los últimos momentos de su vida la persona a la que no se le permite morir según sus convicciones o creencias, o a la que no se respeta su libertad de conciencia para decidir cómo desea que sean sus últimos momentos. Resulta comprensible en cierta manera que, una vez ocurrido el trance, puedan no respetarse del todo las últimas voluntades sobre qué hacer con su cuerpo, quizá porque los familiares no cuenten con los recursos emocionales o materiales para cumplirlas como, por ejemplo, la incineración de un hijo. Desde luego, no resulta de recibo no atender a los requerimientos de una persona adulta si se encuentra en pleno dominio de sus facultades mentales. Morir para un sobredotado es, en la mayoría de los casos, el punto y final, y no un punto y seguido, y para concluir precisa que no lancemos más interrogantes al proceso de su vida que los que su mente puede manejar.

EPÍLOGO

Parafraseando a Pedro Salinas en su poemario *La voz a ti debida*: a mí también me gustaría vivir en los pronombres, donde solo el tú y el yo bastaran sin etiquetas ni condiciones, sin tiempo ni espacio. Así, en la total y absoluta convicción de que el ser humano es solo uno y de que no existen circunstancias que amparen diferencias ni procesos que conlleven dolor. Quizá por eso escribo poesía, y pinto cuadros de tonos rotundos y absolutos con pasta de plomo y lacas de bombilla. Algunas veces quisiera que no existieran culturas ni países diferentes, ni etapas de la historia con evoluciones y retrocesos, ni niños que lloran, ni flores que se marchitan, ni soles que tienen la imperiosa necesidad de acostarse para dormir. Tal vez por eso, cuando compongo música me aferro a los calderones con todas mis fuerzas para ralentizar los tiempos, y adoro los lentos de los compases binarios donde parece que la obertura será una sucesión infinita de silencios y notas acompasadas. Y cuando la partitura acaba, siempre necesito una coda más en el pentagrama. Eso debe ser porque todavía soy joven (aunque no tanto como quisiera), ya que aún me sorprendo con la velocidad y me da miedo que llegue un día donde no tenga ni una palabra que escribir, ni una pincelada que dar, ni una nota que escuchar. Quizás es porque trabajo en lo que quiero y no me vendo por ningún precio.

Pero sé que las cosas nunca son como uno quiere, sino que existen así, aunque solo podamos percibir una parte de su realidad. Y que existen personas discapacitadas, capacitadas y sobredotadas. Todas ellas piensan distinto, sienten diferente, buscan lo que no encuentran, tienen hambre y sed. Significan una paradoja para cada cruce de caminos y para cada árbol y cada gota de agua. A mí no me resulta difícil vivir con ellas, a lo mejor porque no representa su compañía ni una ventaja, ni una amenaza, ni un peligro, ni un problema. Quizás soy una auténtica *rara avis*, porque de todas estas personas aprendo, con todas comparto algo, y a las que quiero en mi vida no las selecciono por su comportamiento, sino por su capacidad para *ser*. Me explico: para mí las personas son o no son. *Son* aquellas que dan lo mejor de sí mismas, las que hacen lo que deben, entendiendo por tal no dañar a nadie ni buscar lo que perjudica a la persona humana en cualquiera de sus vertientes, las que van de frente y no tienen esquinas, las que dan problemas (aunque no lo pretendan) porque siempre buscan lo justo, lo bueno y lo bello, las que son responsables pero no culpables: en definitiva, aquellas con las que puedo contar en los días azules y en los días negros. No es fácil sufrir una discapacidad de cualquier género, que limita y mucho algunas facetas de la vida, pero peores son las cortapisas del alma, las cerrazones del corazón y los enconos vengativos que a nada conducen. Tampoco es fácil ser un *capacitado* y quizás no llegar a fin de mes, o estar enfermo, o haber sufrido una pérdida irreparable. Y es que todos durante la vida contamos con piedras en el camino, arrugas en los años y reveses que afrontar, seamos sobredotados o no. La vida no es para nadie lo que espera, tampoco representa lo que uno anhela, ni se ajusta a nuestros deseos como un guante a la mano, sino que es un espejo donde mirarse y contemplarse, más allá de nuestra imagen, no solo con los ojos y no solo una vez.

Al hablar de sobredotados en estas páginas no he pretendido cerrar un círculo, o aventurar las márgenes de un río, ni tan siquiera establecer los parámetros sobre los que circula su realidad, sino trazar una elipse, contemplar la lluvia y dibujar en el aire a qué huelen las rosas cuando se abren. Eso significa dar un paso más hacia la comprensión de las diferencias que presenta la naturaleza humana, aproximarse al progreso (que no es otra cosa que un futuro dotado de mejores condiciones de vida para cada hombre y cada mujer), establecer un campo de actuación donde resulte posible entender y entendernos. Porque las personas necesitamos entender para poder actuar, aunque, muchas veces, lo que comprendemos no es suficiente, no basta para dar un paso más adelante e ir un poco más lejos, o un poco más adentro. Cuando nos damos cuenta de la existencia de un árbol, podemos plantearnos regarlo, cuando descubrimos que vuela un pájaro, consideramos la posibilidad de un nido cercano.

Yo quiero un mundo donde todas las personas tengan el lugar que les pertenece, independientemente de su naturaleza, y deseo y necesito en mi mundo la presencia de esa variedad que representa el contacto con personas discapacitadas, capacitadas y sobredotadas.

En Fuengirola, a 19 de octubre de 2015

GLOSARIO

- **Alexitimia**
  Es un trastorno psicológico desadaptativo caracterizado por la incapacidad de identificar y describir verbalmente las emociones y sentimientos en uno mismo y en los demás.

- **Asincronía/disincronía**
  En el campo de las altas capacidades estos términos hacen referencia a las diferencias entre la edad física y mental de las personas, es decir, a la falta de sincronización que puede existir entre el funcionamiento de la inteligencia y el de las emociones, así como en su proyección y aplicación social y afectiva.

- **Autista de alto rendimiento o funcionamiento cognitivo**
  Siguiendo al psiquiatra Eugen Bleuler y al experto Leo Kanner, el autismo es aquel trastorno general del desarrollo que se evidencia por un aislamiento e imposibilidad comunicativa sin desintegración de la personalidad. Si la persona presenta además un elevado cociente intelectual se denomina autista de alto rendimiento. Algunos autistas pueden tener altas capacidades, aunque no es frecuente, pues los rasgos emocionales y cognitivos de un autista la mayoría de las veces son radicalmente distintos a los de un sobredotado.

- **Disgrafía o trastorno de la expresión escrita**
  Se trata de una dificultad para coordinar los músculos de la mano y el brazo en niños que no presentan discapacidades intelectuales y que no sufren deficiencias neurológicas severas que causen esta dificultad. A causa de ella no pueden dominar y dirigir el lápiz o bolígrafo para escribir de una forma legible y ordenada.

- **Dislexia**
  Trastorno del aprendizaje de la lectoescritura que se presenta de manera persistente y específica, que puede derivar de una alteración en el neurodesarrollo y no se produce en personas discapacitadas. Para los expertos Etchepareborda y Habib consiste en una dificultad para la descodificación o lectura de palabras debida a la alteración de algunos procesos cognitivos intermedios entre la recepción de la información y la elaboración del significado.

- **Disortografía**
  Según el experto García Vidal, el término hace referencia al conjunto de errores en la escritura que afectan a la palabra y no al trazado o grafía.

- **Emoción**
  Según las enseñanzas del neurólogo Antonio Damasio en su libro *En busca de Spinoza*, se trata del grado de bienestar o malestar que cualquier sensación o estímulo externo provoca en las personas generando un sentimiento que bien puede ser de naturaleza positiva o negativa.

- **Empatía selectiva**
  En el campo de las altas capacidades, es la habilidad para ponerse en el lugar de aquellas personas que aceptan las diferencias cognitivas del sobredotado.

- **Enfermedades psicosomáticas**
  Son aquellas que nacen o incrementan sus efectos por la concurrencia de factores como el estrés, la tensión emocional, el nerviosismo, la angustia, los cambios radicales en la forma de vida o la mala gestión de las emociones.

- **Fracaso escolar**
  Incapacidad emocional y/o cognitiva en alumnos capacitados y de altas capacidades para seguir el ritmo normal de las clases correspondientes a su edad física y mental y superar aquellas pruebas intelectivas que posibiliten la obtención de los distintos grados que componen la enseñanza obligatoria.

- **Genograma familiar**
  Se trata de un gráfico o esquema que registra información sobre los miembros de una familia y sus relaciones durante al menos tres generaciones.

- **Hiperactividad**
  Denominada también Trastorno por Déficit de Atención e Hiperactividad (TDAH). Trastorno neurobiológico con carga genética que se caracteriza predominantemente porque la persona «no puede parar» en cualquier circunstancia. Implica dificultades de atención e impulsividad. Existen muchas personas mal diagnosticadas con este trastorno, pues la dificultad de atención no implica necesariamente hiperactividad.

- **Hiperestesia**
Hipersensibilidad o capacidad de notar percepciones, sensaciones o estímulos externos con mayor intensidad, profundidad e impronta que la mayoría de las personas. Puede contener componentes patológicos. Si bien la hiperestesia es frecuente en personas que se hallan dentro del ámbito de las altas capacidades, no se ciñe exclusivamente a él.

- **Hiperlógica**
Capacidad retórica exacerbada que consiste en dar vueltas de forma persistente a cualquier formulación de pensamiento, y que se manifiesta mediante preguntas insistentes sobre cómo o por qué suceden determinados hechos.

- **Inteligencia**
Con base en la Teoría de las Inteligencias Múltiples del psicólogo Howard Gardner, es el conjunto de capacidades que sirven para producir pensamiento, eligiendo entre varias opciones aquella que se estime más conveniente para la resolución de un problema.

- **Introspección**
Capacidad de tener y cultivar un jardín interior propio con altas dosis de creatividad e imaginación, así como de idear y plantearse cuestiones que no se participan a otros. Es una vía de autoconocimiento y desarrollo de los propios procesos mentales.

- **Pensamiento científico**
Se basa en la profunda comprensión y conexión de hechos, causas y consecuencias. Este proceso se articula mediante la recopilación de dichos hechos, la compren-

sión de su naturaleza y características a través de las normas que los vertebran, la formulación y establecimiento de hipótesis mediante las que comprender y plantear lo aprendido, la comparación de los resultados experimentales obtenidos con los esperados en la hipótesis formulada y, en virtud de lo anterior, su aceptación como ciertos o, en caso contrario, su refutación como falsos, así como en la progresión predictiva de nuevos hechos.

- **Pensamiento divergente**
  Fue definido por el psicólogo maltés Edward de Bono como la forma de organizar los procesos de pensamiento a través de estrategias heterodoxas. Se trata de la capacidad de plantear y resolver cuestiones de cualquier índole de manera poco habitual y con altas dosis de creatividad.

- **Pensamiento múltiple**
  Se sustenta en la capacidad de formular varios discursos que impliquen raciocinio de manera simultánea, pudiendo ser estos de diferente etiología e independientemente de su conclusión o de la producción de un resultado.

- **Síndrome de Asperger**
  Trastorno neurobiológico severo del desarrollo en el que se presentan anormalidades en las conexiones y habilidades sociales, en el uso del lenguaje con fines comunicativos, en el comportamiento —donde se evidencia una personalidad rígida y obstinada—, en la presencia de intereses selectivos y en el desarrollo de la motricidad.

- **Síndrome de Pigmalión Negativo**
  Definido por el experto J. C. Terrassier en 1981 en su obra *Les enfants surdoués ou la precocité embarrassante.* En estos casos, la persona de altas capacidades no diag-

nosticada, educada y enseñada de una manera específica, tiende a inhibir sus capacidades y a esconder los rasgos predominantes de su personalidad y capacidad con el propósito de normalizarse y convertirse en una persona no sobredotada. Produce graves problemas de naturaleza emocional y cognitiva. Se da en mayor proporción en mujeres que en varones y se evidencia sobre todo en la etapa de la adolescencia.

- **Síndrome del quemado**
  Es una extrapolación del Síndrome de Burnout (o del trabajador «quemado») a las altas capacidades. Consiste en la desmotivación absoluta para emprender cualquier iniciativa que implique procesos de pensamiento, como consecuencia del aburrimiento, hastío y desatención continuada a su naturaleza, y se produce cuando al sobredotado no se le enseña atendiendo a su singularidad, no se desarrollan sus talentos y se produce una reiteración de patrones educativos poco aptos para su capacidad cognitiva.

- **Trastorno oposicionista de la voluntad**
  Muchos expertos catalogan este trastorno como un problema conductual, que hace que determinados niños y adolescentes desarrollen un patrón recurrente de conducta negativista, desafiante, desobediente y hostil, dirigido hacia las figuras de autoridad.